CW00471412

Presidente
ONLINE
Del Ecuador

"El libro que todo migrante debería escribir."

EDGAR MARCELO QUIROZ ROBLES

Copyright © 2023 Edgar Marcelo Quiroz Robles

Todos los derechos reservados.

La publicación de esta obra puede estar sujeta a futuras correcciones y ampliaciones por parte del autor. Todos los derechos están reservados.

No se permite la reproducción total o parcial de este libro, ni su incorporación a un Sistema informático, ni su transmisión en cualquier forma o por cualquier medio sin permiso previo del autor.

Advertencia legal: Queremos hacer constar que este libro es de carácter meramente divulgativo, donde se exponen consejos prácticos para mejorar situaciones políticas, administrativas, actuales. No obstante, las siguientes claves y recomendaciones no son una ciencia exacta, y la información que figura en esta obra no garantiza que se alcancen los mismos resultados que se obtengan siguiendo estos métodos. Consulte siempre a sus asesores antes de tomar cualquier decisión. Cualquier acción que usted tome, será bajo su propia responsabilidad, eximiendo al autor de las responsabilidades derivadas del mal uso de las recomendaciones del libro.

ISBN: 9798854450485

DEDICATORIA

Este libro está dedicado a todos los migrantes del mundo que, debido a políticas vergonzosas que atentan contra la dignidad de un pueblo, se ven excluidos en sus países de origen. Son aquellos que abandonan a sus seres queridos para realizar trabajos que los nativos de los países receptores rechazan.

Todas las remesas provenientes de distintas partes del mundo, que llegan a Ecuador con gran esfuerzo, equivalen a las riquezas generadas por el petróleo en este país. Estas remesas son las que mantienen a flote a una nación dirigida por políticos sin escrúpulos, quienes se aprovechan de sus cargos y solo buscan el poder para saquear, amparados en títulos académicos de alto nivel que supuestamente los hacen dignos, pero que les otorgan el derecho de desvalijar al país y mantenerlo sumido en el subdesarrollo.

Este libro, que todo migrante debería escribir, tiene como objetivo ser un puente entre culturas. Nos encontramos en una posición privilegiada para comparar dos mundos, ya que vivimos entre ellos y experimentamos los desarrollos sociales de culturas del primer mundo. Su finalidad es brindar ideas para fomentar el desarrollo tanto en los países de origen como en las comunidades de migrantes.

Espero que este libro sea el punto de partida para muchas otras publicaciones que aporten ideas aplicables de manera inmediata por parte de las personas que ocupan cargos en gobiernos progresistas. Estas ideas buscarán una gestión inteligente del presupuesto estatal, enfocada en la generación de empleos sostenibles y autosustentables.

Que este libro sea una fuente de inspiración y acción para aquellos comprometidos con el progreso de sus países y con la mejora de las condiciones de vida de los migrantes.

INDICE

AGRADECIMIENTOS

Quiero agradecer a Dios por permitirme tener un hijo de buen corazón, y una familia que cuando he regresado a ver siempre han estado ahí. A toda la gente que en el transcurso de mi vida me ha apoyado incondicionalmente, creyendo siempre en mí, y brindándome su compañía a lo largo de mi vida, haciéndome sentir un ser humano afortunado.

Online del Ecuador 1

TIKTOKER: "Introducción de un contrato a prueba para el Presidente de la República y los Asambleístas, al igual que cualquier trabajador del país."

Esta propuesta audaz y revolucionaria que busca nivelar el terreno de juego político y garantizar la rendición de cuentas en el más alto nivel del gobierno. Se plantea la idea de introducir un contrato a prueba de 6 meses para el Presidente de la República y sus Asambleístas, siguiendo el mismo principio que se aplica a cualquier trabajador en el país.

El objetivo de esta propuesta es fomentar una mayor responsabilidad y eficiencia en el ejercicio de las funciones políticas. Al establecer un periodo de prueba, se brinda la oportunidad de evaluar el desempeño y las acciones de los líderes elegidos, y tomar decisiones informadas con base en los resultados obtenidos durante ese tiempo.

Este contrato a prueba implica que, al asumir el cargo, tanto el Presidente de la República como los Asambleístas estarán sujetos a un periodo inicial de 6 meses, durante el cual sus acciones, decisiones y logros serán evaluados de manera exhaustiva. Al finalizar este periodo, se realizará una revisión de desempeño y se tomará una decisión fundamentada sobre la continuidad de su mandato.

Esta propuesta no solo busca promover la transparencia y la rendición de cuentas en el gobierno, sino también incentivar la eficiencia y el compromiso de los líderes con su responsabilidad hacia el pueblo ecuatoriano. El periodo de prueba permite evaluar el cumplimiento de las promesas electorales, la implementación de políticas públicas efectivas y el manejo adecuado de los recursos del país.

Además, este contrato a prueba también se traduce en una mayor participación ciudadana y un mayor involucramiento de la sociedad en el proceso político. Al tener la posibilidad de evaluar y tomar decisiones basándonos en el desempeño de los líderes, los ciudadanos se convierten en actores activos en la toma de decisiones y tienen una voz más fuerte en la dirección del país.

No obstante, esta propuesta también plantea desafíos y preguntas importantes tales como:

-*La definición de los criterios de evaluación del desempeño de los líderes políticos* en el contexto de un contrato a prueba para el Presidente de la República y sus Asambleístas requeriría un proceso riguroso y transparente. A continuación, se presentan algunas posibles formas de establecer estos criterios:

Cumplimiento de promesas electorales: Se podrían evaluar los avances en la implementación de las propuestas y compromisos presentados durante la campaña electoral. Esto implica analizar si se han logrado los objetivos establecidos, así como la efectividad y el impacto de las políticas implementadas.

Gestión económica y fiscal: Se consideraría la capacidad del líder político para manejar responsablemente los recursos públicos, promover el crecimiento económico sostenible y garantizar la estabilidad financiera del país. Se podrían evaluar indicadores como el crecimiento del Producto Interno Bruto (PIB), el manejo de la deuda pública y la eficiencia en el gasto público.

Transparencia y lucha contra la corrupción: Se evaluaría la adopción de medidas efectivas para prevenir, investigar y sancionar la corrupción en todas sus formas. Se consideraría la implementación de políticas de transparencia, la creación de organismos de control eficientes y la promoción de la rendición de cuentas en el ejercicio del poder.

Participación ciudadana y diálogo político: Se analizaría la capacidad del líder político para promover la participación activa de la ciudadanía en la toma de decisiones, fomentar el diálogo constructivo con diferentes actores políticos y sociales, y generar consensos en beneficio del país. Se podrían evaluar acciones concretas como la apertura de canales de comunicación, la realización de consultas populares y la promoción de espacios de debate inclusivos.

Es importante destacar que la definición de estos criterios requeriría la participación de expertos, organizaciones de la sociedad civil, académicos y otros actores relevantes, para garantizar un proceso inclusivo y objetivo. Además, se debería establecer un mecanismo claro y transparente para la recolección de datos y la evaluación del desempeño de los líderes políticos, con el fin de evitar sesgos y asegurar la confiabilidad de los resultados.

En última instancia, la definición de los criterios de evaluación del desempeño de los líderes políticos en un contrato a prueba dependería de la voluntad política y del consenso alcanzado en la sociedad para establecer los estándares de rendimiento y responsabilidad que se consideren más apropiados para el contexto ecuatoriano.

-Las repercusiones legales y políticas de una decisión de no continuar con el mandato después del periodo de prueba para el Presidente de la República y sus Asambleístas podrían ser significativas. A continuación, se presentan algunas posibles repercusiones con base en la Constitución del Ecuador, las repercusiones legales y políticas de una decisión de no continuar con el mandato después del periodo de prueba para el Presidente de la República y sus Asambleístas estarían sujetas a las disposiciones establecidas en la Carta Magna. A continuación, se presentan algunas consideraciones en relación con esto:

-Procedimientos legales: La Constitución del Ecuador establece los procedimientos para la elección, destitución y sucesión del Presidente de la República y los Asambleístas. En caso de una decisión de no continuar con el mandato después del periodo de prueba, se debería seguir el proceso previsto en la Constitución para garantizar la legalidad y legitimidad de dicha decisión.

-Estabilidad y sucesión: La Constitución establece la sucesión presidencial en caso de ausencia o incapacidad del Presidente de la República. En caso de no continuar con el mandato, se debería seguir el orden establecido en la Constitución para garantizar la estabilidad y continuidad del gobierno.

-Mecanismos de control y fiscalización: La Constitución del Ecuador también prevé los mecanismos de control y fiscalización del poder político, como la Contraloría General del Estado y la Función Legislativa. Estos mecanismos podrían ser utilizados para evaluar el desempeño de los líderes políticos durante el periodo de prueba y tomar decisiones con base en los resultados obtenidos.

-Participación ciudadana: La Constitución ecuatoriana promueve la participación ciudadana como un principio fundamental de la democracia. En caso de no continuar con el mandato, la opinión y la voluntad de la ciudadanía podrían ser tomadas en cuenta a través de mecanismos de participación como la consulta popular o el referéndum, dependiendo de las circunstancias específicas.

Online del Ecuador 2

TIKTOKER: *"Me comprometo a introducir en la Constitución de la República del Ecuador la prohibición de no tener bases militares extranjeras en territorio nacional, bajo pena de traición y sustitución del presidente de la República del Ecuador."*

Se propone la introducción en la Constitución de la República del Ecuador de una prohibición de tener bases militares extranjeras en territorio nacional, estableciendo una pena de traición y la sustitución del presidente de la República en caso de violación de esta prohibición.

La justificación de la prohibición de tener bases militares extranjeras en territorio nacional, con base en la Constitución del Ecuador, puede sustentarse en varios aspectos fundamentales:

-Preservación de la soberanía nacional: La Constitución del Ecuador reconoce la soberanía del país y establece que es el pueblo ecuatoriano el que tiene el poder de tomar decisiones y determinar su destino. La presencia de bases militares extranjeras puede ser considerada como una interferencia en los asuntos internos del país y una amenaza a su autonomía y autodeterminación.

-Autonomía política e independencia: La Constitución del Ecuador garantiza el ejercicio pleno de la autonomía política del país y su derecho a mantener relaciones internacionales basadas en la independencia y el respeto mutuo. Permitir la instalación de bases militares extranjeras podría comprometer esta autonomía política al someter al país a intereses externos y limitar su capacidad de tomar decisiones independientes.

-Salvaguarda de la seguridad nacional: La Constitución del Ecuador establece el deber del Estado de garantizar la seguridad integral del país y proteger la integridad territorial. La presencia de bases militares extranjeras podría generar una dependencia indebida en términos de seguridad, poniendo en riesgo la capacidad del país para tomar decisiones estratégicas y comprometiendo su defensa y protección.

-Respeto a los derechos humanos: La Constitución del Ecuador establece la protección y promoción de los derechos humanos como uno de sus principios fundamentales. La presencia de bases militares extranjeras podría generar preocupaciones en términos de violaciones a los derechos humanos, como la falta de transparencia en las operaciones militares, la restricción de la libertad de movimiento de las personas y la posibilidad de abusos por parte de personal extranjero.

Con base en estos fundamentos constitucionales, se puede argumentar que la prohibición de tener bases militares extranjeras en territorio nacional busca preservar la soberanía, la autonomía política, la independencia y la seguridad nacional del Ecuador. Al evitar la presencia de bases extranjeras, se garantiza la capacidad del país para tomar decisiones soberanas y ejercer su derecho a la autodeterminación, así como salvaguardar los derechos humanos de su población.

-Pena por traición: Explica cómo la pena de traición se aplicaría en caso de violación de la prohibición. Puedes elaborar en los mecanismos legales y judiciales que se activarían para determinar la culpabilidad y las consecuencias para el presidente de la

República involucrado. Considera la necesidad de salvaguardar el interés nacional y la rendición de cuentas de los líderes políticos.

-Sustitución del presidente de la República: Desarrolla cómo se llevaría a cabo el proceso de sustitución del presidente en caso de violación de la prohibición. Puedes plantear la posibilidad de una moción de censura por parte de la Asamblea Nacional o un mecanismo de destitución que se active automáticamente en caso de comprobarse la presencia de bases militares extranjeras. Explora las implicaciones políticas y legales de este proceso.

-Argumentos a favor y en contra: Para enriquecer la trama y el debate en torno a esta propuesta, puedes presentar diferentes puntos de vista. Por ejemplo, algunos podrían argumentar que la presencia de bases militares extranjeras puede brindar beneficios en términos de cooperación y seguridad regional, mientras que otros podrían resaltar los riesgos de pérdida de soberanía y control sobre las decisiones estratégicas.

Online del Ecuador 3

TIKTOKER: "Me comprometo a introducir en la Constitución de la República del Ecuador la prohibición de privatizar los servicios estratégicos del país, como las telecomunicaciones, la electricidad, los petróleos y el agua."

No existen disposiciones específicas que prohíban la privatización de los servicios estratégicos como las telecomunicaciones, electricidad, petróleos, agua y bancos del Estado. Sin embargo, es posible realizar propuestas de enmiendas o modificaciones constitucionales para introducir dicha prohibición.

Para introducir en la Constitución de la República del Ecuador la prohibición de privatizar los servicios estratégicos y los bancos del Estado. Es solo una sugerencia, y es necesario seguir los procedimientos constitucionales y legislativos para llevar a cabo cualquier modificación constitucional.

Artículo [X]: Prohibición de privatizar los servicios estratégicos y bancos del Estado

Sección [X]: Servicios Estratégicos y Bancos del Estado

-Los servicios estratégicos del país, tales como las telecomunicaciones, electricidad, petróleos y agua, y los bancos del Estado, son considerados recursos fundamentales para el desarrollo y bienestar de la sociedad ecuatoriana. Con el fin de preservar su función estratégica y garantizar su gestión en beneficio de la ciudadanía, se establece la prohibición de privatizarlos total o parcialmente.

-Queda expresamente prohibida la transferencia de la titularidad o control de los servicios estratégicos mencionados en el numeral 1 de este artículo, así como de los bancos del Estado, a entidades privadas, nacionales o extranjeras. Estos servicios y entidades financieras permanecerán bajo la responsabilidad y administración exclusiva del Estado, quien garantizará su gestión eficiente, acceso universal, calidad y continuidad.

-El Estado ecuatoriano ejercerá la regulación, planificación, inversión, supervisión y control de los servicios estratégicos y los bancos del Estado, en consonancia con el interés público, la soberanía nacional y los derechos de la ciudadanía.

-Se promoverán políticas y mecanismos para asegurar la eficiencia, sostenibilidad y desarrollo de los servicios estratégicos y los bancos del Estado, con la participación de actores locales y sin descartar la cooperación con entidades internacionales. Estas acciones estarán orientadas a fortalecer y modernizar dichos servicios y entidades financieras, siempre en beneficio de la sociedad.

-La participación ciudadana será fomentada y promovida en la toma de decisiones sobre los servicios estratégicos y los bancos del Estado. Se establecerán mecanismos de rendición de cuentas, transparencia y auditoría social para garantizar una gestión eficaz, responsable y acorde con los intereses de la sociedad.

-Cualquier intento de privatización, cesión o transferencia de los servicios estratégicos mencionados en este artículo, así como de los bancos del Estado, será considerado nulo y sin fecto legal. Las autoridades competentes estarán facultadas para tomar las medidas necesarias para preservar y restablecer el control estatal sobre dichos servicios y entidades financieras, en caso de violación de esta disposición constitucional.

Online del Ecuador 4

TIKTOKER: "Reforestaremos el país a base de rifas mensuales que se realizarán con la compra de un arbolito. Para participar, deberás sembrarlo y hacer un video o una foto como prueba de que lo has hecho. Si tu número sale premiado, antes de entregarte el premio, enseñarás la prueba de haberlo plantado."

La deforestación es uno de los principales desafíos ambientales que enfrentamos en la actualidad. Para contrarrestar este problema y promover la conciencia sobre la importancia de la reforestación, se ha propuesto un innovador enfoque que combina la participación ciudadana, la promoción de la sostenibilidad y la emoción de las rifas o loterías mensuales. Esta iniciativa busca fomentar la plantación de árboles a gran escala, incentivando a las personas a comprar y sembrar árboles, y posteriormente participar en un sorteo en el que podrían ganar premios.

Compra de árboles: Para participar en esta rifa mensual, las personas deberán adquirir un arbolito. Estos árboles podrían estar disponibles en viveros, tiendas especializadas o incluso en línea. El precio de compra sería accesible, lo que permitiría que un mayor número de personas pueda participar en la iniciativa.

Siembra y prueba visual: Una vez que se haya comprado el árbol, la persona deberá plantarlo en un lugar adecuado, ya sea en su jardín, en espacios públicos designados o en áreas rurales donde se permita la reforestación. Es fundamental que se sigan las pautas apropiadas para garantizar una plantación exitosa. Además, se solicitará a los participantes que capturen una prueba visual de su árbol plantado, ya sea en forma de video o fotografía.

Participación en la rifa: Con la compra del árbol y la prueba visual de la siembra, los participantes podrán enviar su evidencia a través de una plataforma en línea. Cada mes se llevará a cabo un sorteo cuyo número se les entrega cuando compran el arbolito, en el que se seleccionarán aleatoriamente los números premiados entre todos los participantes elegibles.

Verificación y entrega de premios: Antes de entregar cualquier premio, se solicitará a los ganadores que presenten la prueba de haber plantado y cuidado su árbol. Esto se puede hacer a través del video o la foto enviada previamente. La verificación garantizará que los árboles se hayan plantado adecuadamente y estén creciendo de manera saludable.

Premios y reconocimientos: Los premios pueden variar y podrían incluir desde artículos relacionados con la conservación del medio ambiente hasta dinero acumulado como una lotería. Además, se podría establecer un sistema de reconocimientos para aquellos participantes que logren un crecimiento significativo en sus árboles a lo largo del tiempo, lo que fomentaría el cuidado continuo y la atención a largo plazo.

Beneficios e impacto:

Reforestación masiva: Este enfoque innovador de utilizar rifas mensuales o loterías mensuales para incentivar la plantación de árboles podría resultar en una reforestación a gran escala. Con miles de personas participando cada mes, se crearía un movimiento colectivo para aumentar la cantidad de árboles en el país.

Conciencia ambiental: La iniciativa no solo promovería la reforestación, sino que también aumentaría la conciencia ambiental en la sociedad. Al participar en la plantación y cuido.

Online del Ecuador 5

TIKTOKER: "Los valores ecuatorianos serán exhibidos en todos los establecimientos de educación del país, y estos valores son:

Ecolólogico,

Cultural,

Unidad,

Actitud,

Dignidad,

Orden,

Respeto"

Los valores ecuatorianos serán exhibidos en todos los establecimientos de educación del país, y estos valores son:

Ecológico, Cultural, Unidad, Actitud, Dignidad, Orden y Respeto. Es interesante destacar que cada letra mayúscula de estas palabras forma la palabra "ECUADOR", lo cual refuerza el sentido de identidad nacional y resalta la importancia de:

Ecológico

Ecuador es reconocido a nivel mundial por su rica biodiversidad y sus esfuerzos en la conservación del medio ambiente. Al promover y exhibir el valor ecológico en las instituciones educativas, se busca inculcar en los estudiantes el respeto y cuidado por la naturaleza, así como la importancia de proteger los recursos naturales.

Concientización sobre la ecología: En primer lugar, es esencial que los estudiantes comprendan la importancia de la ecología y cómo sus acciones pueden afectar el medio ambiente. Se pueden llevar a cabo charlas, talleres y actividades educativas que aborden temas como la conservación de los ecosistemas, la protección de especies en peligro de extinción, la reducción de la contaminación y el uso sostenible de los recursos naturales.

Integración curricular: El valor ecológico puede ser integrado en los planes de estudio de diversas asignaturas. Por ejemplo, en ciencias naturales se pueden estudiar los diferentes ecosistemas presentes en Ecuador y su importancia, en estudios sociales se pueden analizar las políticas y leyes ambientales del país, en educación física se pueden organizar actividades al aire libre que fomenten la conexión con la naturaleza, y en artes se pueden realizar proyectos creativos relacionados con la temática ambiental.

Implementación de prácticas sostenibles: Los establecimientos educativos pueden convertirse en modelos de buenas prácticas ambientales. Se pueden promover acciones como la separación de residuos, el ahorro de energía y agua, la reutilización de materiales y la creación de espacios verdes dentro del plantel escolar. Estas prácticas no solo enseñarán a los estudiantes sobre el cuidado del medio ambiente, sino que también contribuirán a reducir el impacto ambiental de la institución.

Proyectos ecológicos y comunitarios: Se pueden desarrollar proyectos ecológicos en los establecimientos educativos que involucren a los estudiantes, maestros y padres de familia. Estos proyectos podrían incluir la creación de huertos escolares, la siembra de árboles nativos, la participación en jornadas de limpieza de playas o ríos, y la colaboración con organizaciones locales dedicadas a la conservación ambiental. De esta manera, los estudiantes podrán aplicar en la práctica los conocimientos adquiridos y generar un impacto positivo en su comunidad.

Exposición de valores ecológicos: Para fomentar aún más el valor ecológico, se pueden exhibir carteles, murales o paneles informativos en los establecimientos educativos. Estos elementos visuales podrían destacar la diversidad natural del país, así como mensajes inspiradores que inviten a los estudiantes a proteger el medio ambiente. Además, se puede organizar eventos especiales, como ferias ambientales, donde los estudiantes puedan compartir sus proyectos ecológicos con la comunidad educativa y la sociedad en general.

Al exhibir el valor ecológico en los establecimientos educativos, se promoverá la conciencia ambiental entre los estudiantes desde temprana edad.

Cultural

Exhibición de los valores culturales ecuatorianos en los establecimientos educativos del país

Ecuador es un país que se destaca por su riqueza cultural y diversidad étnica. Para promover y preservar esta identidad cultural, se ha propuesto la exhibición de los valores culturales ecuatorianos en todos los establecimientos educativos del país. Esta iniciativa busca fortalecer el sentido de pertenencia, el respeto por la diversidad y el conocimiento de las tradiciones y expresiones culturales que hacen de Ecuador un país único.

Valoración de la diversidad cultural: Ecuador se caracteriza por ser hogar de múltiples grupos étnicos y culturas regionales. En los establecimientos educativos, se promoverá la valoración de esta diversidad, destacando la importancia de cada cultura y su contribución al patrimonio ecuatoriano. Se pueden organizar actividades que permitan a los estudiantes conocer y apreciar las diferentes tradiciones, lenguas, danzas, artesanías y manifestaciones culturales presentes en el país.

Integración en el currículo: Los valores culturales ecuatorianos pueden ser integrados en el currículo educativo de diversas asignaturas. Por ejemplo, en estudios sociales se pueden abordar las diferentes regiones y etnias presentes en Ecuador, su historia, costumbres y formas de vida. En lengua y literatura, se pueden estudiar obras de escritores ecuatorianos y promover la valoración de la identidad cultural a través de la escritura y la expresión oral. Esta integración curricular permitirá que los estudiantes adquieran conocimientos sólidos sobre la diversidad cultural del país.

Eventos y festividades culturales: Los establecimientos educativos pueden organizar eventos y celebraciones para resaltar las festividades culturales más importantes de Ecuador. Por ejemplo, se pueden realizar ferias gastronómicas, muestras de música y danza tradicional, exposiciones de arte y artesanía, entre otros. Estos eventos permitirán a los estudiantes y a la comunidad educativa vivenciar y experimentar la riqueza cultural del país.

Conexión con la comunidad: Es importante establecer una conexión entre los establecimientos educativos y la comunidad local. Se pueden invitar a representantes de diferentes grupos étnicos y culturales para que compartan sus conocimientos y experiencias con los estudiantes. Asimismo, se pueden realizar visitas a lugares históricos, museos y sitios de importancia cultural cercanos a la institución educativa. Esta interacción fortalecerá la comprensión y el respeto por la diversidad cultural.

Exposición y exhibición: En los establecimientos educativos se pueden establecer espacios destinados a la exhibición de la cultura ecuatoriana. Estos espacios pueden incluir murales, fotografías, artefactos culturales, mapas y otros elementos visuales que representen la diversidad del país. Asimismo, se pueden organizar exposiciones temporales o permanentes donde se muestren aspectos culturales específicos de Ecuador, como la indumentaria tradicional, la música, la gastronomía y las artesanías.

Unidad

Exhibición del valor de la unidad en todos los establecimientos educativos del Ecuador

En Ecuador, se reconoce la importancia del valor de la unidad como elemento fundamental para el desarrollo y la convivencia armoniosa en la sociedad. Con el objetivo de fortalecer este valor, se ha propuesto la exhibición del concepto de unidad en todos los establecimientos educativos del país. Esta iniciativa busca promover la solidaridad, el respeto mutuo y la colaboración entre los estudiantes, docentes y la comunidad educativa en general.

Promoción del trabajo en equipo: En los establecimientos educativos se fomentará el trabajo en equipo como una forma de desarrollar el valor de la unidad. Se pueden llevar a cabo actividades y proyectos colaborativos que requieran la participación de los estudiantes en grupos, donde aprendan a compartir ideas, tomar decisiones conjuntas y valorar la diversidad de opiniones. Estas experiencias fortalecerán el sentido de pertenencia y la importancia de la colaboración para alcanzar metas comunes.

Resolución pacífica de conflictos: Uno de los aspectos fundamentales para promover la unidad es aprender a resolver los conflictos de manera pacífica y constructiva. Los establecimientos educativos pueden implementar programas de mediación y educación emocional que brinden a los estudiantes herramientas para manejar las diferencias y resolver los conflictos de forma dialogada y respetuosa. Estas habilidades promoverán la construcción de relaciones armoniosas y el fortalecimiento de la unidad en la comunidad educativa.

Actividades de integración: Es esencial promover actividades de integración que permitan a los estudiantes conocerse entre sí, reconocer y valorar sus similitudes y diferencias. Se pueden organizar jornadas deportivas, culturales o recreativas donde los estudiantes de diferentes grados y secciones interactúen y compartan experiencias. Estas actividades fomentarán el sentido de pertenencia a una comunidad unida y el respeto por los demás.

Celebración de la diversidad: La unidad no significa uniformidad, sino la capacidad de convivir en armonía a pesar de las diferencias. Los establecimientos educativos pueden promover la celebración de la diversidad cultural, étnica, religiosa y de género, entre otras, a través de actividades y eventos especiales. Esto permitirá a los estudiantes aprender sobre la riqueza de la diversidad y desarrollar una actitud inclusiva y respetuosa hacia todos.

Participación comunitaria: Para fortalecer el valor de la unidad, es importante involucrar a la comunidad en las actividades educativas. Los establecimientos pueden establecer alianzas con organizaciones locales, empresas y otros actores de la comunidad para realizar proyectos conjuntos. Estas colaboraciones promoverán la unión entre la comunidad educativa y la sociedad en general, generando un impacto positivo tanto dentro como fuera del establecimiento.

Beneficios e impacto:

-Fomento de la solidaridad y la colaboración entre los estudiantes.
-Construcción de relaciones armoniosas y respetuosas.
-Desarrollo de habilidades de resolución de conflictos de manera pacífica.
-Fortalecimiento del sentido de pertenencia y la identidad como comunidad unida.-Promoción de una cultura de respeto a la diversidad y la inclusión.

-Mayor participación y compromise.

Actitud

Exhibición del valor de la actitud en todos los establecimientos educativos del Ecuador.

La actitud es un valor fundamental que influye en la forma en que las personas enfrentan los desafíos, interactúan con los demás y aprovechan las oportunidades. En Ecuador, se reconoce la importancia de promover una actitud positiva y proactiva en la educación. Con el objetivo de fortalecer este valor, se propone la exhibición del concepto de actitud en todos los establecimientos educativos del país. Esta iniciativa busca fomentar la responsabilidad, el esfuerzo, la perseverancia y el optimismo en los estudiantes.

Promoción de la responsabilidad: La exhibición del valor de la actitud en los establecimientos educativos implica fomentar la responsabilidad en los estudiantes. Se les enseñará la importancia de cumplir con sus deberes académicos, asistir puntualmente a clases y respetar las normas establecidas. Se pueden desarrollar estrategias de seguimiento y evaluación del cumplimiento de responsabilidades, así como actividades que promuevan la autorreflexión y el establecimiento de metas personales.

Estímulo al esfuerzo y la superación personal: La actitud implica un compromiso constante con el esfuerzo y la superación personal. Los establecimientos educativos pueden reconocer y premiar los logros individuales y colectivos de los estudiantes, motivándolos a esforzarse y superarse en diferentes áreas, ya sea académica, deportivas, artísticas o sociales. Además, sé pueden organizar talleres o charlas motivacionales para transmitir la importancia de tener una actitud perseverante y orientada al crecimiento.

Desarrollo de habilidades emocionales: La exhibición del valor de la actitud incluye el desarrollo de habilidades emocionales en los estudiantes. Se pueden implementar programas de educación emocional que ayuden a los estudiantes a identificar y gestionar sus emociones de manera saludable. Esto les permitirá afrontar los desafíos con una actitud positiva, manejar el estrés y fortalecer su bienestar emocional en el entorno educativo.

Fomento del optimismo: Una actitud optimista es clave para enfrentar los desafíos con una mentalidad positiva. Los establecimientos educativos pueden promover el valor del optimismo a través de la incorporación de actividades y discursos que destaquen la importancia de enfocarse en las soluciones, ver los errores como oportunidades de aprendizaje y mantener una visión positiva del futuro. Esto ayudará a los estudiantes a desarrollar una actitud resiliente y confiada en sus habilidades.

Valoración del esfuerzo en lugar de los resultados: La exhibición del valor de la actitud implica cambiar el enfoque de la valoración exclusiva de los resultados hacia el reconocimiento del esfuerzo. Los establecimientos educativos pueden enfatizar la importancia de dar lo mejor de sí mismos en lugar de enfocarse únicamente en los resultados numéricos. Esto fomentará una actitud de aprendizaje, donde los estudiantes se sientan motivados a explorar, experimentar y aprender de sus errores.

Beneficios e impacto:

Desarrollo de una actitud positiva, proactiva y responsable en los estudiantes: La exhibición del valor de la actitud en los establecimientos educativos promueve un cambio en la mentalidad de los estudiantes, fomentando una actitud positiva hacia el aprendizaje y el desarrollo personal. Los estudiantes aprenderán a enfrentar los desafíos con determinación, a asumir la responsabilidad de su propio aprendizaje y a buscar soluciones de manera creativa.

Mejora del rendimiento académico: Una actitud positiva y proactiva tiene un impacto directo en el rendimiento académico de los estudiantes. Al tener una mentalidad abierta, estar dispuestos a aprender y afrontar los desafíos con perseverancia, los estudiantes serán capaces de superar obstáculos y alcanzar un mayor nivel de éxito en sus estudios. Además, una actitud positiva promueve la participación activa en el proceso educativo, lo cual contribuye a un mayor compromiso y motivación.

Desarrollo de habilidades socioemocionales: La promoción de una actitud positiva en los establecimientos educativos implica el desarrollo de habilidades socioemocionales en los estudiantes. Aprender a gestionar las emociones, a trabajar en equipo, a resolver conflictos de manera constructiva y a comunicarse eficazmente son habilidades clave para el desarrollo personal y social de los estudiantes. Estas habilidades les permitirán establecer relaciones positivas, manejar situaciones difíciles y contribuir de manera efectiva a su entorno.

Fortalecimiento de la autoestima y la confianza: Una actitud positiva y una mentalidad de crecimiento promueven el desarrollo de una sana autoestima y confianza en los estudiantes. Al reconocer y valorar sus propios esfuerzos y logros, los estudiantes desarrollarán una imagen positiva de sí mismos y una mayor confianza en sus habilidades. Esto les brindará la seguridad necesaria para enfrentar nuevos desafíos, asumir roles de liderazgo y perseguir sus metas con determinación.

Cultura de respeto y colaboración: La promoción de una actitud positiva en los establecimientos educativos fomenta una cultura de respeto y colaboración entre los estudiantes y la comunidad educativa. Al valorar las ideas y perspectivas de los demás, los estudiantes aprenderán a trabajar en equipo, a escuchar activamente y a valorar la diversidad de opiniones. Esto contribuirá a la creación de un ambiente de convivencia armónica y a la construcción de una sociedad más inclusiva y solidaria.

En resumen, la exhibición del valor de la actitud en los establecimientos educativos del Ecuador tiene múltiples beneficios e impacto en el desarrollo de los estudiantes. Promover una actitud positiva, proactiva y responsable fomenta el rendimiento académico, el desarrollo de habilidades socioemocionales, fortalece la autoestima y la confianza, y promueve una cultura de respeto y colaboración. Estos beneficios no solo repercuten en el ámbito educativo, sino también en la formación de individuos comprometidos y capacitados para enfrentar los desafíos de la vida y contribuir positivamente a la sociedad.

Dignidad

La dignidad es un valor fundamental en la sociedad ecuatoriana y su exhibición en todos los establecimientos educativos del país tiene un impacto significativo en la formación de los estudiantes y en la construcción de una sociedad basada en el respeto y la igualdad. A continuación, exploraremos los beneficios y la importancia de promover el valor de la dignidad en el ámbito educativo:

-Respeto por los derechos humanos: La exhibición del valor de la dignidad en los establecimientos educativos fomenta el respeto por los derechos humanos. Los estudiantes aprenden a reconocer la importancia de que todas las personas sean tratadas con dignidad y respeto, independientemente de su origen étnico, religión, género u orientación sexual. Esto contribuye a la formación de ciudadanos comprometidos con la defensa de los derechos fundamentales y a la construcción de una sociedad más justa y equitativa.

-Fomento de la autoestima y el autocuidado: La promoción de la dignidad en el entorno educativo ayuda a los estudiantes a desarrollar una sana autoestima y a valorarse a sí mismos. Aprenden a reconocer su propia dignidad y la importancia de cuidar de sí mismos, tanto física como emocionalmente. Esto contribuye a fortalecer su confianza y a tomar decisiones saludables para su bienestar personal.

-Prevención del acoso y la discriminación: La exhibición del valor de la dignidad en los establecimientos educativos contribuye a la prevención del acoso y la discriminación. Los estudiantes aprenden a reconocer y rechazar cualquier forma de violencia o maltrato que vulnere la dignidad de otros individuos. Se fomenta el respeto, la empatía y la tolerancia, creando un ambiente seguro y acogedor para todos los estudiantes.

-Promoción de la diversidad y la inclusión: La dignidad implica valorar y respetar la diversidad presente en la sociedad ecuatoriana. Al exhibir este valor en los establecimientos educativos, se promueve la inclusión de todas las personas, sin importar sus diferencias. Los estudiantes aprenden a apreciar y respetar las diferentes culturas, tradiciones y perspectivas, fomentando así la construcción de una sociedad inclusiva y plural.

-Desarrollo de habilidades sociales y emocionales: La promoción de la dignidad en el ámbito educativo contribuye al desarrollo de habilidades sociales y emocionales en los estudiantes.

Aprenden a comunicarse de manera respetuosa, a resolver conflictos de forma pacífica y a trabajar en equipo. Esto les permite construir relaciones saludables y desarrollar habilidades que serán fundamentales en su vida personal y profesional.

-Construcción de una ciudadanía responsable: La exhibición del valor de la dignidad en los establecimientos educativos ayuda a formar una ciudadanía responsable y comprometida con el bienestar de la sociedad. Los estudiantes aprenden a ser conscientes de sus derechos y responsabilidades, y a ejercerlos de manera responsable. Se fomenta el respeto por el entorno natural y social, así como la participación activa en la construcción de una sociedad más digna y justa.

En resumen, la exhibición del valor de la dignidad en todos los establecimientos educativos del Ecuador es esencial para promover una sociedad basada en el respeto, la igualdad y la valoración de la dignidad humana. Los beneficios de esta iniciativa son numerosos y tienen un impacto profundo en la formación de los estudiantes y en la construcción de una sociedad más justa y equitativa.

-Fortalecimiento del sentido de pertenencia: Al exhibir el valor de la dignidad en los establecimientos educativos, se fortalece el sentido de pertenencia de los estudiantes hacia su país y su comunidad. Aprenden a valorar y respetar la diversidad de su entorno, reconociendo que cada individuo tiene un valor intrínseco y contribuye de manera única a la sociedad. Esto fomenta el orgullo por su identidad ecuatoriana y promueve la construcción de una sociedad cohesionada.

-Generación de líderes empáticos y éticos: La promoción de la dignidad en el ámbito educativo forma líderes empáticos y éticos. Los estudiantes aprenden a tomar decisiones basadas en el respeto por los demás y en la búsqueda del bien común. Desarrollan habilidades de liderazgo que se fundamentan en la comprensión de la importancia de la dignidad humana y la promoción de la justicia social. Estos líderes contribuirán a la transformación positiva de la sociedad.

-Influencia en el entorno familiar y comunitario: La exhibición del valor de la dignidad en los establecimientos educativos tiene un impacto más allá del ámbito escolar. Los estudiantes llevan consigo los valores que aprenden y los transmiten a sus familias y comunidades. De esta manera, se genera un efecto multiplicador en la sociedad, extendiendo la promoción de la dignidad a todos los niveles y contribuyendo a la construcción de una sociedad más digna y respetuosa.

-Preparación para la ciudadanía global: La exhibición de la dignidad en los establecimientos educativos prepara a los estudiantes para ser ciudadanos globales conscientes de su responsabilidad en un mundo interconectado. Aprenden a apreciar y respetar la dignidad de las personas de diferentes culturas, nacionalidades y creencias. Esto les permite desarrollar habilidades interculturales y trabajar de manera colaborativa en la búsqueda de soluciones a los desafíos globales.

La exhibición del valor de la dignidad en todos los establecimientos educativos del Ecuador tiene múltiples beneficios e impactos en la formación de los estudiantes y en la construcción de una sociedad más justa y equitativa. Al promover el respeto, la igualdad y la valoración de la dignidad humana, se fortalece el tejido social y se fomenta una convivencia pacífica y armoniosa. La dignidad es un pilar fundamental en la educación, guiando a los estudiantes hacia una ciudadanía responsable y comprometida con el bienestar colectivo.

Orden

Uno de los valores fundamentales que serán exhibidos en todos los establecimientos educativos del Ecuador es el valor del orden. El orden es un principio que busca establecer una estructura, organización y disciplina en todos los aspectos de la vida, tanto a nivel personal como social.

Los beneficios y el impacto de promover el valor del orden en el ámbito educativo:

-Fomento de la disciplina: La exhibición del valor del orden en los establecimientos educativos promueve la disciplina entre los estudiantes. El orden establece pautas y normas claras que ayudan a los estudiantes a mantener un comportamiento adecuado y respetuoso. Aprenden a cumplir con las reglas establecidas, a ser responsables y a valorar la importancia de un ambiente ordenado para el aprendizaje.

-Mejora del rendimiento académico: El orden en el entorno educativo tiene un impacto directo en el rendimiento académico de los estudiantes. Un ambiente ordenado y organizado facilita la concentración y el enfoque, lo que promueve un mejor aprendizaje. Los estudiantes tienen acceso a materiales y recursos de manera eficiente, lo que optimiza su tiempo y les permite aprovechar al máximo las oportunidades de aprendizaje.

-Desarrollo de habilidades de planificación y organización: El valor del orden en los establecimientos educativos ayuda a los estudiantes a desarrollar habilidades de planificación y organización. Aprenden a establecer metas, a crear horarios de estudio y a organizar sus tareas de manera eficiente. Estas habilidades son fundamentales para su desarrollo académico y también serán valiosas en su vida personal y profesional.

-Cultivo de la responsabilidad y el sentido de pertenencia: La promoción del orden en los establecimientos educativos fomenta la responsabilidad y el sentido de pertenencia en los estudiantes. Aprenden a cuidar y mantener su entorno, a ser responsables de sus pertenencias y a valorar el espacio común. El orden les permite sentirse parte activa de la comunidad educativa, generando un sentido de pertenencia y compromiso.

-Creación de un ambiente favorable para el aprendizaje: Un ambiente ordenado y organizado es propicio para el aprendizaje. Los estudiantes se sienten más seguros y tranquilos en un entorno donde todo está en su lugar. Esto les permite concentrarse en las lecciones, participar activamente en las actividades y aprovechar al máximo las oportunidades educativas.

-Promoción de la eficiencia y la productividad: El orden en los establecimientos educativos promueve la eficiencia y la productividad tanto en los estudiantes como en los docentes. Un ambiente ordenado facilita la realización de tareas, reduce el tiempo perdido en buscar materiales o recursos, y promueve la colaboración y el trabajo en equipo. Esto conduce a un uso más efectivo del tiempo y a un mayor logro de los objetivos educativos.

-Generación de hábitos positivos: La exhibición del valor del orden en los establecimientos educativos ayuda a generar hábitos positivos en los estudiantes. Aprenden la importancia de mantener su espacio limpio y ordenado, de cumplir con las tareas asignadas y de seguir instrucciones.

-Preparación para la vida adulta: El valor del orden inculcado en los establecimientos educativos prepara a los estudiantes para enfrentar la vida adulta de manera más efectiva. El orden es una habilidad valiosa en el ámbito laboral, donde la organización, la planificación y la eficiencia son fundamentales. Al promover el orden desde temprana edad, se les proporciona a los estudiantes las herramientas necesarias para enfrentar los desafíos de la vida adulta de manera más exitosa.

La exhibición del valor del orden en todos los establecimientos educativos del Ecuador tiene beneficios significativos en la formación de los estudiantes. Fomenta la disciplina, mejora el rendimiento académico, desarrolla habilidades de planificación y organización, cultiva la responsabilidad y el sentido de pertenencia, crea un ambiente favorable para el aprendizaje, promueve la eficiencia y la productividad, estimula la creatividad, fortalece la autodisciplina y prepara a los estudiantes para la vida adulta. El valor del orden es esencial para el desarrollo integral de los estudiantes y contribuye a la construcción de una sociedad más organizada y eficiente.

Respeto

La exhibición de los valores ecuatorianos, especialmente el valor del respeto, en todos los establecimientos de educación del país es una iniciativa significativa que busca promover una sociedad más armoniosa y solidaria. El respeto es fundamental para el desarrollo de relaciones saludables y el fortalecimiento del tejido social. A continuación, exploraremos cómo la promoción del valor del respeto en los establecimientos educativos puede generar beneficios e impacto positivo:

-Cultura de convivencia pacífica: Al exhibir el valor del respeto en los establecimientos educativos, se fomenta una cultura de convivencia pacífica entre los estudiantes, profesores y personal de la institución. El respeto mutuo crea un ambiente propicio para el aprendizaje, la tolerancia y la aceptación de la diversidad. Los estudiantes aprenden a valorar y apreciar las diferencias, a escuchar y considerar las opiniones de los demás, y a resolver conflictos de manera respetuosa y constructiva.

-Mejoramiento del clima escolar: La promoción del respeto en los establecimientos educativos contribuye a mejorar el clima escolar. Cuando los estudiantes se sienten respetados y valorados, experimentan un sentido de pertenencia y seguridad emocional en la escuela. Esto fomenta un ambiente positivo que favorece el aprendizaje, el desarrollo socioemocional y el bienestar general de los estudiantes.

-Formación de ciudadanos responsables: El respeto es una habilidad social crucial para la formación de ciudadanos responsables y comprometidos con la sociedad. Al exhibir este valor en los establecimientos educativos, se enseña a los estudiantes la importancia de tratar a los demás con dignidad, valorar la diversidad cultural, étnica y de género, y contribuir activamente al bienestar común. Esto ayuda a desarrollar habilidades de empatía, comprensión y colaboración que son fundamentales para una ciudadanía activa y participativa.

-Prevención del acoso y la violencia: La promoción del respeto en los establecimientos educativos desempeña un papel crucial en la prevención del acoso escolar y la violencia. El respeto mutuo y la aceptación de la diversidad reducen las situaciones de discriminación, bullying y maltrato entre los estudiantes. Al fomentar un ambiente respetuoso, se promueve la seguridad emocional y física de los estudiantes, creando un entorno propicio para su crecimiento y desarrollo saludable.

-Impacto en la sociedad: La promoción del valor del respeto en los establecimientos educativos tiene un impacto más amplio en la sociedad. Los estudiantes que aprenden a ser respetuosos en la escuela llevarán consigo estos valores a lo largo de sus vidas y los aplicarán en sus interacciones personales y profesionales. Esto contribuye a la construcción de una sociedad más justa, inclusiva y solidaria, donde se valora y respeta la dignidad de todas las personas.

La exhibición y promoción del valor del respeto en todos los establecimientos educativos del país tiene un impacto significativo en la convivencia pacífica, el clima escolar, la formación de ciudadanos responsables, la prevención del acoso.

-Promoción de la diversidad cultural: El valor del respeto en los establecimientos educativos implica reconocer y valorar la diversidad cultural presente en el país. Esto implica respetar las diferentes tradiciones, costumbres, idiomas y creencias de las comunidades étnicas y culturales. Al exhibir y promover el respeto, se fomenta el diálogo intercultural y se fortalece el tejido social, promoviendo la convivencia pacífica y enriqueciendo la identidad nacional.

-Construcción de relaciones saludables: El respeto es esencial para construir relaciones saludables y satisfactorias tanto en el ámbito educativo como en la vida cotidiana. Al enseñar a los estudiantes sobre el valor del respeto, se les brindan herramientas para establecer vínculos positivos basados en el respeto mutuo, la empatía y la comunicación efectiva. Esto les permite desarrollar habilidades sociales y emocionales que les serán útiles a lo largo de sus vidas, fortaleciendo sus relaciones interpersonales.

-Desarrollo de una ciudadanía ética: El respeto forma parte de una ciudadanía ética y responsable. Al exhibir este valor en los establecimientos educativos, se promueve la integridad, la honestidad y el compromiso con el bien común. Los estudiantes aprenden a respetar las normas y leyes, a valorar la justicia y la igualdad, y a actuar de manera ética en todas sus acciones. Esto contribuye a la formación de una ciudadanía comprometida con el desarrollo sostenible y el progreso social.

-Influencia en el entorno familiar y comunitario: Los valores promovidos en los establecimientos educativos no solo impactan a los estudiantes, sino que también influyen en sus familias y comunidades. Al exhibir y promover el respeto, se crea un efecto multiplicador, ya que los estudiantes llevan consigo estos valores a sus hogares y entornos cercanos. Esto puede generar cambios positivos en la forma en que las familias y las comunidades se relacionan entre sí, promoviendo la armonía, la solidaridad y la colaboración.

-Construcción de una sociedad equitativa: El respeto es un pilar fundamental para construir una sociedad equitativa, donde se reconozcan y valoren los derechos y la dignidad de todas las personas. Al exhibir y promover el respeto en los establecimientos educativos, se trabaja hacia la eliminación de la discriminación y la desigualdad, fomentando un trato justo y equitativo para todos. Esto contribuye a la construcción de una sociedad inclusiva y democrática, donde se respeten y protejan los derechos humanos.

La exhibición y promoción del valor del respeto en todos los establecimientos educativos del país tiene un impacto significativo en la promoción de la diversidad cultural, la construcción de relaciones saludables, el desarrollo de una ciudadanía ética, la influencia en el entorno familiar y comunitario, y la construcción de una sociedad equitativa.

Online del Ecuador 6

TIKTOKER: "Implementaremos en todas las carreras la materia de innovación y emprendimiento, con la finalidad de crear nuevas fuentes de trabajo."

La implementación de la materia de Innovación y Emprendimiento en todas las carreras del país es una medida crucial para fomentar la creación de nuevas fuentes de trabajo y promover el espíritu emprendedor en los estudiantes. Esta materia tiene como objetivo principal desarrollar habilidades, conocimientos y actitudes necesarios para generar ideas innovadoras y convertirlas en proyectos empresariales exitosos. A continuación, exploraremos los beneficios e impacto de esta implementación:

-Fomento de la creatividad y la innovación: La materia de Innovación y Emprendimiento brinda a los estudiantes un espacio para explorar su creatividad y desarrollar habilidades innovadoras. Aprenden a identificar oportunidades, generar ideas novedosas y pensar de manera disruptiva. Estas habilidades son fundamentales para emprender nuevos proyectos y generar soluciones innovadoras en cualquier campo profesional.

-Desarrollo de habilidades empresariales: La materia de Innovación y Emprendimiento proporciona a los estudiantes las herramientas necesarias para desarrollar habilidades empresariales clave. Aprenden a realizar estudios de mercado, elaborar planes de negocio, gestionar recursos financieros, analizar riesgos y oportunidades, y desarrollar estrategias de marketing. Estas habilidades les permiten convertir sus ideas en proyectos empresariales viables y sostenibles.

-Estímulo al espíritu emprendedor: La implementación de la materia de Innovación y Emprendimiento promueve el espíritu emprendedor entre los estudiantes. Les enseña a identificar problemas y necesidades en su entorno y a buscar soluciones a través de la creación de nuevos negocios. Esta mentalidad emprendedora les permite no solo generar empleo para sí mismos, sino también contribuir al desarrollo económico y social del país.

-Generación de nuevas fuentes de trabajo: Al fomentar el espíritu emprendedor y proporcionar las herramientas necesarias para crear y gestionar negocios, la materia de Innovación y Emprendimiento contribuye a la generación de nuevas fuentes de trabajo. Los estudiantes se convierten en agentes de cambio que no solo buscan empleo, sino que también crean empleo para otros. Esto tiene un impacto positivo en la economía del país y en la reducción de la tasa de desempleo.

-Impulso a la economía y la competitividad: La implementación de la materia de Innovación y Emprendimiento impulsa la economía del país al fomentar la creación de nuevas empresas y la innovación en los diferentes sectores. Los emprendedores generan productos y servicios innovadores, aportando valor agregado a la economía y mejorando la competitividad nacional e internacional. Esto contribuye al crecimiento económico y al desarrollo sostenible del país.

-Adaptación al cambio y mejora de la empleabilidad: En un mundo en constante cambio, es fundamental que los estudiantes adquieran habilidades para adaptarse y aprovechar las nuevas oportunidades. La materia de Innovación y Emprendimiento les brinda las herramientas necesarias para ser proactivos, creativos y resilientes frente a los desafíos que puedan surgir en su carrera profesional. Esto mejora su empleabilidad y les permite estar preparados para los cambios del mercado laboral.

-Estímulo al desarrollo regional: La implementación de la materia de Innovación y Emprendimiento también tiene un impacto positivo en el desarrollo regional. Los

-Estímulo al desarrollo regional: La implementación de la materia de Innovación y Emprendimiento también tiene un impacto positivo en el desarrollo regional. Los estudiantes, al ser capacitados en emprendimiento, están mejor preparados para identificar oportunidades de negocio en sus propias comunidades y regiones. Esto impulsa el desarrollo económico local al fomentar la creación de empresas y proyectos que respondan a las necesidades y características específicas de cada región.

-Promoción de la cultura emprendedora: La implementación de la materia de Innovación y Emprendimiento en todas las carreras contribuye a promover una cultura emprendedora en la sociedad. Al exponer a los estudiantes a los conceptos, herramientas y casos de éxito relacionados con el emprendimiento, se les brinda una perspectiva más amplia y se rompen los estereotipos asociados con el emprendimiento. Esto crea una mentalidad más abierta y receptiva hacia la iniciativa empresarial en todos los ámbitos de la sociedad.

-Mejora de la empleabilidad y adaptabilidad: La materia de Innovación y Emprendimiento proporciona a los estudiantes habilidades y competencias que son altamente valoradas por los empleadores. El desarrollo de habilidades como el pensamiento creativo, la resolución de problemas, la toma de decisiones, la capacidad de liderazgo y la gestión del riesgo mejora la empleabilidad de los graduados. Además, al ser conscientes de las tendencias y cambios en el mercado laboral, los estudiantes están mejor preparados para adaptarse y aprovechar nuevas oportunidades profesionales.

-Impulso a la innovación y la competitividad: La incorporación de la materia de Innovación y Emprendimiento en todas las carreras fomenta la cultura de la innovación en el país. Los estudiantes adquieren conocimientos y habilidades necesarios para identificar oportunidades de mejora y generar soluciones innovadoras en sus respectivos campos de estudio. Esto impulsa la competitividad de las empresas y organizaciones, ya que contarán con profesionales capacitados para enfrentar los desafíos del entorno actual.

-Colaboración interdisciplinaria: La materia de Innovación y Emprendimiento promueve la colaboración interdisciplinaria entre los estudiantes. Al trabajar en proyectos y actividades relacionadas con el emprendimiento, los estudiantes de diferentes carreras tienen la oportunidad de unir conocimientos y perspectivas diversas. Esto fomenta el trabajo en equipo, la integración de diferentes habilidades y la generación de soluciones más completas e innovadoras.

En resumen, la implementación de la materia de Innovación y Emprendimiento en todas las carreras tiene numerosos beneficios y un impacto significativo en el desarrollo económico, social y educativo del país. Fomenta la creatividad, el espíritu emprendedor y la generación de nuevas fuentes de trabajo. Además, impulsa la economía, mejora la empleabilidad de los graduados, promueve la cultura emprendedora, estimula la innovación y la competitividad, y promueve la colaboración interdisciplinaria. Esta iniciativa tiene el potencial de transformar la mentalidad y el panorama profesional del país, creando un entorno propicio para el desarrollo de proyectos innovadores y sostenibles.

Online del Ecuador 7

TIKTOKER:"El dinero de los jubilados no será tocado por ningún gobernante de turno, bajo pena de destitución. Y si se utiliza para alguna inversión del país, pasará a formar parte de los activos del IESS."

La protección del dinero de los jubilados es de vital importancia para garantizar su bienestar y seguridad financiera. Con el fin de salvaguardar estos fondos, se propone que el dinero de los jubilados no sea utilizado por ningún gobernante de turno, bajo pena de destitución. Además, si estos fondos son utilizados para inversiones en beneficio del país, pasarán a formar parte de los activos del Instituto Ecuatoriano de Seguridad Social (IESS). A continuación, exploraremos los beneficios e impacto de esta medida:

-Protección de los derechos de los jubilados: Al prohibir que los gobernantes utilicen el dinero de los jubilados, se protegen sus derechos y se garantiza que estos fondos sean utilizados exclusivamente para su beneficio. Esto evita situaciones en las que los recursos destinados a la seguridad financiera de los jubilados sean utilizados de manera irresponsable o desviados para otros fines.

-Seguridad y estabilidad financiera: Al asegurar que el dinero de los jubilados no sea tocado por los gobernantes de turno, se brinda estabilidad y seguridad financiera a los jubilados. Esto les proporciona la tranquilidad de que sus ahorros y contribuciones están protegidos y disponibles para su beneficio, sin riesgo de ser utilizados de manera inapropiada o dilapidados por decisiones políticas.

-Evitar el mal uso de los fondos: Al establecer la pena de destitución para cualquier gobernante que utilice el dinero de los jubilados, se crea un fuerte incentivo para respetar y proteger estos recursos. Esto desalienta cualquier tentación de utilizar los fondos de manera incorrecta o para cubrir déficits presupuestarios, asegurando que los recursos sean utilizados exclusivamente para garantizar la seguridad financiera de los jubilados.

-Estimular la inversión responsable: La medida propuesta establece que si los fondos de los jubilados son utilizados para inversiones en beneficio del país, pasen a formar parte de los activos del IESS. Esto promueve la inversión responsable y garantiza que los recursos sean utilizados de manera productiva para generar ingresos adicionales y fortalecer el sistema de seguridad social. Al pasar a formar parte de los activos del IESS, estos recursos podrían generar retornos financieros que beneficien directamente a los jubilados.

-Fortalecimiento del sistema de seguridad social: Al proteger los recursos de los jubilados y utilizarlos de manera responsable, se fortalece el sistema de seguridad social en su conjunto. Esto contribuye a asegurar la sostenibilidad y la viabilidad del sistema a largo plazo, garantizando que los fondos estén disponibles para cubrir las necesidades de los jubilados y asegurando una vida digna durante la etapa de retiro.

En resumen, la implementación de la medida propuesta, que prohíbe que los gobernantes de turno utilicen el dinero de los jubilados y establece penas de destitución en caso de incumplimiento, tiene un impacto positivo en la protección de los derechos de los jubilados, la seguridad financiera, la responsabilidad en la gestión de los recursos, el estímulo a la inversión responsable y el fortalecimiento del sistema de seguridad social.

Online del Ecuador 8

TIKTOKER: "Para los migrantes pondremos en cada Consulado dentista, oftalmólogo y podólogo, financiado por el aporte de un dólar al mes por los inscritos en el Consulado, y un aporte mínimo para la persona que esté usando el servicio. Los servicios que no cubre la Seguridad Social en el destino serán pagados mediante un aporte de todos y un mínimo por parte del paciente. Por lo tanto, todo esto está autofinanciado."

La implementación de servicios de atención médica especializada para migrantes en los consulados es una iniciativa valiosa que busca brindar apoyo y cuidado integral a los ciudadanos que se encuentran en el extranjero. Esta propuesta contempla la instalación de servicios de dentista, oftalmólogo y podólogo en cada consulado, financiados a través de un aporte mensual de un dólar por parte de los inscritos en el consulado, así como un aporte mínimo por parte de cada paciente que utilice estos servicios. Además, se plantea que los servicios no cubiertos por la Seguridad Social en el país de destino sean subsidiados mediante un aporte conjunto de todos los beneficiarios y un mínimo por parte del paciente. A continuación, exploraremos los beneficios e impacto de esta medida:

-Acceso a servicios de atención médica especializada: Al contar con servicios de dentista, oftalmólogo y podólogo en cada consulado, se garantiza que los migrantes tengan acceso a atención médica especializada en estas áreas. Esto es especialmente importante, ya que estos servicios pueden ser costosos o difíciles de encontrar en algunos países de destino. Al brindar estos servicios, se contribuye a asegurar la salud y el bienestar de los migrantes, mejorando su calidad de vida y su integración en la comunidad de acogida.

-Financiamiento a través de aportes mínimos: La propuesta plantea que tanto los inscritos en el consulado como los beneficiarios de los servicios realicen un aporte mínimo. Este enfoque de autofinanciamiento garantiza la sostenibilidad de los servicios y evita una carga excesiva sobre los recursos del Estado. Al contar con un sistema de financiamiento participativo, se promueve la responsabilidad individual y se asegura que los servicios sean accesibles para todos los migrantes que los necesiten.

-Subsidio para servicios no cubiertos por la Seguridad Social: En caso de que los servicios de salud no estén cubiertos por la Seguridad Social del país de destino, se propone que sean subsidiados mediante un aporte conjunto de todos los beneficiarios y un mínimo por parte del paciente. Esto permite cubrir los costos adicionales y garantiza que los migrantes reciban la atención médica necesaria sin incurrir en gastos excesivos. Además, este enfoque de subsidio solidario asegura que la carga financiera se distribuya equitativamente entre los beneficiarios.

-Mejora de la salud y bienestar de los migrantes: Al brindar servicios de atención médica especializada, se promueve la salud y el bienestar de los migrantes. La atención dental, oftalmológica y podológica son aspectos fundamentales de la salud general, y contar con estos servicios contribuye a prevenir y tratar condiciones médicas que podrían afectar la calidad de vida de los migrantes. Además, el acceso a estos servicios promueve la detección temprana de problemas de salud y facilita la continuidad de los cuidados médicos necesarios.

-Fortalecimiento de la comunidad migrante: La implementación de estos servicios en los consulados fortalece la comunidad migrante al brindarles un apoyo integral y contribuir a su bienestar. Además de la atención médica, estos espacios pueden servir como centros de encuentro y solidaridad entre los migrantes.

-Fomento de la prevención y educación en salud: Junto con la provisión de servicios médicos, la iniciativa puede incluir programas de prevención y educación en salud dirigidos a los migrantes. Estos programas pueden abordar temas como la higiene bucal, el cuidado de los ojos, la salud podológica y otras prácticas saludables. Al proporcionar información y recursos educativos, se empodera a los migrantes para que tomen decisiones informadas sobre su salud y adopten hábitos de vida saludables, lo que a su vez reduce la necesidad de atención médica costosa y especializada en el futuro.

-Respuesta humanitaria y solidaria: La implementación de servicios médicos especializados en los consulados muestra un enfoque humanitario y solidario hacia los migrantes. Reconoce la importancia de salvaguardar la salud y el bienestar de las personas que se encuentran lejos de su país de origen, brindándoles atención médica adecuada y accesible. Esto envía un mensaje de apoyo y acogida por parte del Estado y fortalece los lazos entre los migrantes y su país de origen.

-Generación de empleo y desarrollo económico: La creación de servicios de atención médica especializada en los consulados puede generar empleo tanto para profesionales de la salud como para personal de apoyo. Esto contribuye al desarrollo económico al promover la creación de puestos de trabajo y la dinamización de sectores relacionados con la salud. Además, al contar con servicios médicos de calidad, se fomenta la atracción de inversiones y la promoción del turismo médico en el país, generando beneficios económicos adicionales.

-Ejemplo a seguir para otros países: La implementación de servicios médicos especializados en los consulados, financiados a través de aportes mínimos y subsidios solidarios, puede servir como un ejemplo inspirador para otros países que enfrentan desafíos similares en la atención de sus migrantes. La experiencia y los resultados obtenidos de esta iniciativa podrían ser compartidos y replicados en otros contextos, promoviendo así la adopción de políticas y programas que protejan y cuiden la salud de los migrantes en diferentes partes del mundo.

Online del Ecuador 9

TIKTOKER: "Crear más energías limpias para generar más electricidad, para ser utilizada en el transporte público. Descontaminaremos las grandes ciudades. Hay que prohibir la tala de árboles. Estamos perdiendo la guerra contra la contaminación, tenemos que crear leyes para evitar la tala de árboles. Debemos fomentar la compra de cosas que no sean de madera. Juntos rescataremos la naturaleza. Más carros eléctricos. Miles de árboles sembrados cada lotería. Colabora cada mes. Cada mes rescataremos la naturaleza. Más parques en las ciudades. Ecuador nos necesita."

La creación de más energías limpias para generar electricidad y su uso en el transporte público es una medida crucial para abordar el problema de la contaminación en las grandes ciudades. Es fundamental implementar estrategias y políticas que promuevan la sostenibilidad ambiental y reduzcan las emisiones de gases de efecto invernadero. A continuación, se detallan algunas acciones clave para lograr este objetivo:

-Energías renovables: Es necesario fomentar la generación de electricidad a partir de fuentes renovables, como la energía solar, eólica, hidroeléctrica y geotérmica. Estas fuentes de energía son limpias y no emiten gases contaminantes durante su producción. Promover la instalación de paneles solares en edificios, parques solares y aerogeneradores permitirá aumentar la capacidad de generación de energía limpia y reducir la dependencia de combustibles fósiles.

-Transporte público sostenible: Es fundamental impulsar el uso de transporte público eléctrico en las ciudades. La sustitución de los vehículos que funcionan con combustibles fósiles por autobuses, trenes y tranvías eléctricos reducirá significativamente las emisiones de gases contaminantes. Además, es importante promover la ampliación de las redes de transporte público y mejorar su eficiencia para fomentar su uso y disminuir la dependencia del transporte privado.

-Prohibición de la tala de árboles: La deforestación es una de las principales causas de la pérdida de biodiversidad y la emisión de gases de efecto invernadero. Para frenar este problema, es necesario establecer leyes y regulaciones estrictas que prohíban la tala indiscriminada de árboles. Además, es importante fomentar la reforestación y la protección de los bosques existentes, ya que desempeñan un papel crucial en la captura de carbono y la conservación del medio ambiente.

-Fomento de productos sostenibles: Es fundamental promover el consumo responsable y fomentar la compra de productos que no estén fabricados con materiales provenientes de la tala de árboles. Esto implica incentivar la utilización de materiales alternativos, como el papel reciclado y productos fabricados con materiales sostenibles, como el bambú. Además, es importante concienciar a la población sobre la importancia de reducir el consumo y optar por alternativas más ecológicas.

-Impulso de vehículos eléctricos: El aumento en la fabricación y adquisición de vehículos eléctricos es esencial para reducir las emisiones de gases contaminantes en el sector del transporte. Es necesario implementar políticas que incentiven la compra de automóviles eléctricos, como la reducción de impuestos y la instalación de infraestructuras de carga. Además, es importante promover la investigación y desarrollo de tecnologías relacionadas con la batería y la eficiencia de los vehículos eléctricos.

-Creación de más espacios verdes: Los parques y áreas verdes desempeñan un papel crucial en la mejora de la calidad del aire y la mitigación del impacto ambiental. Es importante impulsar la creación de más parques y áreas naturales en las ciudades. La creación de parques y áreas verdes en las ciudades tiene múltiples beneficios. Además de proporcionar espacios recreativos y de esparcimiento para los ciudadanos, estos lugares contribuyen a reducir la contaminación del aire, proporcionan hábitats para la fauna y flora local, mejoran la calidad del agua y ayudan a regular la temperatura urbana. Promover la creación y conservación de espacios verdes es fundamental para contrarrestar los efectos de la urbanización y crear entornos más saludables y sostenibles.

-Educación y conciencia ambiental: La promoción de prácticas sostenibles y respetuosas con el medio ambiente requiere de una educación y conciencia ambiental sólida. Es importante implementar programas educativos en las escuelas y comunidades para informar a la población sobre la importancia de conservar el medio ambiente, reducir el consumo desmedido y adoptar hábitos más sostenibles. Esto ayudará a generar un cambio de mentalidad en la sociedad y a fomentar la participación activa en la protección del medio ambiente.

-Alianzas público-privadas: La transición hacia un modelo energético y de transporte más limpio requiere de la colaboración entre los sectores público y privado. Es fundamental fomentar alianzas y políticas que incentiven a las empresas a adoptar prácticas sostenibles, como la implementación de energías renovables en sus procesos productivos y el uso de flotas de vehículos eléctricos. Además, se pueden establecer incentivos fiscales y programas de financiamiento para facilitar la adopción de estas tecnologías.

-Investigación e innovación: La investigación y la innovación desempeñan un papel clave en la búsqueda de soluciones sostenibles y eficientes. Es necesario invertir en proyectos de investigación que impulsen el desarrollo de tecnologías más limpias y eficientes en la generación de energía y el transporte. Esto incluye el desarrollo de baterías más avanzadas, sistemas de carga rápida y el uso de energías renovables más eficientes y accesibles.

-Participación ciudadana: La participación activa de la ciudadanía es fundamental para lograr un cambio real en la lucha contra la contaminación y la promoción de energías limpias. Es importante fomentar la participación ciudadana a través de la creación de comités ambientales, espacios de diálogo y consulta pública, donde los ciudadanos puedan expresar sus preocupaciones y propuestas. Esto fortalece la democracia ambiental y empodera a los ciudadanos para ser parte activa del cambio hacia un futuro más sostenible.

En la Constitución de la República del Ecuador, específicamente en su artículo 398, se establece la protección de la naturaleza y el ambiente como un deber del Estado y de la sociedad. En este contexto, se promueve la conservación y el uso sustentable de los recursos naturales, incluyendo los bosques y la biodiversidad.

En relación con la deforestación y la protección de los árboles, la Constitución ecuatoriana establece lo siguiente:

-Artículo 71: Reconoce el derecho de la población a vivir en un ambiente sano y ecológicamente equilibrado. Este derecho incluye la conservación de los ecosistemas, la preservación de la diversidad biológica y la protección de los recursos naturales.

Artículo 73: Establece que el Estado tiene la responsabilidad de precautelar la conservación de los ecosistemas y regular las actividades que puedan afectar al ambiente. Además, se prohíbe la introducción de organismos y materiales genéticamente modificados que puedan afectar la diversidad biológica.

-Artículo 74: Reconoce y garantiza el derecho de la población a la participación en la gestión ambiental. Esto implica que la ciudadanía tiene el derecho de participar en la toma de decisiones relacionadas con el uso y conservación de los recursos naturales, incluyendo los bosques.

En la Constitución de la República del Ecuador, específicamente en su artículo 395, se establece el principio de desarrollo sustentable y sostenible como un eje fundamental para la planificación y gestión del país. Este principio implica la adopción de políticas, normativas y acciones que promuevan el equilibrio entre el desarrollo económico, social y ambiental.

Además, es importante destacar que Ecuador cuenta con una serie de normativas ambientales complementarias, como reglamentos, resoluciones y directrices, que se emiten para desarrollar y complementar las disposiciones constitucionales y legales en materia ambiental. Estas normativas específicas pueden abordar temas como la gestión forestal, la autorización para la tala de árboles, la protección de áreas naturales, la reforestación y otras medidas relacionadas.

La implementación de leyes y regulaciones específicas, como la prohibición de la tala indiscriminada de árboles, se lleva a cabo mediante la promulgación de legislación secundaria y la creación de normativas ambientales complementarias. Estas normativas son desarrolladas por los organismos competentes con el objetivo de regular de manera más precisa y detallada las actividades relacionadas con el uso y conservación de los recursos naturales.

Estas leyes y normativas son elaboradas con base en los principios establecidos en la Constitución de la República del Ecuador y tienen como propósito fortalecer la protección del ambiente y la conservación de los recursos naturales. Los organismos competentes, como el Ministerio del Ambiente y otras entidades relacionadas, son responsables de elaborar y promulgar estas normativas en concordancia con la legislación vigente.

Las normativas ambientales complementarias buscan abordar aspectos específicos y detallados relacionados con la tala de árboles, estableciendo regulaciones para garantizar un uso adecuado y sostenible de los recursos forestales. Estas normativas incluyen disposiciones sobre la autorización para la tala, la gestión forestal, la protección de áreas naturales, la reforestación y otras medidas que contribuyan a la conservación y uso responsable de los bosques.

Online del Ecuador 10

TIKTOKER: "Cada 3 meses los colegios saldrán de paseo un sábado para fomentar el turismo local y el buen vivir. En el caso de las universidades, se harán cada semestre y serán en diferentes regiones, a veces en la costa, otras veces en la sierra y en el oriente. Fomentaremos el turismo interno y el buen vivir. En caso de no tener recursos, los sitios de llegada serán universidades o cuarteles."

La implementación de salidas periódicas de paseo para estudiantes de colegios y universidades tiene como objetivo promover el turismo local y el concepto del "buen vivir". Esta iniciativa busca proporcionar a los estudiantes la oportunidad de explorar y conocer diferentes regiones del país, fomentando así el amor por su cultura, historia y belleza natural.

En el caso de los colegios, se propone realizar salidas de paseo cada tres meses, preferiblemente los sábados. Estas salidas estarían diseñadas para permitir a los estudiantes visitar destinos cercanos, como sitios turísticos locales, parques naturales, museos, zonas históricas y otras atracciones culturales. Al involucrar a los estudiantes en experiencias de viaje, se pretende despertar su interés por la diversidad de su país y estimular su sentido de pertenencia.

En el ámbito universitario, se sugiere realizar salidas de paseo cada semestre, con el objetivo de explorar diferentes regiones del país. En cada periodo, se seleccionaría una región específica, como la costa, la sierra o el oriente, para que los estudiantes tengan la oportunidad de conocer y apreciar la variedad geográfica, cultural y ambiental de Ecuador. Estas salidas podrían incluir visitas a ciudades, comunidades indígenas, parques nacionales, reservas naturales y otros lugares de interés.

Es importante destacar que estas salidas de paseo también pueden ser una oportunidad para fomentar el turismo interno, impulsando la economía local y promoviendo el intercambio cultural entre estudiantes y comunidades visitadas. Además, se busca que estas experiencias sean inclusivas, por lo que en caso de que algunos estudiantes no cuenten con recursos económicos suficientes, se podrían considerar opciones como visitas a universidades o cuarteles, donde se podrían organizar actividades educativas y enriquecedoras.

Estas salidas de paseo, además de promover el turismo local y el buen vivir, tienen múltiples beneficios para los estudiantes. Al salir del entorno escolar tradicional y explorar nuevos lugares, los estudiantes tienen la oportunidad de aprender de manera experiencial, desarrollar habilidades sociales y emocionales, fortalecer su sentido de responsabilidad y cuidado del medio ambiente, y ampliar su perspectiva sobre la diversidad cultural y geográfica de su país.

En el caso de los colegios, los paseos cada tres meses permiten una frecuencia regular de exploración y descubrimiento de diferentes destinos locales. Esto crea una dinámica positiva y emocionante para los estudiantes, ya que constantemente tienen algo nuevo que esperar y disfrutar. Estas salidas también pueden ser una forma de incentivar el estudio y el buen comportamiento.

En el ámbito universitario, las salidas de paseo cada semestre ofrecen una experiencia más amplia y enriquecedora. Al enfocarse en diferentes regiones del país en cada periodo, los estudiantes tienen la oportunidad de conocer las particularidades y riquezas de cada zona. Esto contribuye a su formación integral, permitiéndoles comprender la diversidad cultural, geográfica, histórica y ambiental del Ecuador.

Además, estas salidas de paseo pueden establecer vínculos más estrechos entre los estudiantes y su entorno, generando un sentido de pertenencia y orgullo por su país. Al interactuar con las comunidades locales y los diversos actores involucrados en el turismo, los estudiantes también pueden aprender sobre la importancia de la sostenibilidad y el respeto hacia el patrimonio natural y cultural.

Es fundamental destacar que estas salidas de paseo deben planificarse de manera adecuada, considerando aspectos como la seguridad, la logística y el cumplimiento de los objetivos educativos. Además, es necesario establecer mecanismos de financiamiento adecuados, como la participación activa de los padres, la búsqueda de patrocinadores y el apoyo gubernamental

Online del Ecuador 11

TIKTOKER: *"Vamos a hacer que el mundo nos mire como un lugar turístico. La mensajería, los correos, tienen que tener distintivos propios orientados a atraer turistas de todo el mundo. Todos los empresarios trabajarán con el gobierno para contribuir al desarrollo del turismo. Se construirán edificios propios para embajadas y consulados donde podremos promover la cultura del Ecuador. La medicina deportiva irá de la mano de grandes figuras como ciclistas, atletas, boxeadores, etc. El cuidado de jubilados de todo el mundo puede convertirse en un destino en nuestro país. Se llevarán los diferentes productos tradicionales y no tradicionales a los nuevos edificios de consulados y embajadas que construirá nuestro país, para poder ser promocionados adecuadamente. Se crearán hoteles y complejos de lujo donde el gobierno invertirá en la infraestructura, para luego venderlos a los trabajadores que quieran ser accionistas de este negocio. Se mejorará la seguridad del país incrementando cámaras en las ciudades más peligrosas, y especialmente en los lugares turísticos. La guardia del palacio contribuirá al turismo. En las fronteras se crearán parques temáticos y puentes de vidrio como miradores, teleféricos, etc., con el objetivo de captar el turismo local y el de los países vecinos. Entre todos trabajaremos para que el turismo sea la primera fuente de ingresos del país."*

"Vamos a hacer que el mundo nos mire como un lugar turístico. La mensajería y los correos tendrán distintivos propios orientados a hacer atracción turística para el mundo."

Para promover el turismo en Ecuador, es fundamental destacar la identidad y la belleza de nuestro país en todos los ámbitos. Una forma de hacerlo es a través de la mensajería y los servicios postales. Implementaremos distintivos y empaques temáticos que resalten los atractivos turísticos ecuatorianos, como las Islas Galápagos, la Amazonía, las playas paradisíacas y los paisajes andinos. De esta manera, cada envío se convertirá en una pequeña ventana hacia nuestra riqueza natural y cultural, despertando el interés de quienes lo reciben y generando una imagen positiva del Ecuador en el ámbito internacional.

"Todos los empresarios trabajarán con el gobierno para contribuir en el desarrollo del turismo. Esto se hará construyendo edificios propios para embajadas y consulados donde podemos promover la cultura del Ecuador."

La colaboración entre el sector empresarial y el gobierno es clave para potenciar el turismo en el país. Los empresarios ecuatorianos tendrán la oportunidad de participar activamente en el desarrollo de proyectos turísticos, como la construcción de edificios emblemáticos para embajadas y consulados. Estos espacios no solo cumplirán funciones diplomáticas, sino que también serán verdaderos centros culturales donde se promoverá la diversidad y riqueza cultural del Ecuador. Los visitantes podrán conocer nuestra gastronomía, artesanía, música y tradiciones, generando así una experiencia enriquecedora y memorable.

"La medicina deportiva irá de la mano de grandes figuras como ciclistas, atletas, boxeadores, etc."

El deporte es un elemento que puede atraer a un gran número de turistas. Ecuador cuenta con una geografía diversa y desafiante, ideal para la práctica de diversas disciplinas deportivas. Además, tenemos talentosos atletas en diferentes disciplinas, como ciclismo, atletismo y boxeo, que han logrado destacar a nivel internacional. Aprovecharemos esta oportunidad para promover la medicina deportiva y convertir a nuestro país en un destino de referencia para el

entrenamiento y la recuperación de deportistas. Estableceremos centros especializados y de vanguardia, donde los atletas y equipos profesionales puedan recibir tratamientos, realizar entrenamientos de alto rendimiento y aprovechar nuestros recursos naturales y paisajes únicos para su preparación.

"El cuidado de jubilados de todo el mundo puede ser lugar de destino en nuestro país. Se llevará a los nuevos edificios de consulados y embajadas del mundo los diferentes productos tradicionales y no tradicionales para poder ser promocionados adecuadamente."

Ecuador tiene el potencial de convertirse en un destino atractivo para el cuidado de jubilados de diferentes partes del mundo. Nuestro clima favorable, entornos naturales hermosos y una infraestructura de calidad nos posicionan como un lugar idóneo para que las personas mayores disfruten de su retiro en un entorno tranquilo y seguro. Para promover este tipo de turismo, se establecerán convenios con países interesados en enviar a sus jubilados a Ecuador, ofreciendo servicios de atención médica, residencias de calidad, actividades recreativas y una atención personalizada para garantizar su bienestar. Además, en los nuevos edificios de consulados y embajadas en diferentes países, se exhibirán y promocionarán nuestros productos tradicionales y no tradicionales, como artesanías, alimentos, textiles y productos naturales, generando un intercambio cultural y económico beneficioso para ambas partes.

"Se crearán hoteles y complejos de lujo donde el gobierno invertirá en la infraestructura, para luego ser vendidos a los trabajadores que quieran ser accionistas de este negocio."

Con el fin de impulsar el turismo y fomentar la inversión local, el gobierno de Ecuador liderará la construcción de hoteles y complejos turísticos de lujo. Estas inversiones en infraestructura permitirán mejorar la calidad de los servicios turísticos y atraer a un público más exigente. Una vez finalizada la construcción, se ofrecerá a los trabajadores la oportunidad de convertirse en accionistas de estos negocios, promoviendo así la participación ciudadana y la distribución de beneficios. Esto no solo fomentará el espíritu emprendedor, sino que también generará empleo y fortalecerá la economía local.

"Se mejorará la seguridad del país incrementando cámaras en las ciudades más peligrosas, y sobre todo en los lugares turísticos. La guardia del palacio contribuirá al turismo."

La seguridad es un aspecto fundamental para el desarrollo del turismo. Ecuador implementará estrategias para mejorar la seguridad en las ciudades, especialmente en aquellas que han sido identificadas como áreas más peligrosas. Se aumentará la instalación de cámaras de vigilancia en lugares estratégicos, incluyendo los destinos turísticos más visitados, para brindar una mayor protección tanto a los visitantes como a los ciudadanos locales. Además, la Guardia del Palacio, conocida por su impecable formación y disciplina, se involucrará activamente en el turismo, ofreciendo exhibiciones y actividades relacionadas con su trabajo, lo que permitirá a los visitantes conocer de cerca la cultura y el protocolo del país.

"En las fronteras se crearán parques temáticos y puentes de vidrio como miradores, teleféricos, etc., con el objetivo de captar el turismo local y el de los países vecinos."

Las fronteras de Ecuador representan una oportunidad única para atraer turistas y promover la integración regional. Se desarrollarán parques temáticos en zonas fronterizas, que combinarán elementos culturales, históricos y naturales para brindar una experiencia enriquecedora a los visitantes. Además, se construirán puentes de vidrio como miradores panorámicos, desde donde se podrá apreciar la belleza de los paisajes y la diversidad geográfica de las regiones limítrofes. Asimismo, se implementarán teleféricos en áreas estratégicas, permitiendo a los turistas disfrutar de vistas impresionantes y acceder a lugares remotos de forma segura y cómoda. Estas iniciativas no solo promoverán el turismo local, sino que también atraerán a visitantes de los países vecinos, fortaleciendo los lazos regionales y generando un impacto positivo en la economía.

"Entre todos trabajaremos para que el turismo sea la primera fuente de ingresos del país."

El turismo tiene un enorme potencial para convertirse en la principal fuente de ingresos de Ecuador. Para lograrlo, es necesario un enfoque integral y la colaboración de todos los actores involucrados. El gobierno, las empresas privadas, los trabajadores del sector turístico y la sociedad en general trabajarán de la mano para promover el turismo, mejorar la calidad de los servicios, preservar el patrimonio cultural y natural, y garantizar la satisfacción de los visitantes. Se desarrollarán campañas de promoción a nivel nacional e internacional, se implementarán programas de capacitación para el personal turístico, se fortalecerán las infraestructuras y se fomentará la diversificación de las ofertas turísticas. El objetivo final es posicionar a Ecuador como un destino turístico reconocido a nivel mundial y generar beneficios económicos y sociales para todo el país.

"Se promoverá la gastronomía ecuatoriana como un atractivo turístico destacado, resaltando la diversidad y riqueza de nuestros platos y productos autóctonos."

La gastronomía ecuatoriana es una expresión cultural de gran valor y constituye un atractivo único para los turistas. Se fomentará la promoción de nuestra cocina tradicional, destacando la variedad de ingredientes locales, técnicas culinarias ancestrales y sabores auténticos. Se organizarán festivales gastronómicos, ferias y eventos que permitan a los visitantes disfrutar y conocer la diversidad de la oferta culinaria del país. Asimismo, se impulsará la creación de rutas gastronómicas que conecten diferentes regiones y permitan explorar la riqueza culinaria de cada lugar. Esta iniciativa no solo promoverá el turismo, sino que también beneficiará a los productores y emprendedores locales, fortaleciendo la cadena de valor de la gastronomía y generando empleo en las comunidades.

"Se implementarán programas de turismo comunitario para involucrar a las comunidades locales en la actividad turística y promover el desarrollo sostenible."

El turismo comunitario es una estrategia que busca generar beneficios económicos y sociales directos para las comunidades locales, a la vez que promueve la conservación del patrimonio cultural y natural. Se desarrollarán programas que permitan a las comunidades participar activamente en la actividad turística, ofreciendo servicios como alojamiento, guías turísticos, artesanías y experiencias culturales auténticas. Estos programas garantizarán que los beneficios del turismo se distribuyan de manera equitativa y contribuyan al desarrollo sostenible de las comunidades. Además, se impulsará la capacitación y el fortalecimiento de las habilidades emprendedoras de los miembros de estas comunidades, para que puedan gestionar de manera exitosa sus emprendimientos turísticos y mejorar su calidad de vida.

"Se fomentará el turismo ecológico y de aventura, aprovechando la diversidad de ecosistemas y paisajes que ofrece Ecuador."

Ecuador es conocido por su increíble biodiversidad y sus paisajes variados, que van desde la selva amazónica hasta las Islas Galápagos, pasando por la Sierra y la Costa. Se promoverá el turismo ecológico y de aventura, brindando a los visitantes la oportunidad de explorar y disfrutar de estos entornos naturales únicos. Se desarrollarán circuitos y actividades como senderismo, observación de aves, paseos en kayak, buceo, entre otros, que permitan a los turistas conectar con la naturaleza y vivir experiencias emocionantes. Además, se garantizará la protección y conservación de estos espacios mediante regulaciones y prácticas sostenibles, para preservar su integridad a largo plazo.

"Se fortalecerá la promoción del turismo cultural, resaltando la riqueza histórica, arquitectónica y artística de Ecuador."

El patrimonio cultural de Ecuador es invaluable y merece ser valorado y promovido. Se impulsarán iniciativas para resaltar la riqueza histórica, arquitectónica y artística del país, mediante la promoción de sus museos, sitios arqueológicos, centros culturales y festividades tradicionales. Se organizarán eventos culturales y artísticos de alcance nacional e internacional, que permitan a los turistas sumergirse en la riqueza y diversidad de la cultura ecuatoriana. Además, se fomentará el turismo de ciudad, destacando el valor histórico de ciudades como Quito, Cuenca y Guayaquil, y se apoyará la restauración y conservación de edificios y monumentos emblemáticos.

"Se establecerán alianzas estratégicas con operadores turísticos internacionales para promover Ecuador como un destino turístico de primer nivel."

Con el objetivo de aumentar la visibilidad y atraer a un mayor número de turistas, se buscarán alianzas con operadores turísticos internacionales. Estas alianzas permitirán promocionar de manera efectiva los atractivos y servicios turísticos de Ecuador en diferentes mercados internacionales. Se participará en ferias turísticas internacionales, se realizarán campañas de promoción en medios de comunicación especializados y se desarrollarán paquetes turísticos atractivos que resalten la diversidad de experiencias que el país tiene para ofrecer. Asimismo, se trabajará en la mejora de la conectividad aérea y terrestre, facilitando el acceso de los turistas a los diferentes destinos dentro de Ecuador.

"Se invertirá en infraestructura turística para mejorar la experiencia de los visitantes."

El desarrollo de la infraestructura turística es fundamental para brindar una experiencia de calidad a los visitantes. Se realizarán inversiones en la construcción y mejora de carreteras, aeropuertos, puertos y otros medios de transporte, facilitando así el desplazamiento de los turistas dentro del país. Además, se impulsará la construcción de hoteles, restaurantes, centros de convenciones y otros servicios turísticos, garantizando altos estándares de calidad y comodidad para los visitantes. Estas inversiones no solo beneficiarán al turismo, sino que también generarán empleo y contribuirán al desarrollo económico de las comunidades locales.

"Se promoverá la formación y capacitación de los actores involucrados en la industria turística."

La calidad de los servicios turísticos es crucial para brindar una experiencia satisfactoria a los visitantes. Se implementarán programas de formación y capacitación dirigidos a los profesionales del sector turístico, como guías turísticos, personal hotelero, chefs y otros profesionales relacionados. Estos programas garantizarán que los actores involucrados cuenten con las habilidades y conocimientos necesarios para brindar un servicio de excelencia, destacando la calidez y hospitalidad característica del pueblo ecuatoriano. Además, se fomentará la educación turística en las instituciones académicas, promoviendo carreras y especializaciones en turismo que impulsen el crecimiento y desarrollo del sector.

"Se implementarán medidas de seguridad para brindar tranquilidad a los turistas."

La seguridad es un aspecto fundamental para atraer turistas y generar confianza en el destino. Se fortalecerán las medidas de seguridad en las áreas turísticas, aumentando la presencia policial y la vigilancia electrónica. Se instalarán cámaras de seguridad en puntos estratégicos y se desarrollarán sistemas de respuesta rápida ante situaciones de emergencia. Asimismo, se promoverá la concientización y el respeto por los derechos de los turistas, brindando información clara sobre sus derechos y las medidas de protección disponibles. De esta manera, se garantizará que los visitantes disfruten de su estadía en Ecuador de manera segura y sin contratiempos.

"Se fomentará el turismo sostenible y responsable."

El turismo sostenible y responsable será una prioridad en la estrategia turística de Ecuador. Se promoverán prácticas que minimicen el impacto ambiental, respeten la diversidad cultural y beneficien a las comunidades locales. Se impulsarán iniciativas de turismo comunitario, donde los visitantes puedan conocer y participar en las actividades cotidianas de las comunidades, contribuyendo así a su desarrollo económico y social. Asimismo, se promoverá el respeto por el medio ambiente, fomentando el uso responsable de los recursos naturales, la conservación de la biodiversidad y la adopción de prácticas amigables con el entorno. De esta manera, se busca preservar los atractivos turísticos a largo plazo y garantizar un legado positivo para las generaciones futuras.

"Se desarrollarán campañas de promoción turística a nivel nacional e internacional."

La promoción turística desempeña un papel fundamental en la atracción de visitantes. Se llevarán a cabo campañas de promoción a nivel nacional e internacional, destacando los atractivos naturales, culturales, históricos y gastronómicos de Ecuador. Se utilizarán diferentes medios de comunicación, como televisión, radio, prensa, medios digitales y redes sociales, para difundir el mensaje de que Ecuador es un destino turístico imperdible. Además, se participará en ferias y eventos turísticos a nivel mundial, donde se dará a conocer la oferta turística del país y se establecerán contactos con operadores turísticos y potenciales visitantes. El objetivo es posicionar a Ecuador como un destino de clase mundial y atraer a un número cada vez mayor de turistas.

"Se establecerán alianzas estratégicas con otros países y organizaciones internacionales."

Para fortalecer el turismo en Ecuador, se buscarán alianzas

estratégicas con otros países y organizaciones internacionales. Estas alianzas permitirán la colaboración en áreas como la promoción conjunta, el intercambio de buenas prácticas, la facilitación de visados y la cooperación en materia de desarrollo turístico. Se buscará establecer acuerdos bilaterales y multilaterales que impulsen la conectividad aérea, faciliten el flujo de turistas y promuevan el intercambio cultural. Asimismo, se aprovecharán los convenios existentes para promover el turismo entre países vecinos y fomentar el turismo regional.

hotelera, la gastronomía y la atención al cliente. Además, se fomentará la capacitación continua para que los trabajadores turísticos estén al día con las últimas tendencias y exigencias del mercado. Asimismo, se promoverá la participación en ferias, conferencias y eventos de capacitación, tanto a nivel nacional como internacional, para mantenerse actualizados y establecer contactos con expertos y profesionales del sector.

"Se impulsará la creación de productos turísticos innovadores."

Se buscará impulsar la creación de productos turísticos innovadores que sean atractivos para diferentes segmentos de mercado. Se fomentará el turismo de naturaleza, el turismo cultural, el turismo de aventura, el turismo gastronómico, entre otros. Se incentivará la creación de circuitos turísticos que permitan a los visitantes explorar diferentes regiones y descubrir la diversidad del país. Además, se promoverá el turismo comunitario, donde las comunidades locales participen activamente en la creación y operación de experiencias turísticas auténticas. Se buscará destacar los valores únicos de Ecuador y ofrecer a los turistas una experiencia enriquecedora y memorable.

"Se promoverá la diversificación de los productos turísticos."

Además de los destinos turísticos tradicionales, se promoverá la diversificación de los productos turísticos en Ecuador. Se identificarán y desarrollarán nuevos atractivos turísticos en diferentes regiones del país, como el turismo rural, el turismo de aventura, el turismo gastronómico y el turismo cultural. Esto permitirá a los visitantes tener una experiencia variada y enriquecedora, descubriendo la diversidad y riqueza de Ecuador en todos sus aspectos.

"Se fomentará la formación y capacitación en el sector turístico."

Para elevar la calidad de los servicios turísticos, se fomentará la formación y capacitación del personal que trabaja en el sector. Se promoverán programas de formación y capacitación para los trabajadores del turismo, tanto en habilidades técnicas como en conocimientos sobre cultura, historia, idiomas y atención al cliente. Además, se incentivarán las prácticas profesionales y el intercambio de experiencias con otros destinos turísticos reconocidos a nivel mundial.

"Se promoverá el turismo interno."

El turismo interno será promovido como una forma de valorar y disfrutar de los destinos turísticos dentro de Ecuador. Se desarrollarán campañas de concientización y promoción para que los ecuatorianos conozcan y visiten diferentes lugares del país. Se establecerán programas y beneficios especiales para fomentar el turismo interno, como descuentos en transporte, alojamiento y actividades turísticas. Esto contribuirá a fortalecer la economía local y a que los propios ecuatorianos se conviertan en embajadores de su país.

"Se creará un marco legal favorable para el desarrollo turístico."

Se establecerá un marco legal favorable que incentive el desarrollo turístico en Ecuador. Se revisarán y actualizarán las leyes y regulaciones existentes para agilizar los procesos de inversión, facilitar la creación de nuevos emprendimientos turísticos y garantizar la seguridad jurídica de los inversionistas. Asimismo, se establecerán incentivos fiscales y financieros para promover la inversión en el sector turístico, lo que contribuirá al crecimiento económico.

"Se fomentará el turismo comunitario."

Se impulsará el turismo comunitario, promoviendo la participación activa de las comunidades locales en el desarrollo turístico de sus territorios. Se apoyará la creación de emprendimientos turísticos gestionados por las propias comunidades, que ofrezcan experiencias auténticas y respetuosas con la cultura y el entorno natural. Esto permitirá a las comunidades generar ingresos adicionales y fortalecer su identidad cultural.

"Se promoverá el turismo interno."

Se promoverá el turismo interno, incentivando a los ecuatorianos a descubrir y disfrutar de los destinos turísticos dentro de su propio país. Se desarrollarán campañas de promoción específicas para el mercado nacional, ofreciendo paquetes turísticos accesibles, descuentos y beneficios para los residentes. Esto no solo contribuirá a dinamizar la economía local, sino que también fortalecerá el sentido de pertenencia y orgullo hacia el patrimonio natural y cultural de Ecuador.

"Se impulsarán actividades turísticas diversificadas."

Se impulsarán actividades turísticas diversificadas para atender los distintos intereses de los visitantes. Se promoverá el turismo de naturaleza, el turismo de aventura, el turismo cultural, el turismo gastronómico, entre otros. Además, se fomentará la creación de eventos y festivales que resalten la riqueza cultural y artística del país. Esto permitirá atraer a diferentes tipos de turistas y prolongar su estadía en Ecuador.

"Se impulsará la conectividad y el transporte turístico."

Se trabajará en mejorar la conectividad y el transporte turístico, facilitando el acceso a los diferentes destinos dentro del país. Se promoverá la mejora de la infraestructura vial, el desarrollo de rutas turísticas y la expansión de la red de transporte público en zonas turísticas. Asimismo, se impulsará la conectividad aérea mediante acuerdos con aerolíneas y la apertura de nuevas rutas internacionales.

"Se fortalecerá la seguridad turística."

Se reforzará la seguridad turística en todo el país para brindar tranquilidad y confianza a los visitantes. Se incrementará la presencia policial en zonas turísticas y se implementarán sistemas de vigilancia y monitoreo. Además, se promoverá la capacitación del personal turístico en materia de seguridad y atención al turista.

"Se impulsará el turismo comunitario."

Se promoverá el turismo comunitario como una forma de involucrar a las comunidades locales en el sector turístico y brindarles beneficios económicos. Se fomentará la participación de las comunidades en la creación de experiencias turísticas auténticas, como la visita a comunidades indígenas, la participación en actividades culturales y la oferta de alojamiento en casas de familias locales. Esto permitirá a los turistas conocer de cerca la cultura y tradiciones del país, al tiempo que apoyan el desarrollo de las comunidades.

"Se impulsará la formación y capacitación turística."

Se fortalecerá la formación y capacitación en el sector turístico, tanto para los trabajadores actuales como para los futuros profesionales. Se establecerán programas de capacitación en áreas como atención al cliente, gestión hotelera, guianza turística y emprendimiento. Además, se fomentará la colaboración con instituciones educativas y se promoverá la oferta de becas y programas de intercambio para el desarrollo de habilidades turísticas.

"Se incentivará la diversificación de productos turísticos."

Se promoverá la diversificación de los productos turísticos para ofrecer una amplia gama de opciones a los visitantes. Se impulsará el turismo de naturaleza, el turismo de aventura, el turismo gastronómico, el turismo cultural, entre otros. Esto permitirá a los turistas tener experiencias únicas y descubrir la riqueza y diversidad del país.

"Se promoverá la sostenibilidad en el turismo."

Se fomentará la implementación de prácticas sostenibles en el sector turístico para minimizar el impacto negativo en el medio ambiente y preservar los recursos naturales. Se promoverá el uso de energías renovables en los establecimientos turísticos, la gestión eficiente del agua y la reducción de residuos. Asimismo, se impulsará la sensibilización y educación ambiental tanto entre los turistas como en las comunidades receptoras.

"Se implementará una estrategia de promoción turística."

Se diseñará y ejecutará una estrategia de promoción turística a nivel nacional e internacional para posicionar a Ecuador como un destino atractivo y competitivo. Se llevarán a cabo campañas de marketing en medios tradicionales y digitales, se participará en ferias y eventos turísticos, y se promoverán alianzas con aerolíneas y operadores turísticos. Además, se potenciará el uso de tecnologías de la información y comunicación para llegar a un público más amplio y diversificado.

:

"Se promoverá la diversificación del turismo."

Se buscará diversificar la oferta turística del país, aprovechando la riqueza natural, cultural y gastronómica de cada región. Se impulsará el turismo de naturaleza, turismo cultural, turismo de aventura, turismo comunitario y otras modalidades que permitan a los turistas disfrutar de experiencias únicas y auténticas. Esto contribuirá a ampliar el mercado turístico y a generar mayores oportunidades económicas en diferentes áreas geográficas del país.

"Se fomentará la participación comunitaria."

Se promoverá la participación activa de las comunidades locales en el desarrollo turístico. Se brindará capacitación y apoyo técnico para que las comunidades puedan emprender proyectos turísticos sostenibles y beneficiarse de la actividad turística. Se fomentará el respeto a la cultura y tradiciones de las comunidades, involucrándolas en la planificación y gestión de las actividades turísticas. Esto permitirá un desarrollo turístico más inclusivo y equitativo.

TIKTOKER: "Gracias por no usar la PlayStation. Eliminaré la PlayStation del Ecuador."

Exploremos los argumentos para respaldar esa postura, aquí veremos algunas posibles razones:

-Reducción de adicciones y problemas de salud: El uso excesivo de videojuegos, especialmente cuando se vuelve adictivo, puede tener efectos negativos en la salud física y mental de las personas. Al eliminar la PlayStation, se busca reducir la posibilidad de adicción a los videojuegos y los problemas asociados, como el sedentarismo, la falta de actividad física y los trastornos del sueño.

-Enfoque en actividades más productivas: Al eliminar la PlayStation, se fomenta que las personas en Ecuador dediquen su tiempo a actividades más productivas y enriquecedoras, como el estudio, la lectura, el deporte, la interacción social y el desarrollo de habilidades prácticas. Se busca redirigir la atención hacia actividades que promuevan un crecimiento personal y contribuyan al desarrollo del país.

-Ahorro de recursos económicos: La adquisición y el mantenimiento de consolas de videojuegos y juegos puede representar un gasto significativo para las familias ecuatorianas. Al eliminar la PlayStation, se puede reducir la inversión en esta forma de entretenimiento y destinar esos recursos a otras necesidades más urgentes, como la educación, la salud o la infraestructura.

-Fomento de la creatividad y la imaginación: Al eliminar la PlayStation, se busca impulsar la creatividad y la imaginación de las personas, alentándolas a buscar formas alternativas de entretenimiento que estimulen su capacidad de pensar de manera innovadora y desarrollar habilidades artísticas, manuales o intelectuales.

Es importante tener en cuenta que estos argumentos son presentados desde la perspectiva de eliminar completamente la PlayStation. Sin embargo, es necesario considerar también los beneficios.

Por otra parte, un uso equilibrado de la tecnología y el entretenimiento en Ecuador, también es cierto que la tecnología y los videojuegos pueden tener beneficios y aplicaciones positivas.

-Educación y aprendizaje: Los videojuegos pueden ser herramientas educativas poderosas que promueven el aprendizaje activo, la resolución de problemas y el desarrollo de habilidades cognitivas. Se pueden desarrollar videojuegos educativos que aborden temas relevantes para la educación y la cultura ecuatoriana, brindando una experiencia lúdica y enriquecedora para los usuarios.

-Ocio y entretenimiento saludable: Los videojuegos pueden proporcionar momentos de ocio y entretenimiento, siempre y cuando se utilicen de manera equilibrada y se combinen con otras actividades físicas, recreativas y sociales. Es importante promover un estilo de vida activo y variado, que incluya actividades al aire libre, deportes, lectura, interacción social y tiempo en familia.

-Regulación y orientación parental: Es fundamental que los padres y cuidadores participen activamente en la educación y supervisión de los niños y jóvenes en el uso de los videojuegos.

Esto implica establecer límites de tiempo, seleccionar juegos adecuados para la edad, establecer reglas claras y fomentar una comunicación abierta sobre el contenido y las experiencias virtuales.

-Alternativas de entretenimiento: En lugar de eliminar por completo la PlayStation, se pueden promover otras formas de entretenimiento y recreación que fomenten la creatividad, el movimiento físico y la interacción social. Esto podría incluir actividades artísticas, deportivas, musicales, teatrales, entre otras, que permitan a las personas explorar sus talentos y pasiones.

-Conciencia sobre los riesgos y beneficios: Es importante generar conciencia sobre los riesgos asociados al uso excesivo de la tecnología y los videojuegos, como la adicción, el sedentarismo y el aislamiento social. Al mismo tiempo, se deben destacar los beneficios potenciales de los videojuegos, como el desarrollo de habilidades cognitivas, la creatividad y la conexión con comunidades virtuales.

Online del Ecuador 13

TIKTOKER: "¿Cómo podemos ayudarte a obtener tu casa? ¡Es muy importante para cualquier persona! Es lo que tu familia necesita para tener estabilidad económica y emocional. Casas del Estado: una casa de 3 dormitorios con sala, comedor, baño y una cuadra de 50 metros cuadrados. Si pagas el alquiler por 2 años, no necesitas hacer un pago inicial. Si no quieres comprarla, puedes seguir pagando un alquiler muy bajo. Tú decides qué quieres hacer, ¡estamos aquí para ayudarte! Puedes tener la casa que no pudiste tener con otros gobiernos."

En la Constitución del Ecuador no existe un artículo específico que hable directamente sobre el programa de vivienda mencionado en el tema anterior. Sin embargo, la Constitución ecuatoriana establece algunos principios y derechos relacionados con la vivienda que podrían tener implicaciones en la implementación de programas de vivienda por parte del Estado.

El artículo 33 de la Constitución reconoce el derecho de las personas a una vivienda adecuada y segura, así como a acceder a programas habitacionales y créditos para vivienda. También establece que el Estado tiene la responsabilidad de garantizar el acceso a la vivienda y promover la construcción de viviendas de interés social.

Por otro lado, el artículo 281 de la Constitución establece que el Estado tiene la facultad de regular la política de vivienda y hábitat, promoviendo la construcción de viviendas de interés social y programas habitacionales.

Es importante destacar que la implementación de programas de vivienda y las políticas específicas relacionadas con el acceso a la vivienda y la promoción de programas habitacionales son definidas a través de leyes y regulaciones secundarias, las cuales pueden ser desarrolladas por el Gobierno y las entidades competentes en el ámbito de vivienda.

En resumen, si bien la Constitución ecuatoriana reconoce el derecho a una vivienda adecuada y establece la responsabilidad del Estado en garantizar el acceso a la vivienda, no proporciona directamente detalles específicos sobre programas de vivienda como el mencionado en el tema anterior. La implementación de programas habitacionales y políticas de vivienda se realiza a través de leyes y regulaciones secundarias que son establecidas por el Gobierno y las entidades competentes en el ámbito de vivienda.

Nuestro objetivo es hacer que el sueño de tener una casa propia sea accesible para todos. Para ello, hemos diseñado un sistema flexible que se adapta a tus necesidades. Si decides alquilar la casa por 2 años, no requerirás una entrada inicial. Esto te permitirá mudarte rápidamente y comenzar a construir tu hogar sin la preocupación de una gran inversión inicial.

Además, entendemos que algunas personas pueden preferir continuar pagando un alquiler en lugar de realizar una compra. Por eso, ofrecemos la opción de continuar pagando un alquiler muy bajo incluso después de los 2 años iniciales. Queremos que tú tomes la decisión que mejor se adapte a tus circunstancias y necesidades, y nosotros estaremos aquí para apoyarte en todo momento.

En comparación con administraciones anteriores, nuestro enfoque se centra en garantizar que cada ciudadano pueda acceder a una vivienda digna. Queremos brindarte la oportunidad que antes parecía inalcanzable. Nuestro compromiso es poner a tu disposición todas las herramientas y recursos necesarios para que puedas hacer realidad el sueño de tener tu propio hogar.

Sabemos que tener una casa propia es una aspiración compartida por muchas familias ecuatorianas. A través de este programa, buscamos promover la estabilidad, la seguridad y el bienestar de todos nuestros ciudadanos. Juntos, podemos construir un futuro mejor y más próspero para ti y tus seres queridos.

¡Estamos aquí para ayudarte a alcanzar el sueño de tener tu casa propia! No dudes en acercarte a nuestras oficinas para obtener más información y comenzar el proceso de adquisición de tu nuevo hogar. Estamos comprometidos en brindarte todo el apoyo necesario para que puedas disfrutar de la tranquilidad y la estabilidad que una vivienda propia puede proporcionar."

Queremos destacar que nuestro programa de vivienda se inspira en las mejores prácticas y ventajas que ofrecen otros países con sistemas exitosos. Tomando como referencia estas experiencias, buscamos mejorar la calidad de vida de nuestros ciudadanos y garantizar el acceso a una vivienda digna.

En países como Canadá, por ejemplo, existen programas gubernamentales que facilitan la adquisición de viviendas mediante subvenciones y financiamiento accesible. Estos programas permiten a las familias obtener una hipoteca asequible y reducir el costo mensual de la vivienda. Además, se promueve la construcción de viviendas energéticamente eficientes, lo que a largo plazo reduce los gastos de energía y beneficia tanto al medio ambiente como a los propietarios.

En países como Suecia, se han implementado modelos de cooperativas de vivienda, donde los ciudadanos se unen para construir y administrar sus propias viviendas. Estas cooperativas ofrecen la posibilidad de participar activamente en el proceso de construcción y diseño de la vivienda, lo que crea un sentido de comunidad y pertenencia.

Otro ejemplo interesante es Singapur, que ha logrado enfrentar el desafío de la vivienda a través de un enfoque integral. El gobierno ha desarrollado una amplia gama de opciones de vivienda, desde apartamentos subsidiados hasta viviendas de lujo. Además, se han implementado políticas que fomentan el ahorro y la planificación a largo plazo, permitiendo a los ciudadanos acceder a viviendas de alta calidad y asegurando la estabilidad financiera.

Si bien reconocemos que aún hay mucho por hacer, nos inspiramos en estos ejemplos para fortalecer nuestro programa de vivienda en Ecuador. Queremos superar los desafíos y ofrecer beneficios adicionales a nuestros ciudadanos. Estamos comprometidos en mejorar continuamente y adaptar nuestro enfoque según las mejores prácticas internacionales.

Nuestro objetivo es brindarte una oportunidad realista y alcanzable para obtener tu casa propia. Estamos conscientes de que cada país tiene su contexto y desafíos particulares, pero trabajaremos arduamente para ofrecerte las mejores ventajas posibles. Queremos que sientas que el sueño de tener una casa propia es una realidad alcanzable en Ecuador.

¡No dudes en acercarte a nuestras oficinas para obtener más información sobre nuestro programa de vivienda y cómo puedes beneficiarte de él! Estamos comprometidos en proporcionarte todas las herramientas y recursos necesarios para que puedas disfrutar de la estabilidad y seguridad que una vivienda propia puede brindarte.

Online del Ecuador 14

TIKTOKER: "Tenemos un sistema de votación que no es confiable. ¿Cómo podemos garantizar que no nos están haciendo fraude? Si tenemos veedores y observadores de los diferentes partidos y organismos internacionales, pero al momento de pasar los datos al sistema, todo ese trabajo puede cambiar y toda esa gente que votó puede ser estafada. Necesitamos seguridad de que se respetará la voluntad del pueblo. Debemos asegurarnos de que todo lo que se pasa al sistema sea lo mismo que el pueblo eligió. Piensa en que este sistema debe ser mejorado o cambiado. "Hagamos que las elecciones sean seguras y confiables. Democracia, sí, sí, sí... "Yo amo la democracia. Por el pueblo, para que todo el país quiera participar en las elecciones. ¡Un voto con dignidad es un voto confiable! Mi voto es seguro."

Es fundamental garantizar la integridad y transparencia del sistema de votación en cualquier democracia. En el contexto del tema planteado, es necesario implementar medidas para asegurar que no se produzcan fraudes y que la voluntad del pueblo sea respetada. Algunas acciones que pueden contribuir a fortalecer la confiabilidad del sistema de votación son las siguientes:

-Tecnología segura: Es importante contar con un sistema de votación electrónico confiable y seguro, que garantice la protección de los datos y la transmisión de la información de manera precisa y verificable. Se pueden implementar medidas como el uso de sistemas encriptados y protocolos de seguridad robustos para proteger la integridad de los datos electorales.

-Auditorías y verificaciones: Se deben llevar a cabo auditorías periódicas del sistema de votación para detectar posibles vulnerabilidades y asegurar su correcto funcionamiento. Estas auditorías deben ser realizadas por organismos independientes y contar con la participación de veedores y observadores de diferentes partidos políticos, así como de organismos internacionales.

-Transparencia en el proceso: Es fundamental que el proceso electoral sea transparente en todas sus etapas, desde la inscripción de votantes hasta el conteo de votos. La información sobre el registro electoral, los centros de votación, las mesas electorales y los resultados debe ser accesible y verificable por parte de la ciudadanía y los actores involucrados en el proceso electoral.

-Participación ciudadana: Fomentar la participación ciudadana en el proceso electoral es esencial para fortalecer la confianza en el sistema. Se pueden implementar mecanismos de educación cívica para promover el voto informado y concientizar a la población sobre la importancia de su participación activa en las elecciones.

-Transparencia en la gestión electoral: Es necesario que las autoridades electorales sean transparentes en su gestión y en la toma de decisiones. La designación de las autoridades electorales y la administración de los recursos deben ser realizadas de manera imparcial y transparente, asegurando la confianza de la ciudadanía en el proceso electoral.

La tecnología blockchain puede desempeñar un papel importante en la seguridad y confiabilidad del sistema de votación. Blockchain es una tecnología descentralizada y transparente que puede proporcionar un registro inmutable de todas las transacciones realizadas. Su aplicación en el ámbito electoral podría brindar varias ventajas:

-Integridad de los datos: La tecnología blockchain permite crear un registro digital de votos que es inmutable y resistente a la manipulación. Cada voto registrado se almacenaría de manera segura y enlazada criptográficamente con los votos anteriores, lo que garantiza que no se pueda alterar sin dejar un rastro.

-Transparencia: Al ser una tecnología de contabilidad distribuida, todos los participantes en la red blockchain tienen acceso a la misma información. Esto significa que cualquier persona puede verificar los resultados de las elecciones y comprobar la autenticidad de los votos emitidos. La transparencia inherente de blockchain aumentaría la confianza en el proceso electoral.

-Seguridad de la información: La tecnología blockchain utiliza cifrado avanzado para proteger la integridad y confidencialidad de los datos. Los votos estarían protegidos de manera segura en la cadena de bloques, minimizando los riesgos de hackeos o alteraciones indebidas.

-Rastreabilidad y auditoría: La naturaleza inmutable de la cadena de bloques permite un seguimiento detallado de cada transacción. Esto facilita la realización de auditorías y verificaciones, ya que se pueden rastrear y verificar todos los votos registrados en la cadena.

-Eliminación de intermediarios: Al utilizar blockchain, se podría eliminar la necesidad de intermediarios en el proceso de conteo de votos, como las autoridades electorales. Esto reduciría la posibilidad de interferencia o manipulación por parte de terceros, aumentando la confiabilidad del sistema.

Es importante destacar que la implementación de blockchain en el sistema de votación no es una solución única y requiere un análisis exhaustivo, así como una adecuada infraestructura tecnológica.

Además, es necesario considerar aspectos como la accesibilidad para todos los ciudadanos y la protección de la privacidad.

En conclusión, el uso de blockchain en el sistema de votación puede ofrecer mayor seguridad, transparencia y confiabilidad en el proceso electoral. Esta tecnología podría desempeñar un papel importante en la protección de la voluntad del pueblo y en la prevención de posibles fraudes o manipulaciones en el sistema de votación. Sin embargo, es necesario estudiar cuidadosamente su implementación y considerar todos los aspectos técnicos, legales y sociales para asegurar su efectividad y aceptación.

Online del Ecuador 15

TIKTOKER: "Una comida con nuestros políticos de turno, para empaparnos de los problemas (vía Zoom), solo para peces gordos, desde alcaldes para arriba. Ministro de Educación: hay que comer con universidades, colegios, escuelas, etc. Ministerio de Turismo: hay que comer con cada provincia e internacionalmente. Ministerio de Economía: con todos los dirigentes, catedráticos, mejor si es televisado. Ministerio del Medio Ambiente: con empresas, alcaldes, ciudadanía.

Una vez al día con entidades diferentes. SI NO LO VEMOS, NO LO SENTIMOS!!!."

Una comida con nuestros políticos de turno para empaparnos de los problemas (vía Zoom) solo para peces gordos desde alcaldes para arriba.

En un esfuerzo por fomentar la transparencia y la comunicación efectiva entre los políticos de turno y los ciudadanos, ha surgido una propuesta innovadora: la realización de comidas virtuales entre los líderes políticos y diversas entidades. Estas comidas, exclusivas para aquellos que ostentan cargos de alcaldes en adelante, se llevarían a cabo a través de plataformas de videoconferencia como Zoom, permitiendo una participación amplia y accesible.

El propósito principal de estas comidas sería que los políticos se empapen de los problemas, inquietudes y necesidades de diferentes sectores de la sociedad. Al reunirse con representantes de diversas entidades, los líderes políticos podrían tener una visión más clara y directa de las situaciones que enfrentan los ciudadanos en sus respectivas áreas de competencia.

La iniciativa busca trascender las barreras físicas y brindar una plataforma en la que los ciudadanos y los políticos puedan interactuar de manera cercana y directa, sin importar la distancia geográfica. Además, el uso de la tecnología permite realizar estas comidas de manera frecuente y eficiente, ya que no se requiere de desplazamientos ni de gastos considerables.

Al tratarse de una actividad exclusiva para "peces gordos" políticos, es decir, para aquellos que ocupan cargos importantes en la estructura gubernamental, se espera que la influencia y el impacto de estas reuniones virtuales sean significativos. Los políticos que participen podrían compartir su experiencia y conocimiento para abordar los problemas planteados, y a su vez, los ciudadanos podrían plantear ideas y propuestas concretas para mejorar la gestión gubernamental.

La primera entidad con la que se propone realizar esta comida virtual es el Ministerio de Educación. Durante el encuentro, los políticos podrían conversar con representantes de universidades, colegios, escuelas y otros actores clave del ámbito educativo. De esta manera, se podrían abordar temas como la calidad de la educación, la infraestructura escolar, la formación docente y otros desafíos que enfrenta el sistema educativo en general.

La idea de esta iniciativa se extiende a otros ministerios y áreas de interés. Por ejemplo, el Ministerio de Turismo podría organizar una comida virtual con representantes de diferentes provincias y actores internacionales del sector turístico. En este encuentro, se podrían discutir estrategias para promover el turismo sostenible, mejorar la infraestructura turística y potenciar el desarrollo económico de las regiones a través de esta industria.

El Ministerio de Economía también podría organizar un encuentro virtual televisado en el que se reúnan dirigentes, catedráticos y otros expertos en economía. Durante la comida, se podrían abordar temas como la estabilidad financiera, el fomento del emprendimiento, la generación de empleo y otros aspectos clave para el desarrollo económico del país.

El Ministerio del Medio Ambiente podría organizar una comida virtual con representantes de empresas, alcaldes y la ciudadanía en general. En este encuentro, los líderes políticos tendrían la oportunidad de discutir sobre los desafíos medioambientales que enfrenta el país, como la conservación de los recursos naturales, la mitigación del cambio climático, la gestión de residuos y la protección de los ecosistemas. A través de estas conversaciones, se buscaría promover políticas y acciones concretas que contribuyan a la preservación del medio ambiente y a un desarrollo sostenible.

Este modelo de comidas virtuales con entidades diferentes una vez al día tiene como objetivo asegurar que los problemas y preocupaciones de diversos sectores sean escuchados y tomados en cuenta por los políticos en el poder. Al ofrecer una plataforma para el diálogo y el intercambio de ideas, se busca construir puentes entre los gobernantes y los ciudadanos, generando un sentido de participación y compromiso cívico.

Es fundamental destacar que estas comidas virtuales no deben ser solo un mero ejercicio formal, sino un espacio genuino de escucha y acción. Los políticos deben comprometerse a llevar adelante las propuestas y soluciones discutidas durante estos encuentros, convirtiéndolas en políticas públicas concretas que beneficien a la sociedad en su conjunto.

Además, la transmisión televisada de algunos de estos encuentros contribuiría a ampliar el alcance de la iniciativa, permitiendo que un mayor número de personas pueda presenciar las discusiones y participar de forma indirecta a través de preguntas o comentarios enviados por redes sociales u otros medios digitales.

No obstante, es importante reconocer que estas comidas virtuales no reemplazan ni sustituyen la necesidad de un contacto más cercano y directo entre los políticos y los ciudadanos en su entorno local. Estos encuentros virtuales deben complementarse con reuniones presenciales en las comunidades, asambleas ciudadanas y otros mecanismos de participación ciudadana que

Es fundamental que estas comidas virtuales no se queden solo en un ejercicio simbólico, sino que se conviertan en un canal efectivo para generar cambios y mejoras en las políticas públicas. La participación activa de los políticos, así como el compromiso de escuchar y actuar con base en las inquietudes ciudadanas, son elementos clave para el éxito de esta iniciativa.

Siguiendo con la dinámica de las comidas virtuales entre políticos y diferentes entidades, proponemos centrarnos ahora en el Ministerio de Salud. Sería oportuno organizar una comida virtual con representantes de hospitales, clínicas, centros de salud y profesionales de la salud en general. Durante este encuentro, los políticos podrían abordar temas relacionados con la atención médica, el acceso a los servicios de salud, la infraestructura hospitalaria y las políticas de prevención.

La discusión en torno a la salud pública es fundamental, sobre todo en momentos en que el mundo se enfrenta a desafíos sanitarios de gran magnitud, como la pandemia de COVID-19. Esta comida virtual permitiría a los líderes políticos comprender mejor las necesidades y preocupaciones de los trabajadores de la salud, así como buscar soluciones efectivas para mejorar el sistema de atención médica y fortalecer la capacidad de respuesta ante futuras crisis sanitarias.

Además del Ministerio de Salud, otras entidades y ministerios podrían organizar sus respectivas comidas virtuales para abordar problemáticas específicas. Algunas propuestas podrían incluir:

- Ministerio de Trabajo: Comida virtual con sindicatos, representantes de empleadores y trabajadores para discutir temas laborales, derechos laborales, empleo digno y políticas de inclusión.
- Ministerio de Seguridad: Comida virtual con fuerzas de seguridad, organismos de derechos humanos y representantes de la sociedad civil para tratar asuntos relacionados con la seguridad ciudadana, el respeto de los derechos humanos y la prevención del delito.
- Ministerio de Desarrollo Social: Comida virtual con organizaciones no gubernamentales, fundaciones y representantes de comunidades en situación de vulnerabilidad para abordar temas de pobreza, desigualdad social, programas de asistencia y desarrollo comunitario.
- Ministerio de Ciencia y Tecnología: Comida virtual con investigadores, científicos y representantes del sector tecnológico para promover la investigación, la innovación y el desarrollo científico-tecnológico en el país.

Estas comidas virtuales permitirían generar un espacio de diálogo franco y constructivo entre los políticos y los actores relevantes en cada área, promoviendo una mayor comprensión de las problemáticas y necesidades específicas de cada sector. Asimismo, brindarían la oportunidad de establecer alianzas y colaboraciones para implementar soluciones efectivas y beneficiosas para la sociedad en su conjunto.

Es importante destacar que estas comidas virtuales no deben reemplazar la interacción directa entre los políticos y los ciudadanos en sus respectivas comunidades y territorios. Sin embargo, constituyen un complemento valioso que permite ampliar el alcance de las discusiones y promover una participación más inclusiva, especialmente en un contexto en el que la tecnología puede superar las barreras geográficas y facilitar la comunicación a distancia.

En esta ocasión, nos enfocaremos en el Ministerio de Justicia y Derechos Humanos. La propuesta es organizar una comida virtual con representantes del sistema judicial, organizaciones de derechos humanos, abogados, defensores públicos y ciudadanos interesados en la promoción y protección de los derechos fundamentales.

Durante esta reunión virtual, los políticos tendrían la oportunidad de abordar temas como la independencia judicial, el acceso a la justicia, la lucha contra la corrupción y la garantía de los derechos humanos. El diálogo con los actores involucrados en la administración de justicia y la defensa de los derechos fundamentales sería fundamental para fortalecer el sistema judicial y asegurar que se respeten los principios democráticos.

Asimismo, se podría proponer una comida virtual con el Ministerio de Infraestructura y Obras Públicas, en la que se congreguen representantes de empresas constructoras, ingenieros, arquitectos y ciudadanos interesados en el desarrollo de infraestructura. Durante este encuentro, se podrían discutir proyectos de inversión, planificación urbana, desarrollo de transporte y otros aspectos clave para mejorar la calidad de vida de los ciudadanos y fomentar el crecimiento económico.

Además de los ministerios mencionados anteriormente, se podría extender la dinámica de las comidas virtuales a otras áreas de interés como el Ministerio de Agricultura, el Ministerio de Energía y Recursos Naturales, el Ministerio de Cultura, entre otros. Cada uno de ellos organizaría su propia comida virtual con las entidades y actores relevantes en su ámbito de competencia, buscando abordar las problemáticas específicas y generar soluciones conjuntas.

En resumen, la realización de comidas virtuales entre políticos y diferentes entidades representa una oportunidad valiosa para fomentar el diálogo, la transparencia y la participación ciudadana en la toma de decisiones gubernamentales. Estos encuentros virtuales permiten a los líderes políticos empaparse de los problemas y desafíos que enfrentan diversos sectores de la sociedad, y trabajar en colaboración con los actores clave para encontrar soluciones efectivas.

Es importante que estas comidas virtuales se realicen de manera frecuente y que los políticos se comprometan a llevar adelante las propuestas y soluciones discutidas durante estos encuentros. Además, se deben complementar con otras formas de participación ciudadana, como reuniones presenciales, asambleas y consultas públicas, para asegurar una representación amplia y diversa de los intereses ciudadanos.

En esta ocasión, proponemos organizar una comida virtual con el Ministerio de Desarrollo Económico y Social. En este encuentro, los líderes políticos tendrían la oportunidad de dialogar con representantes de diversos sectores económicos, empresarios, emprendedores y expertos en desarrollo económico.

Durante esta comida virtual, se podrían abordar temas como el fomento de la inversión, la generación de empleo, el impulso a la innovación y la promoción del emprendimiento. El diálogo con los actores involucrados en el ámbito económico y social sería esencial para diseñar políticas y estrategias que impulsen el crecimiento económico inclusivo y sostenible.

Asimismo, se podría proponer una comida virtual con el Ministerio de Ciencia y Tecnología, en la que se congreguen investigadores, científicos, representantes de instituciones académicas y empresas tecnológicas. Durante este encuentro, se podrían discutir temas como la promoción de la investigación y el desarrollo tecnológico, la transferencia de conocimiento y la colaboración público-privada en el ámbito científico.

Además, se podría organizar una comida virtual con el Ministerio de Relaciones Exteriores, en la que se reúnan representantes diplomáticos, expertos en relaciones internacionales y empresarios interesados en la promoción del comercio exterior. Durante este encuentro, se podrían abordar temas relacionados con la apertura de mercados, la promoción de las exportaciones, la atracción de inversiones extranjeras y el fortalecimiento de las relaciones bilaterales e internacionales.

Cada una de estas comidas virtuales permitiría a los políticos comprender las necesidades, preocupaciones y propuestas de los actores relevantes en cada área. La interacción directa y el diálogo abierto y constructivo serían fundamentales para diseñar políticas y estrategias que impulsen el desarrollo económico, social y científico-tecnológico del país.

Es importante destacar que estas comidas virtuales deben estar respaldadas por un compromiso real por parte de los políticos para llevar adelante las propuestas y soluciones discutidas. Además, se debe promover la participación ciudadana en la toma de decisiones, a través de mecanismos como la consulta pública y la incorporación de las voces de la sociedad civil en la elaboración de políticas públicas.

Continuando con la dinámica de comidas virtuales, proponemos organizar un encuentro con el Ministerio de Transporte y Comunicaciones. Durante esta comida virtual, los políticos tendrían la oportunidad de dialogar con representantes de empresas de transporte, asociaciones de usuarios, expertos en infraestructuras y tecnología, y otros actores relevantes en el ámbito del transporte y las comunicaciones.

En este encuentro, se podrían abordar temas como la planificación de infraestructuras de transporte, el desarrollo de sistemas de transporte sostenibles, la mejora de la conectividad digital y la promoción de la inclusión digital. El diálogo con los diferentes actores permitiría identificar desafíos y oportunidades en el sector, así como desarrollar políticas que impulsen un transporte eficiente, seguro y accesible para todos.

Además, se podría proponer una comida virtual con el Ministerio de Vivienda y Urbanismo, en la que se congreguen representantes del sector inmobiliario, urbanistas, arquitectos y ciudadanos interesados en el desarrollo urbano. Durante este encuentro, se podrían discutir temas como la planificación urbana, la vivienda accesible, el desarrollo sostenible de las ciudades y la mejora de la calidad de vida en entornos urbanos.

Asimismo, se podría organizar una comida virtual con el Ministerio de Agricultura y Alimentación, en la que participen agricultores, representantes de la industria alimentaria, expertos en seguridad alimentaria y consumidores. Durante este encuentro, se podrían abordar temas relacionados con la producción agrícola, la seguridad alimentaria, la sostenibilidad en la cadena de suministro de alimentos y la promoción de una alimentación saludable.

Cada una de estas comidas virtuales permitiría a los políticos conocer de primera mano las necesidades y perspectivas de los diferentes actores involucrados en cada sector. La colaboración y el diálogo entre los responsables políticos y los expertos en cada área son esenciales para desarrollar políticas efectivas y abordar los desafíos específicos que enfrenta cada sector.

Es importante destacar que estas comidas virtuales deben ir acompañadas de una posterior acción concreta por parte de los políticos, que se traduzca en políticas y medidas que beneficien a la sociedad en su conjunto. Además, la participación ciudadana debe ser promovida y fomentada a través de mecanismos de consulta y diálogo que permitan que las voces de los ciudadanos sean escuchadas y tomadas en cuenta en la toma de decisiones.

En esta ocasión, proponemos organizar una comida virtual con el Ministerio de Cultura y Patrimonio. Durante este encuentro, los líderes políticos tendrían la oportunidad de dialogar con representantes del sector cultural, artistas, gestores culturales, académicos y ciudadanos interesados en la promoción y preservación del patrimonio cultural.

Durante la comida virtual, se podrían abordar temas como la

promoción de las artes, la protección del patrimonio cultural, el fomento de la diversidad cultural y el acceso a la cultura para todos los ciudadanos. El diálogo con los actores involucrados en el ámbito cultural sería esencial para diseñar políticas y estrategias que promuevan la creatividad, la inclusión cultural y el enriquecimiento de la identidad nacional.

Además, se podría proponer una comida virtual con el Ministerio de Juventud y Deportes, en la que participen jóvenes, deportistas, entrenadores, representantes de federaciones deportivas y organizaciones juveniles. Durante este encuentro, se podrían discutir temas como el fomento del deporte, la promoción de estilos de vida saludables, el apoyo a los jóvenes emprendedores y el fortalecimiento de programas de formación y participación juvenil.

Asimismo, se podría organizar una comida virtual con el Ministerio de Justicia y Derechos Humanos, en la que se congreguen representantes de organizaciones de derechos humanos, expertos en justicia y ciudadanos interesados en la promoción de la igualdad y la justicia social. Durante este encuentro, se podrían abordar temas como la protección de los derechos humanos, la lucha contra la discriminación, el acceso a la justicia y la promoción de la igualdad de género.

Cada una de estas comidas virtuales permitiría a los políticos comprender las necesidades, preocupaciones y propuestas de los actores relevantes en cada área. La interacción directa y el diálogo abierto y constructivo serían fundamentales para diseñar políticas y estrategias que promuevan el desarrollo cultural, el deporte inclusivo, la justicia social y el respeto a los derechos humanos.

Es importante destacar que estas comidas virtuales deben ser un primer paso en el proceso de consulta y diálogo continuo entre los políticos y los ciudadanos. La participación ciudadana debe ser promovida de manera constante, y las ideas y propuestas surgidas de estas comidas virtuales deben ser tomadas en cuenta en la formulación de políticas públicas.

Constitución actualmente vigente es la Constitución de la República del Ecuador de 2008. Aunque no puedo proporcionar el texto completo de la Constitución debido a las limitaciones de espacio, puedo mencionar algunos aspectos relevantes en relación con el tema tratado La Constitución de Ecuador establece los principios fundamentales para el funcionamiento del Estado y garantiza los derechos y libertades de los ciudadanos. Algunos artículos y principios constitucionales relevantes en el contexto de las comidas virtuales con los políticos y diversos actores son:

-Participación ciudadana: La Constitución de Ecuador promueve la participación ciudadana como un derecho y un deber. Reconoce el derecho de las personas a participar en la toma de decisiones públicas y establece mecanismos de participación como la consulta popular, el referéndum, la iniciativa legislativa y otros mecanismos de participación directa e indirecta.

-Transparencia y acceso a la información: La Constitución garantiza el acceso a la información pública y promueve la transparencia en la gestión pública. Esto implica que los ciudadanos tienen derecho a conocer la información relevante sobre la gestión de los políticos y el Estado en general.

-Derecho a la participación política: La Constitución reconoce y garantiza el derecho de los ciudadanos a participar en la vida política y pública del país. Esto incluye el derecho a elegir y ser elegido, así como el derecho a formar y participar en organizaciones políticas.

-Derechos económicos y sociales: La Constitución establece que el Estado tiene la responsabilidad de promover el desarrollo económico y social del país, asegurando la igualdad de oportunidades y la distribución justa de los recursos. Esto implica que los políticos deben tomar en cuenta las necesidades y preocupaciones de los diversos sectores de la sociedad en sus decisiones y políticas.

-Descentralización y autonomía: La Constitución reconoce la autonomía de los gobiernos locales y la importancia de la descentralización en la toma de decisiones. Esto implica que los políticos deben considerar las particularidades y necesidades de las diferentes provincias y territorios al diseñar políticas y programas.

En el marco constitucional ecuatoriano, se reconoce la importancia de la participación ciudadana y el diálogo como elementos fundamentales para la toma de decisiones políticas. La Constitución establece que el ejercicio del poder debe ser transparente, inclusivo y democrático, y que la ciudadanía tiene derecho a participar en la planificación, ejecución y control de las políticas públicas.

En relación con las comidas virtuales propuestas en las hojas anteriores, se puede argumentar que estas iniciativas promueven la participación ciudadana y el diálogo directo entre los políticos y los diferentes actores sociales y económicos. Al involucrar a representantes de diversos sectores en estas reuniones virtuales, se busca generar un espacio de diálogo y retroalimentación, donde se puedan discutir las necesidades, preocupaciones y propuestas de cada sector.

El objetivo de estas comidas virtuales es facilitar la comprensión mutua y el intercambio de ideas entre los políticos y los actores involucrados, lo que puede contribuir a la formulación de políticas más efectivas y al diseño de estrategias que aborden los desafíos específicos de cada área. Además, estas iniciativas buscan fomentar la transparencia y la rendición de cuentas al propiciar un ambiente abierto y accesible para el diálogo entre los funcionarios públicos y la sociedad.

La participación ciudadana en la toma de decisiones no solo fortalece la democracia, sino que también contribuye a la legitimidad de las políticas implementadas. Al escuchar y tomar en cuenta las perspectivas y opiniones de los diferentes actores sociales, los políticos pueden construir consensos y generar políticas que reflejen las necesidades y aspiraciones de la población.

Es importante destacar que estas comidas virtuales, si bien son un mecanismo valioso de participación ciudadana, no deben ser el único espacio de diálogo y consulta. La Constitución de Ecuador también reconoce otros mecanismos de participación como las audiencias públicas, las consultas previas y la participación en los procesos de elaboración de políticas públicas.

En resumen, el marco constitucional ecuatoriano promueve la participación ciudadana, el diálogo y la transparencia en la toma de decisiones políticas. Las comidas virtuales propuestas en las hojas anteriores son una iniciativa que se alinea con estos principios constitucionales al fomentar el diálogo directo entre los políticos y los diferentes actores sociales y económicos. Estas comidas virtuales pueden contribuir a la formulación de políticas más efectivas y al fortalecimiento de la democracia participativa en Ecuador.

Existen antecedentes similares de encuentros o diálogos entre políticos y diversos actores sociales en diferentes partes del mundo. Aunque las dinámicas y formatos pueden variar, el objetivo común es establecer un espacio de diálogo directo y participación ciudadana en la toma de decisiones políticas. A continuación, mencionaré algunos ejemplos relevantes:

-Diálogos nacionales: Algunos países han implementado diálogos nacionales, que son procesos de consulta y discusión amplia que involucran a diversos actores sociales. Estos diálogos

pueden tener diferentes temas de discusión, como la educación, el medio ambiente, la economía, entre otros.

-Mesas de diálogo sectoriales: En varios países se han llevado a cabo mesas de diálogo sectoriales, en las que se reúnen representantes de diferentes sectores (empresas, organizaciones sociales, academia, etc.) con los políticos responsables del área correspondiente. Estas mesas permiten el intercambio de ideas y propuestas para abordar desafíos específicos.

-Consultas ciudadanas: Algunos países han llevado a cabo consultas ciudadanas en línea o presenciales para recabar la opinión de la población sobre temas relevantes. Estas consultas permiten la participación directa de los ciudadanos en la toma de decisiones y pueden abordar desde políticas específicas hasta reformas constitucionales.

-Foros y conferencias internacionales: A nivel internacional, existen foros y conferencias en los que los líderes políticos se reúnen con actores de la sociedad civil, expertos y representantes de organismos internacionales. Estos espacios permiten el intercambio de ideas y el establecimiento de compromisos para abordar desafíos globales.

Estos son solo algunos ejemplos de antecedentes similares en el resto del mundo. Cada país puede tener sus propias experiencias y enfoques específicos en relación con la participación ciudadana y el diálogo entre políticos y diversos actores. Los mecanismos y las prácticas pueden variar, pero el objetivo subyacente es fomentar la participación ciudadana y la construcción de políticas más inclusivas y efectivas

Además de los antecedentes mencionados, es importante destacar que en muchos países se ha reconocido la necesidad de fortalecer la participación ciudadana y el diálogo entre los políticos y los diversos actores sociales. Esto se debe a que se ha reconocido que la toma de decisiones exclusivamente en el ámbito político puede generar una desconexión entre las políticas implementadas y las necesidades reales de la sociedad.

En respuesta a esta necesidad, se han implementado diferentes iniciativas para promover el diálogo y la participación ciudadana en la toma de decisiones. Estas iniciativas buscan superar la brecha entre los políticos y la ciudadanía, y fomentar una gobernanza más inclusiva y transparente.

En muchos casos, estas iniciativas incluyen la organización de encuentros, mesas de diálogo o consultas con diferentes sectores de la sociedad, tales como representantes de organizaciones no gubernamentales, líderes comunitarios, expertos, empresarios y ciudadanos en general. Estos espacios permiten el intercambio de opiniones, la presentación de propuestas y la generación de consensos que pueden enriquecer la toma de decisiones.

Además, con los avances tecnológicos, se ha facilitado aún más la participación ciudadana a través de plataformas en línea y redes sociales. Estas herramientas digitales permiten ampliar la participación y alcanzar a un mayor número de personas, superando barreras geográficas y logísticas. Los políticos pueden utilizar estas plataformas para recibir comentarios, sugerencias y propuestas de la ciudadanía, lo que ayuda a nutrir el proceso de toma de decisiones con una perspectiva más amplia.

En resumen, en diferentes partes del mundo se han implementado iniciativas para fomentar el diálogo y la participación ciudadana en la toma de decisiones políticas. Estas iniciativas buscan superar la desconexión entre los políticos y la sociedad, promoviendo una gobernanza más inclusiva y transparente. Los antecedentes demuestran que el diálogo directo entre los políticos y los diversos actores sociales puede enriquecer el proceso de toma de decisiones y generar políticas más efectivas y equitativas.

Es importante destacar que la efectividad de estas iniciativas depende del compromiso de los políticos y la apertura a escuchar y considerar las perspectivas y propuestas de la sociedad. Además, es necesario que exista un marco legal y político que respalde y promueva la participación ciudadana como un derecho fundamental en la toma de decisiones.

Es difícil señalar un sistema específico que haya dado el mejor resultado en términos de promover el diálogo y la participación ciudadana en la toma de decisiones políticas, ya que cada país tiene su propio contexto, características y desafíos particulares. Sin embargo, existen algunos ejemplos de países y sistemas que han implementado prácticas destacadas en este ámbito. A continuación, mencionaré algunos ejemplos relevantes:

-Islandia: Este país ha destacado por su enfoque innovador en la participación ciudadana. En 2010, Islandia estableció la Asamblea Nacional de Islandia, una iniciativa que reunió a ciudadanos seleccionados aleatoriamente para discutir y proponer cambios constitucionales. Este proceso participativo permitió una amplia participación y la colaboración entre la ciudadanía y los políticos.

-Brasil: El país ha implementado el Presupuesto Participativo, una iniciativa que permite a los ciudadanos participar activamente en la asignación de recursos públicos. Mediante reuniones y asambleas, los ciudadanos pueden proponer y votar proyectos de inversión que luego son incorporados al presupuesto gubernamental.

-Nueva Zelanda: Tras el trágico ataque terrorista en Christchurch en 2019, Nueva Zelanda organizó el proceso de recopilación de opiniones más grande en la historia del país. A través del llamado "Diálogo sobre la reforma de las armas de fuego", se invitó a los ciudadanos a compartir sus puntos de vista y experiencias en relación con el control de armas de fuego, lo que ayudó a informar la reforma de las leyes de armas del país.

-Alemania: El país ha implementado el modelo de "Conferencias Ciudadanas" para abordar temas complejos y polémicos. Estas conferencias reúnen a una muestra representativa de la población para discutir y tomar decisiones sobre cuestiones como la energía nuclear, la inmigración y el cambio climático. Los resultados de estas conferencias son considerados por los políticos al tomar decisiones.

Estos son solo algunos ejemplos y cada uno tiene sus propias particularidades y resultados. No hay un enfoque único que funcione en todos los contextos, ya que las necesidades y las dinámicas varían de un país a otro. Sin embargo, estos ejemplos demuestran que la participación ciudadana y el diálogo efectivo pueden tener un impacto positivo en la toma de decisiones políticas y en la construcción de políticas más inclusivas y representativas.

Es importante destacar que el éxito de estos sistemas depende de varios factores, como la voluntad política, la transparencia, la confianza en las instituciones y la participación activa de la ciudadanía. Cada país debe adaptar sus sistemas y prácticas de participación ciudadana de acuerdo con su contexto y necesidades, buscando siempre fortalecer la democracia y promover una gobernanza más inclusiva y transparente.

TIKTOKER: "Vamos a implementar todos los deportes, crearemos escuelas de cada especialidad. Así, por ejemplo, habrá:

- *Fútbol: la clase será grabada en video por un futbolista de élite del país y vista en todas las escuelas del país para primer grado.*
- *Gimnasia: un video hecho por el mejor gimnasta del país con los ejercicios básicos que serán practicados por el segundo grado.*
- *Atletismo: se grabará un video con los mejores atletas del país, quienes enseñarán los principios básicos del atletismo. Se enseñará en tercer grado.*
- *Natación: se grabará un video con el mejor nadador del país, el cual indicará la forma de entrenar. Se impartirá en cuarto grado.*
- *Tenis: se hará un video indicando la manera de entrenar y aprender las reglas, así como la forma de cultivar este deporte. Se impartirá en quinto grado.*

A partir de aquí, en sexto grado, primero y segundo curso de ciclo básico, se preparará Wing Chun, con el cual se fomentará un carácter fuerte y respetuoso hacia la gente, pero sabiendo responder a situaciones de peligro.

En tercer curso de ciclo básico se recibirá clase de yoga y relajación, para aprender a manejar el estrés de los estudios.

En cuarto curso de diversificado se permitirá elegir el deporte que más les guste y se pedirá que los días sábados asistan a los Boy Scouts de su ciudad por al menos una hora, para aprender a ser sociables y colaborar en mingas o ayudas a la comunidad.

El deporte y la relajación serán parte de tu vida."

En el marco de un enfoque educativo integral, se propone la implementación de un programa deportivo en todas las escuelas del país. Este programa tiene como objetivo brindar a los estudiantes la oportunidad de participar en diferentes disciplinas deportivas, fomentando su desarrollo físico, mental y social.

- Futbol: En primer grado, se llevará a cabo la clase de fútbol, la cual será grabada en video por un futbolista de élite del país. Este material será distribuido a todas las escuelas del país, permitiendo que los estudiantes puedan aprender los fundamentos básicos del fútbol.
- Gimnasia: En segundo grado, se enseñará gimnasia a través de un video elaborado por el mejor gimnasta del país. Este material presentará ejercicios básicos que los estudiantes podrán practicar, promoviendo el desarrollo de la flexibilidad, fuerza y equilibrio.
- Atletismo: En tercer grado, se grabará un video con los mejores atletas del país, quienes enseñarán los principios básicos del atletismo. Los estudiantes podrán aprender diferentes disciplinas atléticas, como carreras, saltos y lanzamientos, estimulando así su condición física y habilidades motoras.
- Natación: En cuarto grado, se producirá un video con el mejor nadador del país, quien brindará instrucciones sobre la forma de entrenar y mejorar en la natación. Esta disciplina acuática ayudará a los estudiantes a desarrollar

habilidades acuáticas y promoverá la importancia de la actividad física en el agua.

- Tenis: En quinto grado, se realizará un video que enseñará las técnicas de entrenamiento y las reglas básicas del tenis. Los estudiantes tendrán la oportunidad de familiarizarse con este deporte, fomentando su coordinación, habilidades motoras y estrategias de juego.

- Wing Chun: A partir de sexto grado, primero y segundo curso de ciclo básico, se implementará el entrenamiento en Wing Chun, un arte marcial que promueve un carácter fuerte y respetuoso hacia los demás, al mismo tiempo que brinda herramientas para responder a situaciones de peligro de manera efectiva. El Wing Chun ayudará a los estudiantes a desarrollar disciplina, autoconfianza y habilidades de defensa personal. Yoga y relajación: En tercer curso de ciclo básico, se incorporará la clase de yoga y relajación para que los estudiantes aprendan a manejar el estrés relacionado con los estudios. Esta práctica les permitirá mejorar su concentración, equilibrio emocional y bienestar general.

- Elección de deporte: En cuarto curso de diversificado, los estudiantes tendrán la oportunidad de elegir el deporte que más les guste y deseen practicar de manera continua. Se les incentivará a mantener una actividad deportiva regular, ya sea en el ámbito escolar o en clubes deportivos locales, para promover un estilo de vida saludable y activo.

- Participación en Boys Scouts: Los días sábados, se alentará a los estudiantes a asistir a los Boys Scouts de su ciudad durante al menos una hora. Esta experiencia les permitirá aprender a ser sociables, colaborar en tareas comunes

- Participación en Boys Scouts (continuación): Esta experiencia en los Boys Scouts ayudará a los estudiantes a aprender habilidades sociales, trabajar en equipo y contribuir a la comunidad a través de actividades de servicio. Las mingas y ayudas comunitarias promoverán valores de solidaridad, responsabilidad y respeto hacia los demás.

- Deporte y relajación como parte de la vida: El objetivo de este programa es que el deporte y la relajación se conviertan en una parte integral de la vida de los estudiantes. Se busca promover una cultura de actividad física, bienestar mental y equilibrio en su desarrollo personal.

- Continuidad y apoyo: A lo largo de todos los grados, se brindará apoyo y seguimiento a los estudiantes en su práctica deportiva. Se organizarán competencias escolares y se fomentará la participación en eventos deportivos a nivel local y nacional. Además, se contará con profesores y entrenadores capacitados que guiarán a los estudiantes en su aprendizaje y desarrollo en cada disciplina.
- Infraestructura y recursos: Para implementar este programa deportivo, se requerirá una infraestructura adecuada en las escuelas, como espacios deportivos y equipamiento necesario para cada disciplina. Asimismo, se buscará establecer alianzas con federaciones deportivas, clubes y deportistas destacados para brindar asesoría y apoyo adicional a las escuelas.
- Evaluación integral: Además de la evaluación académica, se considerará la evaluación del desempeño deportivo de los estudiantes. Se valorará su progreso, esfuerzo, actitud y habilidades en cada disciplina, promoviendo así el reconocimiento de su desarrollo integral.
- Promoción de la vida saludable: A través de este programa, se espera inculcar en los estudiantes la importancia de llevar un estilo de vida saludable a lo largo de su vida. Se les brindarán herramientas para cuidar su salud física y mental, fomentando la práctica Inclusión y diversidad: El programa deportivo se enfocará en fomentar la inclusión y la diversidad, asegurando que todas las personas tengan la oportunidad de participar, independientemente de su género, habilidades o antecedentes. Se implementarán:
- adaptaciones y ajustes necesarios para garantizar la accesibilidad de todos los estudiantes a las diferentes disciplinas deportivas.
- Desarrollo de habilidades transversales: A través de la práctica deportiva, los estudiantes también desarrollarán habilidades transversales que les serán útiles en otras áreas de su vida, como el trabajo en equipo, la resiliencia, la

disciplina, la toma de decisiones, la gestión del tiempo y el liderazgo.

- Vínculo con otras asignaturas: El programa deportivo se integrará de manera interdisciplinaria con otras asignaturas, como la educación física, la biología, la historia y la ética. Se buscará establecer conexiones entre el deporte y el currículo académico, enriqueciendo así el aprendizaje de los estudiantes.
- Participación de la comunidad: Se fomentará la participación activa de la comunidad en el programa deportivo. Se invitará a deportistas destacados, entrenadores y profesionales del deporte a brindar charlas, talleres y demostraciones, inspirando y motivando a los estudiantes. Además, se buscará establecer alianzas con clubes deportivos locales y otras instituciones para ampliar las oportunidades deportivas de los estudiantes.
- Medición de impacto: Se realizarán evaluaciones periódicas para medir el impacto del programa deportivo en los estudiantes. Se recopilarán datos sobre su participación, desarrollo de habilidades, bienestar emocional y rendimiento académico. Esta información se utilizará para mejorar y ajustar el programa, asegurando su efectividad y beneficios para los estudiantes.
- Continuidad a nivel nacional: Con el tiempo, se buscará expandir y consolidar este programa deportivo a nivel nacional, involucrando a todas las escuelas del país. Se promoverá la colaboración entre instituciones educativas, federaciones deportivas y entidades gubernamentales para garantizar su sostenibilidad y promoción a largo plazo.
- Recursos para deportes menos conocidos: Además de los deportes mencionados anteriormente, se dedicará especial atención a promover y ofrecer recursos para deportes menos conocidos o menos practicados. Se buscará ampliar la variedad de disciplinas deportivas disponibles para los estudiantes, brindando oportunidades para explorar y descubrir nuevos deportes que se alineen con sus intereses y talentos individuales.
- Competencias inter escolares: Se organizarán competencias inter escolares en diferentes deportes, donde los estudiantes

tendrán la oportunidad de mostrar sus habilidades y competir de manera saludable. Estos eventos no solo fomentarán la sana competencia, sino que también promoverán la camaradería, el compañerismo y el espíritu deportivo entre los participantes.

- Apoyo a talentos deportivos: Se establecerán mecanismos de identificación y apoyo a aquellos estudiantes que demuestren un talento sobresaliente en alguna disciplina deportiva. Se les brindará asesoramiento y oportunidades para desarrollar su potencial, ya sea a través de entrenamientos especializados, becas deportivas o programas de alto rendimiento.
- Eventos deportivos escolares: Se organizarán eventos deportivos escolares a nivel local y nacional, donde los estudiantes tendrán la oportunidad de representar a su escuela en diferentes disciplinas. Estos eventos fomentarán el sentido de pertenencia, el orgullo institucional y promoverán una cultura deportiva en el ámbito escolar.
- Alianzas con instituciones deportivas: Se establecerán alianzas estratégicas con instituciones deportivas, clubes y federaciones para fortalecer el programa deportivo. Estas alianzas permitirán acceder a entrenadores especializados, infraestructura deportiva de calidad y programas de desarrollo específicos para cada disciplina.
- Promoción de estilos de vida saludables: Además de la práctica deportiva, se promoverán estilos de vida saludables a través de la educación nutricional, la promoción de hábitos de sueño adecuados y la concienciación sobre la importancia de mantener un equilibrio entre el estudio, el deporte y el descanso. Impacto social y comunitario: Se fomentará la participación de los estudiantes en actividades deportivas de servicio comunitario, como eventos benéficos, campañas de concienciación y programas de inclusión social a través del deporte. Esto permitirá que los estudiantes comprendan el valor del deporte como herramienta de transformación social y promoción de valores universales. Formación de docentes: Para asegurar la calidad y eficacia del programa deportivo, se ofrecerá formación y capacitación continua a los docentes

encargados de impartir las clases y entrenamientos deportivos. Se les proporcionarán herramientas pedagógicas, conocimientos técnicos y estrategias de enseñanza adecuadas para cada disciplina, permitiéndoles brindar una educación deportiva de calidad.

- Investigación y desarrollo: Se fomentará la investigación en el ámbito de la educación deportiva, con el objetivo de mejorar constantemente el programa, identificar nuevas metodologías de enseñanza y promover la innovación en el campo del deporte y la educación. Se fomentará la colaboración entre instituciones académicas, investigadores y expertos en deporte.

- Creación de escuelas especializadas: Con el tiempo, se impulsará la creación de escuelas especializadas en diferentes disciplinas deportivas. Estas escuelas ofrecerán programas académicos combinados con un enfoque intensivo en la formación deportiva, brindando a los estudiantes la oportunidad de desarrollar su talento y alcanzar un alto nivel en su disciplina elegida.

- Programas de becas deportivas: Se establecerán programas de becas deportivas para aquellos estudiantes que demuestren habilidades sobresalientes y un compromiso serio con su desarrollo deportivo. Estas becas les brindarán la oportunidad de recibir entrenamiento especializado, acceder a competencias de alto nivel y continuar su educación de manera integral.

- Concientización sobre los beneficios del deporte: Se llevarán a cabo campañas de concientización dirigidas a la comunidad educativa y la sociedad en general sobre los beneficios del deporte en el desarrollo integral de los estudiantes. Se destacará su impacto positivo en la salud, el rendimiento académico, la adquisición de habilidades y valores, así como en la prevención de enfermedades relacionadas con el sedentarismo.

- Integración de la tecnología: Se aprovecharán los avances tecnológicos para mejorar la experiencia deportiva de los estudiantes. Se utilizarán aplicaciones móviles, plataformas en línea y dispositivos inteligentes para ofrecer recursos interactivos, seguimiento de progresos y entrenamientos personalizados, promoviendo así el uso responsable de la tecnología en el ámbito deportivo.

- Evaluación y seguimiento: Se establecerán sistemas de evaluación y seguimiento para medir el impacto y la efectividad del programa deportivo. Se analizarán indicadores como la participación de los estudiantes, el rendimiento académico, la adquisición de habilidades, la mejora física y la satisfacción de los participantes. Estos datos se utilizarán para realizar ajustes y mejoras continuas en el programa.

Varios países han implementado sistemas similares que promueven la práctica deportiva y la educación integral. A continuación, mencionaré algunos ejemplos:

Finlandia: Finlandia ha sido reconocida por su sistema educativo de alta calidad, el cual incluye una fuerte presencia del deporte en las escuelas. Se enfocan en la actividad

- física regular, con clases de educación física diarias y una amplia variedad de deportes y actividades extracurriculares.

1. Canadá: Canadá ha desarrollado un programa llamado "Educación Física y Salud" que se enfoca en promover la actividad física, el deporte y el bienestar de los estudiantes. Este programa incluye la enseñanza de habilidades deportivas, el fomento de estilos de vida saludables y la participación en competencias deportivas escolares.
2. Australia: Australia tiene un enfoque integral en la educación deportiva a través del programa "Educación Física para una Vida Activa". Este programa promueve la actividad física regular, el desarrollo de habilidades deportivas, la participación en competencias deportivas escolares y la conciencia sobre los beneficios del deporte para la salud y el bienestar.
3. Japón: En Japón, se enfatiza la importancia del deporte en la educación a través del programa "Undōkai", que se traduce como "día del deporte". Se celebra anualmente en las escuelas, donde los estudiantes participan en una amplia

variedad de actividades físicas y deportivas, promoviendo la competencia saludable y el trabajo en equipo.

4. Alemania: Alemania tiene un sistema educativo que valora la actividad física y el deporte. Las escuelas ofrecen una amplia gama de deportes y actividades extracurriculares, y se promueve la participación en competencias deportivas escolares a nivel local, regional y nacional.

Estos son solo algunos ejemplos de países que han implementado programas deportivos integrales en sus sistemas educativos. Cada uno de ellos tiene en común el objetivo de promover la actividad física, el desarrollo de habilidades deportivas y el bienestar de los estudiantes como parte esencial de su formación educativa.

Online del Ecuador 17

TIKTOKER: "Se debe incluir a la mujer, discapacitados y gente mayor de 45 años. Somos útiles al país, somos gente preparada. Tenemos experiencia. Las mujeres tienen que tener las mismas oportunidades que los hombres y salarios iguales... ¡No a la discriminación! Todas las personas tienen que estar dadas de alta en el Ministerio de Trabajo. Si no tienes formación en los nuevos trabajos existentes, se te dará una formación profesional financiada, equivalente al 0.5% descontada de la nómina de los trabajadores activos.

Un cuarto de los trabajadores en la empresa privada debe ser ocupado por trabajadores del Ministerio de Trabajo, dando prioridad a mujeres, gente mayor de 45 años y discapacitados. Las vacantes existentes en la empresa privada, como parte de la contratación legal, deben ser puestas primero en el Ministerio de Trabajo. Si nadie cumple con los requisitos, podrán hacerlo por cuenta propia.

Si estás desempleado y estás siguiendo una formación del estado, tienes la obligación de presentar proyectos de negocio en el banco de ideas para recibir asesoramiento para crear tu empresa o emprendimiento. Se evaluará tu experiencia y desempeño utilizando inteligencia artificial. Habrá expertos que te ayudarán a hacer tu CV a nivel internacional.

Para gente joven, se les conseguirá prácticas en empresas del estado y privadas. Fomentaremos trabajos por horas en diferentes horarios en empresas del estado, buscando sacar el mejor provecho de las mismas instalaciones, especialmente para nuevos emprendedores. ¡Confiamos en tu talento!"

Inclusión laboral y oportunidades para mujeres, personas discapacitadas y mayores de 45 años

En la búsqueda de una sociedad más justa e igualitaria, es fundamental garantizar la inclusión laboral y proporcionar igualdad de oportunidades para todos los ciudadanos. Este desarrollo se enfocará en la importancia de incluir a mujeres, personas discapacitadas y mayores de 45 años en el ámbito laboral, reconociendo su valía, preparación, experiencia y capacidades. Asimismo, se abogará por la eliminación de cualquier forma de discriminación y se propondrán medidas para promover la igualdad y la participación activa de todos los individuos en el mercado laboral.

-Inclusión de la mujer: La participación de las mujeres en el ámbito laboral es esencial para el desarrollo y progreso de un país. Las mujeres deben tener las mismas oportunidades que los hombres, así como recibir salarios igualitarios por un trabajo de igual valor. La discriminación basada en el género debe ser erradicada, y se deben implementar políticas y programas que promuevan la igualdad de género en todas las áreas laborales. Esto implica la eliminación de barreras y estereotipos de género, así como la implementación de medidas de conciliación laboral y familiar que permitan a las mujeres desarrollar plenamente su potencial tanto en el ámbito profesional como personal.

-Inclusión de personas discapacitadas: Las personas con discapacidad también deben tener la oportunidad de contribuir al país y desarrollar una carrera profesional acorde a sus habilidades y capacidades. Es necesario eliminar las barreras físicas y sociales que limitan su participación en el ámbito laboral. Esto implica la promoción de la accesibilidad en los lugares de trabajo, la sensibilización de la sociedad y las empresas, así como la implementación de políticas de inclusión que faciliten su contratación y desarrollo profesional. Además, se deben proporcionar los apoyos necesarios para garantizar la plena integración y el éxito laboral de las personas con discapacidad.

-Inclusión de personas mayores de 45 años: Las personas mayores de 45 años poseen una valiosa experiencia y conocimientos adquiridos a lo largo de su trayectoria profesional. Es fundamental reconocer y valorar esta experiencia, brindando oportunidades laborales que les permitan seguir contribuyendo al país. Para lograrlo, se deben eliminar los prejuicios relacionados con la edad y promover la formación continua, la actualización de habilidades y el acceso a empleos acordes a su perfil. Además, se pueden implementar programas de mentoría intergeneracional que fomenten el intercambio de conocimientos entre personas de diferentes edades.

-Registro en el Ministerio de Trabajo: Es importante que todas las personas estén debidamente registradas en el Ministerio de Trabajo, lo que garantiza su protección laboral y les brinda acceso a los beneficios correspondientes. Esto incluye la seguridad social, la protección contra la discriminación y el acceso a programas de capacitación y empleo.

-Formación profesional financiada: Si una persona no tiene formación en los nuevos trabajos existentes, se debe brindar la oportunidad de recibir una formación profesional financiada. Para ello, se puede destinar un porcentaje (descontada del 0.5% de las nóminas de los trabajadores activos). Este fondo servirá para financiar programas de capacitación y formación que permitan a los trabajadores adquirir las habilidades necesarias para acceder a empleos demandados en el mercado laboral actual. Esta medida garantizará que todas las personas tengan la oportunidad de actualizarse y adaptarse a los cambios tecnológicos y laborales.

-Incorporación de trabajadores del Ministerio de Trabajo en empresas privadas: Para promover la inclusión y diversidad en el ámbito laboral, se propone que al menos una cuarta parte de los trabajadores en las empresas privadas sean contratados a través del Ministerio de Trabajo. En este proceso, se dará prioridad a mujeres, personas mayores de 45 años y personas con discapacidad. Esta medida contribuirá a crear oportunidades laborales para grupos que han enfrentado desafíos en la inserción laboral y fomentará la igualdad de oportunidades en el sector privado.

-Vacantes en empresas privadas y el Ministerio de Trabajo: Como parte de una contratación legal, se establecerá que las vacantes existentes en las empresas privadas deben ser notificadas y ofrecidas primero al Ministerio de Trabajo. Si ninguna persona inscrita en el Ministerio cumple con los requisitos de las vacantes, las empresas tendrán la posibilidad de llevar a cabo el proceso de contratación por su cuenta.

-Asesoramiento y apoyo para emprendedores: Para aquellos que estén desempleados y siguiendo una formación respaldada por el Estado, se les proporcionará asesoramiento y apoyo para la creación de su empresa o emprendimiento. Expertos en el campo brindarán orientación en la elaboración de planes de negocio, estrategias de marketing, gestión financiera y cualquier otro aspecto relevante para el éxito empresarial. Asimismo, se facilitará el acceso a financiamiento y se buscarán alianzas con entidades financieras para respaldar los proyectos de los emprendedores.

-Evaluación basada en inteligencia artificial: El proceso de selección y evaluación de los candidatos se mejorará utilizando tecnologías de inteligencia artificial. Estas herramientas ayudarán a evaluar la experiencia, habilidades y competencias de los individuos de manera más objetiva y eficiente. Además, se implementarán mecanismos para evitar cualquier tipo de sesgo o discriminación en el proceso de selección, asegurando una igualdad de oportunidades para todos los aspirantes.

-Apoyo a la creación de currículos internacionales: Se contará con expertos en la elaboración de currículos vitae que ayudarán a los individuos a crear perfiles profesionales a nivel internacional. Esto ampliará las oportunidades laborales tanto dentro como fuera del país, permitiendo a las personas acceder a empleos de mayor calidad y proyección. Además, se promoverá la participación en redes profesionales y se brindará orientación para mejorar la visibilidad en el mercado laboral global.

-Prácticas en empresas estatales y privadas: Para fomentar el aprendizaje y la adquisición de experiencia laboral, se facilitará la asignación de prácticas en empresas estatales y privadas. Esto permitirá a los jóvenes y a aquellos que buscan mejorar sus habilidades, adentrarse en el entorno laboral, aplicar sus conocimientos y establecer contactos con profesionales del sector. Asimismo, se impulsarán políticas que promuevan la contratación de los pasantes luego de la finalización de sus prácticas, brindando oportunidades de empleo a largo plazo.

-Trabajos por horas y flexibilidad laboral: Se fomentará la creación de trabajos por horas en diferentes horarios, especialmente en empresas estatales. Esto permitirá una mayor flexibilidad para los trabajadores, especialmente para aquellos con responsabilidades familiares o que buscan emprender proyectos personales. Además, se aprovecharán las instalaciones y recursos existentes en las empresas estatales para brindar oportunidades a nuevos emprendedores y promover el crecimiento de pequeñas y medianas empresas.

-Confianza en el talento de cada individuo: En última instancia, se busca inspirar confianza en el talento y las capacidades de cada individuo. Todos, independientemente de su género, edad o discapacidad, tienen habilidades valiosas y merecen la oportunidad de contribuir y desarrollarse en el ámbito laboral. Al promover la inclusión y proporcionar las herramientas necesarias para el crecimiento profesional, se construirá una sociedad más justa, equitativa y próspera para todos sus miembros.

-Sensibilización y concienciación: Es fundamental llevar a cabo campañas de sensibilización y concienciación en todos los ámbitos de la sociedad para promover la igualdad de oportunidades laborales. Esto implica educar a las empresas, a los empleadores y a la sociedad en general sobre los beneficios de la diversidad y la inclusión en el entorno laboral. A través de programas educativos y campañas de sensibilización, se podrá cambiar la mentalidad y fomentar una cultura de inclusión en el ámbito laboral.

-Políticas de conciliación laboral y familiar: Para facilitar la participación plena de las mujeres, las personas discapacitadas y los mayores de 45 años en el mercado laboral, se deben implementar políticas de conciliación laboral y familiar. Esto implica la promoción de horarios flexibles, la posibilidad de trabajar desde casa y la existencia de servicios de cuidado infantil y atención a personas dependientes. Estas medidas permitirán a todos los trabajadores equilibrar sus responsabilidades laborales y familiares de manera más efectiva.

-Evaluación periódica de políticas de inclusión: Es importante llevar a cabo evaluaciones periódicas de las políticas de inclusión laboral implementadas. Esto permitirá identificar áreas de mejora, medir el impacto de las medidas tomadas y ajustar las estrategias según las necesidades cambiantes de la sociedad y el mercado laboral. El monitoreo constante asegurará que las políticas sean efectivas y estén alineadas con los objetivos de igualdad y justicia.

-Alianzas con el sector privado: Es fundamental establecer alianzas y colaboraciones con el sector privado para promover la inclusión laboral. Las empresas privadas pueden desempeñar un papel clave en la generación de oportunidades y en la implementación de políticas inclusivas. A través de programas de responsabilidad social empresarial y la adopción de prácticas laborales inclusivas, el sector privado puede contribuir activamente a la construcción de una sociedad más justa y equitativa.

-Políticas de no discriminación: Finalmente, se deben establecer políticas claras de no discriminación en todos los ámbitos laborales. Esto implica la prohibición de cualquier forma de discriminación, ya sea por género, edad, discapacidad u otras características protegidas por la ley. Además, se deben implementar mecanismos efectivos para denunciar y abordar casos de discriminación en el lugar de trabajo, asegurando que todas las personas sean tratadas con respeto y dignidad.

-Cooperación con organizaciones internacionales: Para fortalecer aún más las políticas de inclusión laboral, es importante colaborar con organizaciones internacionales que trabajan en el ámbito de los derechos laborales y la igualdad de oportunidades. Estas colaboraciones permitirán compartir mejores prácticas, aprender de las experiencias de otros países y acceder a recursos y financiamiento para implementar programas de inclusión de mayor alcance e impacto.

-Acceso a la seguridad social y protección laboral: Es fundamental garantizar que todas las personas, incluyendo a mujeres, personas discapacitadas y mayores de 45 años, tengan acceso a la seguridad social y estén protegidas por las leyes laborales. Esto implica asegurar el acceso a servicios de salud, pensiones, prestaciones por desempleo y protección contra la discriminación en el lugar de trabajo. El fortalecimiento de la protección social contribuirá a la estabilidad y el bienestar de los trabajadores, brindándoles seguridad y dignidad.

-Promoción de liderazgo y empoderamiento: Es esencial fomentar el liderazgo y el empoderamiento de mujeres, personas discapacitadas y mayores de 45 años en el ámbito laboral. Esto implica promover su participación en puestos directivos, brindar oportunidades de desarrollo profesional y establecer programas de mentoría y capacitación. Al empoderar a estos grupos, se rompen barreras y se promueve una representación más equitativa en todos los niveles de la jerarquía laboral.

-Investigación y análisis del mercado laboral: Es necesario realizar investigaciones y análisis del mercado laboral para identificar las tendencias, las necesidades y las oportunidades de empleo en diferentes sectores. Esto permitirá desarrollar políticas y programas de capacitación que estén en sintonía con las demandas del mercado, asegurando que los trabajadores tengan las habilidades adecuadas para acceder a empleos de calidad y bien remunerados.

-Medición y seguimiento del progreso: Para evaluar el impacto de las políticas de inclusión laboral, se deben establecer indicadores y realizar seguimientos periódicos. Esto permitirá medir el progreso, identificar desafíos y ajustar las estrategias según sea necesario. La transparencia y la rendición de cuentas serán fundamentales para garantizar que las políticas implementadas cumplan con los objetivos de igualdad y justicia.

-Programas de apoyo a emprendedores: Además de facilitar la creación de empresas, se implementarán programas de apoyo específicos para emprendedores pertenecientes a los grupos mencionados. Estos programas proporcionarán capacitación, asesoramiento y financiamiento especializado, adaptado a las necesidades y desafíos particulares que enfrentan las mujeres, personas discapacitadas y mayores de 45 años al emprender. De esta manera, se fomentará el espíritu emprendedor y se impulsará la generación de empleo y crecimiento económico.

-Reducción de brechas salariales: Se tomarán medidas para reducir y eliminar las brechas salariales de género, asegurando que las mujeres reciban salarios iguales por trabajo igual o de igual valor. Se promoverá la transparencia salarial en las empresas, se establecerán políticas de igualdad salarial y se aplicarán sanciones a aquellas organizaciones que perpetúen la discriminación salarial. Asimismo, se fomentará la participación de mujeres en sectores y roles tradicionalmente dominados por hombres, permitiendo una distribución equitativa de oportunidades laborales.

-Accesibilidad y adaptación de los entornos laborales: Se implementarán medidas para garantizar que los entornos laborales sean accesibles y estén adaptados a las necesidades de las personas con discapacidad. Esto incluye la eliminación de barreras físicas, la provisión de tecnologías de asistencia y la implementación de políticas de inclusión que fomenten la participación plena y efectiva de las personas con discapacidad en todos los aspectos del trabajo.

-Campañas de sensibilización y educación continua: Se llevarán a cabo campañas de sensibilización y educación continua dirigidas a promover la igualdad de oportunidades laborales y erradicar estereotipos y prejuicios. Estas campañas se dirigirán tanto al público en general como a los empleadores y se enfocarán en destacar la importancia de la diversidad y la inclusión en el entorno laboral. Además, se promoverá la educación sobre los derechos laborales y la no discriminación, para garantizar que todos los trabajadores estén informados y puedan defender sus derechos.

-Evaluación de impacto social: Se llevará a cabo una evaluación exhaustiva del impacto social de las políticas de inclusión laboral implementadas. Esto implica analizar los resultados en términos de reducción de la discriminación, mejora de las condiciones laborales, aumento de la participación de mujeres, personas discapacitadas y mayores de 45 años en el mercado laboral, y el impacto económico y social general de estas medidas. Los resultados de estas evaluaciones serán utilizados para ajustar y mejorar las políticas existentes, así como para informar el diseño de futuras estrategias de inclusión laboral.

-Participación activa en la toma de decisiones: Es fundamental promover la participación activa de mujeres, personas discapacitadas y mayores de 45 años en la toma de decisiones relacionadas con el ámbito laboral. Esto implica fomentar su presencia en comités, juntas directivas y otros espacios de toma de decisiones, donde puedan aportar su experiencia, conocimientos y perspectivas únicas. La inclusión en la toma de decisiones garantiza una representación equitativa y contribuye a la formulación de políticas y prácticas más inclusivas.

-Reconocimiento de la experiencia y habilidades: Es importante reconocer y valorar la experiencia y las habilidades adquiridas por las personas mayores de 45 años. Esto implica brindar oportunidades de empleo, capacitación y desarrollo profesional que se basen en su experiencia previa y les permitan seguir contribuyendo al mercado laboral de significativa. Asimismo, se debe promover la valoración de las habilidades adquiridas por las mujeres y personas discapacitadas, reconociendo su capacidad para desempeñar roles clave en diversos sectores.

-Promoción de políticas de trabajo flexible: Se promoverán políticas de trabajo flexible que permitan a las personas conciliar sus responsabilidades laborales con sus responsabilidades familiares y personales. Esto implica ofrecer opciones como horarios flexibles, trabajo desde casa, jornadas reducidas y otros arreglos laborales adaptados a las necesidades individuales. Estas medidas promueven la inclusión de personas con diversas circunstancias y facilitan su participación plena en el ámbito laboral.

-Apoyo a la formación continua: Se brindará apoyo y acceso a programas de formación continua para actualizar las habilidades y conocimientos de las mujeres, personas discapacitadas y mayores de 45 años. Estos programas de capacitación garantizarán que estén preparados para enfrentar los desafíos del mercado laboral en constante evolución y aprovechar nuevas oportunidades de empleo. El acceso a la formación continua es fundamental para garantizar la empleabilidad y el desarrollo profesional de todos los trabajadores.

-Fortalecimiento de la colaboración público-privada: Es esencial fortalecer la colaboración entre el sector público y privado para promover la inclusión laboral. Esto implica establecer alianzas estratégicas, compartir recursos y conocimientos, y desarrollar programas conjuntos que impulsen la diversidad y la igualdad de oportunidades. La colaboración entre ambos sectores permitirá maximizar el impacto de las políticas de inclusión y generar un cambio sostenible en el ámbito laboral.

Online del Ecuador 18

TIKTOKER: "El libre comercio es una gran mentira de la sociedad contemporánea. Todo proceso de acumulación capitalista ha requerido, para ser exitoso, no aplica el libre comercio en el propio estado donde se realiza, sino la protección de la industria con una planificación estratégica a largo plazo que permita a esa clase dirigente fortalecer el estado frente a otros."

El libre comercio se presenta como un ideal económico en el que los países pueden intercambiar bienes y servicios sin restricciones, promoviendo así la eficiencia y el crecimiento económico global. Sin embargo, en la práctica, el libre comercio rara vez ha sido implementado de manera completa y equitativa. Las potencias económicas históricas han utilizado estrategias proteccionistas para proteger y desarrollar sus propias industrias.

Durante el proceso de acumulación capitalista, los países que se han convertido en potencias económicas no han seguido el modelo de libre comercio. En cambio, han aplicado políticas proteccionistas para fortalecer sus industrias nacionales y permitirles competir en el mercado internacional. Han establecido barreras arancelarias, cuotas de importación y subsidios a las exportaciones para favorecer a sus propios productores y limitar la competencia extranjera.

Estas estrategias proteccionistas han permitido a las clases dirigentes fortalecer el poder económico y político de sus países. Han utilizado el control sobre los sectores clave de la economía para asegurar el crecimiento sostenido y la estabilidad interna. A través de una planificación estratégica a largo plazo, han invertido en la infraestructura necesaria, han protegido la tecnología y han apoyado a las empresas nacionales para que se conviertan en líderes globales en determinadas industrias.

Un ejemplo destacado es el de Estados Unidos en los siglos XIX y XX. Durante su proceso de industrialización, implementó políticas proteccionistas para fomentar el crecimiento de su industria manufacturera. Estableció altos aranceles sobre las importaciones, lo que permitió proteger a los productores locales y promover el desarrollo de sus propias empresas. Este proteccionismo inicial sentó las bases para que Estados Unidos se convirtiera en una de las potencias económicas más importantes del mundo.

Otro ejemplo es el de Japón después de la Segunda Guerra Mundial. A través de una estrategia de planificación económica a largo plazo, conocida como el modelo de crecimiento japonés, el país promovió la industrialización y protegió a sus empresas nacionales. Implementó políticas que favorecían la exportación y restringían las importaciones, lo que permitió a sus industrias desarrollarse y competir a nivel internacional. Esto llevó a Japón a convertirse en una potencia económica en poco tiempo.

Estos ejemplos demuestran que el libre comercio no es el camino único hacia el desarrollo económico. El proteccionismo y la planificación estratégica han sido utilizados con éxito por las potencias económicas para fortalecer sus industrias y promover el crecimiento interno. Han sido conscientes de que la competencia global puede ser desigual y han implementado medidas para proteger a sus propios productores y asegurar el crecimiento económico de sus naciones.

Sin embargo, es importante destacar que el libre comercio también tiene sus beneficios y defensores. Se argumenta que facilita la especialización y el acceso a mercados más amplios, fomenta la innovación y reduce los precios para los consumidores.

El libre comercio también se defiende argumentando que promueve la cooperación y las relaciones pacíficas entre las naciones al fomentar la interdependencia económica. Se sostiene que al abrir los mercados y permitir la libre circulación de bienes y servicios, se reducen las tensiones y conflictos entre los países, ya que se crea un sistema de intercambio mutuamente beneficioso.

Además, se argumenta que el libre comercio estimula la eficiencia económica al permitir que cada país se especialice en la producción de aquellos bienes y servicios en los que tiene una ventaja comparativa. Esto conduce a una asignación más eficiente de los recursos y a un mayor crecimiento económico a largo plazo.

Sin embargo, es importante reconocer que estos argumentos a favor del libre comercio a menudo pasan por alto las realidades políticas y económicas que han caracterizado la historia del desarrollo económico. Las potencias económicas históricas no alcanzaron su posición dominante simplemente mediante la aplicación del libre comercio. Por el contrario, utilizaron estrategias proteccionistas y planificación estratégica para fortalecer sus industrias y competir en el mercado global.

Esto plantea la pregunta de si el libre comercio es realmente una "gran mentira" como se plantea en la afirmación inicial. Si bien es cierto que el libre comercio ha sido defendido como un ideal económico, también es evidente que su implementación ha sido selectiva y ha estado sujeta a las circunstancias y objetivos de las potencias económicas dominantes.

Es importante reconocer que el libre comercio no es una solución universal y que su impacto puede variar dependiendo del contexto y las políticas complementarias implementadas. No se trata simplemente de una cuestión de abrir las fronteras comerciales y esperar que todo se equilibre automáticamente. El éxito económico requiere una combinación de políticas que puedan adaptarse a las necesidades y circunstancias particulares de cada país.

En conclusión, si bien el libre comercio ha sido promovido como un ideal económico, la historia muestra que su implementación plena y equitativa ha sido limitada. Las potencias económicas históricas han utilizado estrategias proteccionistas y planificación estratégica para fortalecer sus industrias y competir en el mercado global. Esto plantea interrogantes sobre la efectividad y la equidad del libre comercio como un enfoque único para el desarrollo económico. Es necesario considerar las circunstancias y objetivos particulares de cada país al evaluar las políticas comerciales más apropiadas para fomentar un crecimiento económico sostenible y equitativo.

Si bien se ha discutido cómo las potencias económicas históricas han utilizado estrategias proteccionistas para fortalecer sus industrias, también es importante mencionar que el panorama económico global ha experimentado cambios significativos en las últimas décadas.

La creciente interdependencia económica entre las naciones, impulsada en gran medida por los avances en las comunicaciones y el transporte, ha llevado a un aumento en los acuerdos comerciales regionales e internacionales. Estos acuerdos buscan promover la liberalización del comercio y la eliminación de barreras arancelarias y no arancelarias.

El impulso hacia el libre comercio se basa en la idea de que todos los países pueden beneficiarse de la apertura de sus mercados y la promoción de la competencia. Se argumenta que al permitir un flujo más libre de bienes, servicios, inversiones y conocimientos, se puede lograr un crecimiento económico más amplio y sostenible a nivel global.

Sin embargo, incluso en este contexto de mayor liberalización del comercio, persisten desafíos y desigualdades. Algunos críticos argumentan que los acuerdos comerciales pueden favorecer a los países más poderosos y a las grandes corporaciones multinacionales en detrimento de los países en desarrollo y las pequeñas empresas locales. También se señala que los acuerdos comerciales a menudo imponen restricciones y condiciones que pueden limitar la capacidad de los gobiernos para proteger los intereses de sus ciudadanos y promover el desarrollo económico y social.

Además, la realidad económica global actual incluye una serie de desafíos complejos, como la desigualdad económica, el cambio climático y la explotación laboral. Estos problemas plantean interrogantes sobre cómo se puede lograr un equilibrio entre el libre comercio y la protección de los derechos humanos, el medio ambiente y el bienestar social.

Es necesario reconocer que el libre comercio, por sí solo, no es la panacea para todos los problemas económicos y sociales. La implementación exitosa de políticas comerciales requiere un enfoque equilibrado que tenga en cuenta los intereses de todas las partes involucradas, desde los productores y consumidores hasta los trabajadores y el medio ambiente.

En resumen, si bien el libre comercio ha sido promovido como un ideal económico, su implementación ha sido selectiva y ha estado sujeta a las circunstancias y objetivos de las potencias económicas dominantes. Aunque la liberalización del comercio puede ofrecer beneficios, también existen desafíos y desigualdades asociadas con su aplicación. Es esencial buscar un enfoque equilibrado que combine el comercio abierto con políticas complementarias para abordar los problemas económicos y sociales, promoviendo un crecimiento sostenible y equitativo.

Aquí tienes un resumen por mandato presidencial en Ecuador desde 1940 hasta la actualidad en relación con el uso del libre comercio y sus resultados:

1. Mandato de Carlos Alberto Arroyo del Río (1940-1944): Durante su mandato, Ecuador implementó una política económica basada en la apertura comercial y la promoción del comercio internacional. Se fomentó la exportación de productos agrícolas y se buscaron acuerdos comerciales con varios países. Sin embargo, los resultados económicos fueron mixtos, con altos niveles de dependencia de las exportaciones de productos primarios y una desigualdad persistente.

2. Mandato de José María Velasco Ibarra (1952-1956): Durante este período, Ecuador continuó con una política de apertura comercial y promovió la liberalización económica. Se implementaron medidas para fomentar la inversión extranjera y se buscaron acuerdos comerciales con otros países. Sin embargo, los resultados fueron limitados en términos de desarrollo económico, con una dependencia continua de las exportaciones de materias primas y desafíos persistentes en áreas como la pobreza y la desigualdad.

3. Mandato de Carlos Julio Arosemena Monroy (1961-1963): Durante su mandato, Ecuador continuó con políticas de apertura comercial y buscó promover el comercio internacional. Se implementaron medidas para fomentar la inversión extranjera y se firmaron acuerdos comerciales bilaterales. Sin embargo, los resultados económicos fueron mixtos, con altos niveles de inflación y una dependencia continua de las exportaciones de productos primarios.

4. Mandato de Guillermo Rodríguez Lara (1972-1976): Durante su mandato, Rodríguez Lara implementó políticas de apertura económica y promoción del libre comercio. Se liberalizaron los controles de precios y se fomentó la inversión extranjera. Sin embargo, la economía se vio afectada por una serie de crisis, incluyendo la caída de los precios del petróleo y el aumento de la deuda externa. Estos factores limitaron los resultados positivos del libre comercio y contribuyeron a una crisis económica en el país.

5. Mandato de León Febres Cordero (1984-1988): Durante su gobierno, Febres Cordero impulsó políticas de liberalización económica y promovió la apertura comercial. Se implementaron medidas de liberalización y se firmaron

acuerdos comerciales bilaterales. Estas políticas buscaban fomentar la inversión extranjera y promover el crecimiento económico. Los resultados fueron mixtos, con un crecimiento económico moderado, pero también con desafíos persistentes en términos de desigualdad y dependencia de las exportaciones de petróleo.

7. Mandato de Rodrigo Borja Cevallos (1988-1992): Durante su mandato, Borja Cevallos adoptó una política económica más intervencionista y proteccionista. Se implementaron medidas de control de precios y se fortaleció el sector público. Estas políticas buscaban proteger la industria nacional y promover el desarrollo interno. Aunque estas medidas tuvieron cierto impacto en la economía, también se enfrentaron desafíos en términos de eficiencia y competitividad.

8. Mandato de Sixto Durán Ballén (1992-1996): Durante su gobierno, Durán Ballén impulsó políticas de liberalización económica y promoción del libre comercio. Se implementaron medidas para abrir la economía al comercio internacional y se buscaron acuerdos comerciales con otros países. Estas políticas buscaban atraer inversiones extranjeras y promover la competitividad del país. Si bien hubo ciertos logros en términos de crecimiento económico y atracción de inversiones, también se experimentaron desafíos, como el aumento de la desigualdad y la exclusión social.

9. Mandato de Rodrigo Borja Cevallos (1988-1992): Durante su mandato, Borja Cevallos adoptó una política económica más intervencionista y proteccionista. Se implementaron medidas de control de precios y se fortaleció el sector público. Estas políticas buscaban proteger la industria nacional y promover el desarrollo interno. Aunque estas medidas tuvieron cierto impacto en la economía, también se enfrentaron desafíos en términos de eficiencia y competitividad.

Mandato de Jamil Mahuad (1998-2000): Durante su gobierno, Mahuad promovió la apertura económica y la liberalización comercial. Se implementaron reformas.

10. estructurales destinadas a promover la inversión extranjera y atraer capitales. Sin embargo, su mandato estuvo marcado por una profunda crisis económica y social, lo que llevó a la adopción de medidas de ajuste y al colapso del sistema financiero. Estos acontecimientos limitaron los resultados positivos del libre comercio y tuvieron un impacto negativo en la economía del país.

11. Mandato de Alfredo Palacio (2005-2007): Durante su mandato, Palacio continuó con políticas de apertura económica y promoción del libre comercio. Se firmaron acuerdos comerciales bilaterales y se buscaron oportunidades de comercio internacional. Sin embargo, su gobierno enfrentó desafíos económicos y políticos, incluyendo la crisis política desencadenada por la destitución de su predecesor, Lucio Gutiérrez. Estos eventos limitaron los resultados esperados del libre comercio en el país.

12. Mandato de Rafael Correa (2007-2017): Durante su mandato, Correa adoptó una postura más crítica hacia los acuerdos de libre comercio y promovió una política económica basada en la protección de la industria nacional y la reducción de la dependencia de las exportaciones de materias primas. El gobierno implementó medidas para fomentar la industrialización y la sustitución de importaciones, así como la promoción del comercio regional. Los resultados económicos durante este período fueron mixtos, con un crecimiento económico moderado pero con desafíos persistentes en términos de desigualdad y dependencia de los ingresos del petróleo.

13. Mandato de Lenín Moreno (2017-2021): Durante su gobierno, Moreno continuó con una política de apertura comercial y buscó firmar acuerdos de libre comercio con varios países, incluyendo Estados Unidos y la Unión Europea. Estos acuerdos buscaban promover la diversificación de las exportaciones y atraer inversión extranjera. Sin embargo, el gobierno enfrentó desafíos económicos y sociales, incluyendo una alta deuda pública y

protestas populares. Los resultados en términos de desarrollo económico fueron limitados, con un crecimiento económico moderado y desafíos persistentes en áreas como el empleo y la pobreza.

14. Mandato de Guillermo Lasso (2021-presente): Bajo el mandato actual de Guillermo Lasso, se ha mantenido una postura favorable hacia el libre comercio. El gobierno ha buscado promover la apertura comercial y la atracción de inversión extranjera para impulsar el crecimiento económico. Se han explorado nuevas oportunidades de acuerdos comerciales y se han establecido diálogos con diferentes países y bloques económicos. Aunque aún es temprano para evaluar los resultados completos de su mandato, se espera que las políticas de libre comercio continúen siendo un elemento central en la estrategia económica del gobierno.

Es importante señalar que los resultados del uso del libre comercio en Ecuador han sido diversos a lo largo de los diferentes mandatos presidenciales. Si bien la apertura comercial puede traer beneficios como el acceso a nuevos mercados y la atracción de inversiones, también ha generado desafíos, como la dependencia de las exportaciones de productos primarios y la desigualdad económica. Además, las políticas económicas y sociales adoptadas junto con el libre comercio también han influido en los resultados.

Cada mandato presidencial ha tenido su propia visión y enfoque en relación al libre comercio, y los resultados han sido mixtos en términos de desarrollo económico, empleo, pobreza y desigualdad. Evaluar completamente los efectos del libre comercio en Ecuador requiere considerar factores adicionales, como la estabilidad política, la gestión económica interna y las Mandato de Lenin Moreno (2017-2021): Durante su gobierno, Moreno mantuvo una postura favorable hacia el libre comercio. Se promovió la apertura comercial y se buscaron acuerdos de libre comercio con diversos países y bloques económicos. Estas políticas tenían como objetivo impulsar el crecimiento económico y diversificar las exportaciones. Sin embargo, el gobierno enfrentó desafíos económicos y sociales, incluyendo altos niveles de deuda pública y una crisis sanitaria global debido a la pandemia de COVID-19.

Es importante destacar que el impacto del libre comercio en Ecuador ha sido objeto de debate y ha variado según el contexto económico, las políticas internas y las condiciones externas. Si bien la apertura comercial puede traer beneficios, como el acceso a nuevos mercados y la atracción de inversiones extranjeras, también puede presentar desafíos, como la dependencia de las exportaciones de productos primarios y la desigualdad económica. Además, es crucial considerar que el desarrollo económico no depende exclusivamente del libre comercio, sino de una combinación de factores como la estabilidad política, la gestión económica, la inversión en infraestructura y educación, entre otros.

Online del Ecuador 19

TIKTOKER:"¿Qué pasa con los medios? Ley de Comunicación del Ecuador. Amamos las noticias veraces. Nos gustaría estar bien informados, pero nos gustaría que todo sea real e imparcial. ¿Nos falta algo? ¿Una Ley de Comunicación con algo más? La Ley que hizo el Eco. Rafael Correa estuvo bien, pero le faltaba poder autofinanciarse para apoyar a los canales del Estado.

El tema de los medios de comunicación y la Ley de Comunicación en Ecuador plantea importantes consideraciones sobre la búsqueda de noticias veraces, imparciales y el papel de la regulación en este ámbito.

La Ley de Comunicación de Ecuador, promulgada durante el mandato del expresidente Rafael Correa, buscaba regular el ejercicio de la comunicación en el país. Si bien esta ley fue criticada por algunos sectores que consideraban que limitaba la libertad de expresión, también se argumentó que era necesaria para garantizar una comunicación más equitativa y responsable.

Uno de los aspectos importantes de esta ley era la creación de medios de comunicación públicos y comunitarios, con el objetivo de ampliar la diversidad de voces y contrarrestar la concentración mediática. Sin embargo, se plantea la necesidad de que estos medios puedan autofinanciarse para garantizar su independencia y sostenibilidad.

En cuanto a la idea de añadir tarifas por infracciones cometidas por los periodistas, similar a las infracciones de tránsito, es necesario tener en cuenta que cualquier regulación debe equilibrar la protección de la honra de las personas con la libertad de prensa y expresión. La imposición de tarifas por infracciones podría generar preocupaciones sobre la posible limitación de la libertad de prensa y la autocensura.

Es importante encontrar un equilibrio que promueva la responsabilidad y la ética periodística sin coartar la libertad de expresión. Esto implica impulsar mecanismos de autorregulación y ética profesional, así como promover una cultura de respeto y responsabilidad en el ejercicio de la comunicación.

Además de la regulación y la responsabilidad periodística, es importante considerar otros aspectos que podrían contribuir a una comunicación más veraz e imparcial.

-Educación mediática: Promover la educación mediática en la sociedad es fundamental. Esto implica capacitar a la población en el consumo crítico de información, enseñando a discernir entre fuentes confiables y sesgadas, y a identificar y combatir la desinformación.

-Diversidad de medios: Fomentar la diversidad de medios y voces en el panorama mediático es esencial para garantizar una pluralidad de perspectivas. Esto implica promover el acceso y apoyo a los medios comunitarios, independientes y digitales, así como fomentar la competencia justa en el mercado de la comunicación.

-Transparencia y rendición de cuentas: Los medios de comunicación deben ser transparentes en cuanto a su financiamiento y propiedad. Esto permite a los ciudadanos evaluar posibles conflictos de interés y mantener una mayor confianza en la información que reciben.

-Autorregulación y ética periodística: Los propios medios y periodistas deben comprometerse con altos estándares éticos y promover la autorregulación. Esto incluye la adhesión a códigos de conducta profesionales, la corrección de errores de manera oportuna y transparente, y el respeto por los derechos y la dignidad de las personas involucradas en las noticias.

-Participación ciudadana: Fomentar la participación ciudadana en la producción y difusión de noticias puede contribuir a una mayor diversidad de perspectivas y a un periodismo más inclusivo. Esto puede lograrse a través de la promoción de la participación en medios comunitarios, el acceso a espacios de opinión y la colaboración entre periodistas y ciudadanos en la generación de contenido.

En última instancia, el logro de una comunicación veraz, imparcial y responsable requiere de un enfoque integral que involucre a diversos actores: medios de comunicación, periodistas, reguladores, educadores y ciudadanos. Es un desafío constante en el que todos debemos trabajar juntos para fortalecer la calidad y la confianza en la información que recibimos.

En conclusión, si bien es cierto que amamos las noticias veraces y nos gusta estar bien informados, también es importante reconocer que el contexto mediático actual presenta desafíos en cuanto a la veracidad, imparcialidad y responsabilidad de la información. Si bien la Ley de Comunicación en Ecuador buscó regular el ejercicio de la comunicación, es necesario evaluar constantemente su efectividad y buscar mecanismos que promuevan una comunicación más justa y equitativa.

Una ley de comunicación con un enfoque más amplio podría considerar aspectos como la promoción de la educación mediática, la diversidad de medios, la transparencia y la rendición de cuentas, la autorregulación y ética periodística, y la participación ciudadana. Estos elementos pueden complementar la regulación existente y promover una cultura de responsabilidad en el ejercicio de la comunicación.

Además, es esencial reconocer la importancia de cuidar la honra de las personas y promover la justicia para todos. Esto implica evitar difamaciones y promover una comunicación respetuosa y basada en hechos verificables. Sin embargo, es importante encontrar el equilibrio adecuado para no limitar la libertad de expresión y el papel crítico que desempeñan los medios de comunicación en una sociedad democrática.

En última instancia, todos tenemos un papel en promover una comunicación más responsable y veraz. Como consumidores de información, es fundamental tener un enfoque crítico y buscar fuentes confiables. Como ciudadanos, podemos apoyar medios independientes y participar activamente en la promoción de una comunicación justa y equitativa.

Las leyes de comunicación varían significativamente de un país a otro y están sujetas a cambios y actualizaciones constantes. Algunos países pueden tener disposiciones legales que establezcan sanciones económicas o incluso la pérdida de licencias o credenciales para periodistas en casos de difamación, calumnia u otras violaciones de la ética y los estándares periodísticos.

Para obtener información precisa y actualizada sobre las leyes de comunicación en un país específico y si contienen sanciones económicas o de otro tipo para los periodistas, es recomendable consultar las fuentes legales y regulatorias del país en cuestión o buscar asesoramiento de expertos legales especializados en derecho de comunicación y medios de comunicación en ese país.

Sí, existen casos documentados en algunos países donde se aplican sanciones económicas o pérdida de credenciales a periodistas en relación con violaciones de ética y estándares periodísticos. Un ejemplo de ello es España, donde se ha implementado el llamado

"Código Deontológico de la Federación de Asociaciones de Periodistas de España (FAPE)".

El Código Deontológico establece principios y normas éticas para el ejercicio del periodismo en España. En caso de que un periodista viole estos principios, la FAPE puede imponer sanciones, que pueden incluir desde amonestaciones y multas económicas hasta la expulsión del periodista de la asociación y la consiguiente pérdida de credenciales.

Sin embargo, es importante tener en cuenta que el poder mediático no es homogéneo ni estático. La concentración de la propiedad de los medios, los intereses comerciales y las agendas políticas pueden influir en la objetividad y la diversidad de la información presentada. Algunos medios pueden estar más influenciados por el poder económico o político, lo que puede sesgar su cobertura y limitar su independencia.

En la era digital, también han surgido nuevas formas de poder mediático a través de las plataformas en línea y las redes sociales, donde los individuos pueden compartir información, generar contenido y amplificar mensajes. Esto ha democratizado en cierta medida la capacidad de influencia, pero también ha dado lugar a la proliferación de la desinformación y la manipulación de la opinión pública.

En resumen, el poder mediático se encuentra en un punto intermedio entre el poder político y el poder económico. Si bien tiene la capacidad de influir en la opinión pública y dar forma a la agenda política, su alcance y efectividad dependen de varios factores, como la diversidad de los medios, la independencia editorial, la propiedad de los medios y la evolución de la tecnología de la información y la comunicación.

El poder mediático en el mundo es un factor importante que puede influir en diversos aspectos de la sociedad. Sin embargo, su posición en relación con el poder político, económico y judicial puede variar según el contexto y las circunstancias específicas.

Veamos cada uno de estos aspectos:

-Poder político: En términos de influencia, los medios de comunicación pueden ejercer un impacto significativo en la política y la toma de decisiones. A través de su capacidad para dar forma a la opinión pública y establecer la agenda de discusión, los medios pueden influir en la percepción de los líderes políticos, las políticas públicas y los procesos electorales. Sin embargo, es importante destacar que el poder político y el poder mediático a menudo interactúan de manera compleja, con la política influyendo en los medios y viceversa.

-Poder económico: El poder económico está estrechamente relacionado con la propiedad de los medios de comunicación. En muchos casos, los conglomerados y las corporaciones controlan importantes medios de comunicación, lo que puede influir en la agenda y el contenido presentado. El financiamiento y la publicidad también pueden tener un impacto en la independencia editorial de los medios. En este sentido, el poder económico puede tener una influencia significativa en la forma en que se presenta la información y en los intereses promovidos por los medios.

-Poder judicial: En comparación con el poder judicial, los medios de comunicación generalmente no tienen un poder directo sobre el sistema legal y la administración de justicia. Sin embargo, los medios pueden desempeñar un papel importante en la promoción de la transparencia, la rendición de cuentas y la denuncia de injusticias. A través de su capacidad para informar sobre casos judiciales y eventos legales, los medios pueden influir en la opinión pública y en la percepción de la justicia.

En general, es difícil determinar con precisión si el poder mediático está por encima o por debajo de estos otros poderes, ya que su influencia puede variar según el contexto y las circunstancias específicas. Los medios de comunicación tienen la capacidad de moldear la opinión pública, influir en la agenda política y exponer injusticias, pero también pueden estar sujetos a influencias y sesgos que pueden limitar su independencia y objetividad.

Es importante reconocer que el poder mediático puede tener una interacción compleja con otros poderes en la sociedad, y que un sistema equilibrado y diverso de medios de comunicación es esencial para garantizar una información veraz, una rendición de cuentas adecuada y una sociedad democrática.

El poder mediático puede tener una influencia significativa en la forma en que las personas perciben y entienden el mundo que les rodea. A través de la selección de noticias, el enfoque dado a ciertos temas, el tono utilizado y la presentación de la información, los medios de comunicación pueden moldear la opinión pública y, en cierta medida, influir en el pensamiento y comportamiento de las personas.

Uno de los aspectos clave del poder mediático es su capacidad para establecer la agenda de discusión pública. Los medios deciden qué temas se discuten, cuáles se omiten y cómo se presentan. Al enfocarse en ciertos temas y darles mayor visibilidad, pueden influir en las prioridades y preocupaciones de la sociedad.

Además, los medios pueden tener una influencia en la formación de opiniones y actitudes a través de la persuasión y la manipulación emocional. El uso de técnicas de persuasión, como la elección del lenguaje, la selección de imágenes y la presentación de argumentos persuasivos, puede moldear la percepción de los eventos y las posiciones políticas.

Es importante destacar que el poder mediático no es un proceso unidireccional. Los receptores de la información también desempeñan un papel activo en la interpretación y asimilación de los mensajes mediáticos. Sin embargo, los medios de comunicación tienen una posición privilegiada como intermediarios entre los hechos y el público, y esto les otorga cierto poder en la formación de la opinión pública.

Sin embargo, es esencial tener un pensamiento crítico y una actitud de análisis frente a los medios de comunicación. Es importante buscar una diversidad de fuentes, contrastar información y tener conciencia de posibles sesgos o manipulaciones. Fomentar la alfabetización mediática y promover la capacidad de discernir y evaluar la información son aspectos fundamentales para contrarrestar los posibles efectos negativos del poder mediático sobre el control mental de las personas.

Se puede desarrollar un poder crítico en todo un país para contrarrestar el poder mediático

Es posible desarrollar un pensamiento crítico a nivel de toda una sociedad para contrarrestar el poder mediático. Aquí hay algunas medidas que podrían ayudar a fomentar un enfoque crítico hacia los medios de comunicación:

-Educación mediática: Introducir la educación mediática en los planes de estudio escolares puede ser una forma efectiva de enseñar a los estudiantes a analizar y evaluar de manera crítica los medios de comunicación. Esto implica enseñar habilidades para identificar sesgos, evaluar la credibilidad de las fuentes y comprender cómo se construyen los mensajes mediáticos.

-Fomentar la diversidad de fuentes: Promover una amplia gama de fuentes de información puede ayudar a los individuos a obtener diferentes perspectivas y opiniones sobre los acontecimientos. Al buscar información de diversas fuentes y comparar diferentes puntos de vista, las personas pueden desarrollar una visión más completa y crítica de los temas que se discuten en los medios.

-Alfabetización digital: En la era de la información digital, es importante fomentar la alfabetización digital entre la población. Esto incluye la capacidad de evaluar la autenticidad de las noticias y los contenidos en línea, así como la comprensión de cómo funcionan los algoritmos y los filtros de información en las plataformas digitales.

-Promover el pensamiento crítico: Es esencial fomentar el pensamiento crítico en todos los ámbitos de la sociedad. Esto implica alentar a las personas a cuestionar, analizar y evaluar la información que reciben de los medios de comunicación, así como desarrollar habilidades para distinguir entre hechos y opiniones.

-Medios independientes y alternativos: Apoyar y promover medios de comunicación independientes y alternativos puede proporcionar una contraparte a los medios dominantes. Estos medios a menudo se enfocan en investigaciones más profundas, reportajes de calidad y perspectivas menos convencionales, lo que brinda a las personas acceso a una gama más amplia de información.

-Participación ciudadana: Fomentar la participación ciudadana en los asuntos públicos y promover el diálogo y el debate abierto puede ayudar a las personas a desarrollar su propio pensamiento crítico y a cuestionar la información proporcionada por los medios.

Es importante destacar que el desarrollo de un pensamiento crítico a nivel de toda una sociedad requiere un esfuerzo conjunto de la educación, los medios de comunicación, el gobierno y los ciudadanos. Es un proceso continuo que implica promover una cultura de análisis y evaluación de la información en todos los niveles. Al hacerlo, se puede contrarrestar el poder mediático y fomentar una ciudadanía informada y crítica.

Existe en algún país algún medio de comunicación que desmienta lo que dice el poder mediático, o sea como un filtro que se dedique a desmentir las tergiversaciones de la verdad

Si, en varios países existen medios de comunicación que se dedican específicamente a desmentir tergiversaciones de la verdad y a verificar la veracidad de la información difundida por otros medios. Estos medios suelen ser conocidos como "fact-checkers" o verificadores de datos. Su función principal es analizar y evaluar las afirmaciones hechas por políticos, medios de comunicación y otras fuentes para determinar si son verdaderas, falsas o engañosas.

Algunos ejemplos de medios de verificación de datos incluyen:

-FactCheck.org (Estados Unidos): Es un proyecto sin fines de lucro que se dedica a verificar la exactitud de las declaraciones políticas en los Estados Unidos. Su objetivo es proporcionar a los ciudadanos información precisa y objetiva para que puedan tomar decisiones informadas.

-PolitiFact (Estados Unidos): Es una organización de verificación de datos que se enfoca en el análisis de las declaraciones de políticos y figuras públicas. Clasifican las afirmaciones en diferentes categorías, desde "Verdadero" hasta "Falso" o "Pantalones en fuego" para resaltar las afirmaciones más engañosas.

-Full Fact (Reino Unido): Es una organización independiente de verificación de datos que se dedica a revisar y corregir afirmaciones hechas por políticos, medios de comunicación y otras fuentes en el Reino Unido. También proporcionan información y recursos para ayudar a las personas a evaluar la información de manera crítica.

-Chequeado.com (Argentina): Es un medio de verificación de datos en Argentina que analiza y verifica las afirmaciones de los políticos, medios de comunicación y otras fuentes en el país. También producen informes y artículos explicando el contexto y la veracidad de las declaraciones verificadas.

Estos son solo algunos ejemplos, pero existen muchas otras organizaciones y medios de comunicación en todo el mundo que se dedican a desmentir y verificar la información difundida por otros medios. Estos esfuerzos contribuyen a promover la transparencia, la rendición de cuentas y una mayor precisión en el discurso público.

Los medios de comunicación que se dedican a desmentir tergiversaciones de la verdad y verificar la veracidad de la información difundida por otros medios pueden recibir financiamiento de diversas fuentes. Algunos de los modelos de financiamiento comunes son los siguientes:

-Financiamiento público: En algunos casos, estos medios pueden recibir financiamiento directo o indirecto del gobierno o entidades públicas. Esto puede ser a través de subvenciones, fondos para proyectos específicos o apoyo institucional.

-Financiamiento privado: Algunos medios de verificación de datos pueden recibir financiamiento de fundaciones, organizaciones no gubernamentales (ONG) u otros actores privados interesados en la promoción de la transparencia y la precisión de la información. Estos financiadores pueden tener diferentes agendas y enfoques, pero su objetivo principal es respaldar la labor de verificación de datos.

-Donaciones individuales: Algunos medios de comunicación cuentan con el apoyo de donaciones individuales de personas interesadas en la promoción de la veracidad de la información. Esto puede incluir donaciones pequeñas o grandes realizadas por ciudadanos comprometidos con la causa.

-Modelos de suscripción: Algunos medios de verificación de datos han optado por modelos de suscripción, en los que los usuarios pagan una tarifa periódica para acceder a los contenidos verificados y desmentidos. Estos modelos buscan generar ingresos directamente de los usuarios interesados en contar con información precisa y verificada.

Es importante tener en cuenta que la fuente de financiamiento de un medio de comunicación puede tener un impacto en su independencia y objetividad. Por lo tanto, es esencial que estos medios sean transparentes en cuanto a sus fuentes de financiamiento y eviten cualquier conflicto de intereses que pueda afectar su imparcialidad en la verificación de la información.

Cabe destacar que los modelos de financiamiento pueden variar de un medio a otro y dependerán de factores como el contexto legal y cultural de cada país, la disponibilidad de recursos y la demanda de servicios de verificación de datos en la sociedad.

Online del Ecuador 20

TIKTOKER: "Consultas populares: con mucho marketing y preguntas de doble sentido, tratando de manipular a la población, las consultas populares se han convertido en una manera de que el presidente haga lo que quiera."

La utilización de consultas populares como una estrategia política ha sido objeto de debate en muchos países. Si bien las consultas populares pueden ser una herramienta democrática legítima para tomar decisiones importantes, también es cierto que su uso puede ser manipulado con fines políticos y generar ciertas preocupaciones.

Las consultas populares son mecanismos mediante los cuales se busca obtener la opinión directa de la ciudadanía sobre una cuestión de interés público. En teoría, las consultas populares permiten que las decisiones sean tomadas de manera más participativa y democrática, involucrando directamente a los ciudadanos en la toma de decisiones políticas importantes.

Sin embargo, en la práctica, el uso de consultas populares puede verse influenciado por diversas variables, incluyendo el marketing político y el empleo de preguntas de doble sentido. Estas estrategias pueden ser utilizadas para manipular la opinión pública y obtener resultados favorables a los intereses de quienes convocan la consulta. En algunos casos, las preguntas pueden estar formuladas de manera confusa o sesgada, lo que dificulta una comprensión clara por parte de los votantes y puede llevar a respuestas sesgadas o no representativas de la voluntad popular.

Además, se ha observado que algunos líderes políticos utilizan las consultas populares como una estrategia para evadir los mecanismos institucionales de toma de decisiones y tomar acciones que de otro modo podrían ser cuestionadas o restringidas por otros poderes del Estado. Estas consultas pueden ser diseñadas y promovidas con el propósito de justificar medidas políticas o impulsar agendas específicas, más que para promover una participación ciudadana real y una toma de decisiones fundamentada.

Esta situación plantea un desafío importante para la democracia, ya que el uso manipulativo de las consultas populares puede erosionar la confianza de la ciudadanía en los mecanismos democráticos y debilitar los sistemas de control y equilibrio de poder.

Es crucial que las consultas populares sean diseñadas y llevadas a cabo de manera transparente, imparcial y con un marco normativo claro que asegure una amplia participación y una formulación adecuada de las preguntas. También es importante que existan mecanismos de control y fiscalización que garanticen la transparencia y eviten la manipulación política.

Exploraremos más aspectos relacionados con la manipulación y el uso político de las consultas:

Otra preocupación relacionada con las consultas populares es la manipulación de la información y el uso de técnicas de marketing político para influir en la opinión pública. En algunos casos se han observado campañas de comunicación intensivas que buscan promover ciertos puntos de vista y distorsionar la realidad para obtener resultados favorables a quienes convocan la consulta. Esto puede incluir la difusión de información sesgada, tergiversaciones de la verdad o incluso la propagación de noticias falsas.

El marketing político desempeña un papel importante en la manipulación de las consultas populares. A través de técnicas de persuasión y segmentación de audiencias, se busca generar emociones y moldear la opinión pública de acuerdo con los intereses políticos y la agenda del grupo que promueve la consulta. Esto puede incluir el uso de mensajes alarmistas, la explotación de temores o la promesa de soluciones fáciles y rápidas a problemas complejos.

Además, la participación ciudadana en las consultas populares puede estar condicionada por diversos factores. Algunas personas pueden tener acceso limitado a la información necesaria para tomar decisiones informadas, lo que puede influir en la calidad de las respuestas y en la representatividad de los resultados. Asimismo, las consultas populares pueden generar divisiones en la sociedad y fomentar la polarización, ya que los grupos de interés pueden movilizar a sus seguidores para influir en el resultado final.

Es importante destacar que no todas las consultas populares están diseñadas con intenciones manipulativas. Algunas realmente buscan involucrar a los ciudadanos en la toma de decisiones y promover una participación activa en asuntos de interés público. Sin embargo, es fundamental estar atentos a los posibles abusos y manipulaciones para proteger la integridad del proceso democrático.

Para contrarrestar estas preocupaciones, es esencial promover la transparencia en la organización de las consultas populares y garantizar el acceso equitativo a la información. Los organismos electorales y las autoridades responsables deben asegurar que las preguntas sean claras y neutrales, y que los ciudadanos tengan acceso a argumentos a favor y en contra de las opciones presentadas. Asimismo, se deben establecer mecanismos de supervisión y control para detectar y sancionar cualquier forma de manipulación o uso indebido de las consultas populares.

Continuaremos explorando este tema y analizando posibles soluciones y buenas prácticas para fortalecer el uso legítimo y efectivo de las consultas populares en el marco de una democracia participativa.

abordaremos las consecuencias y posibles soluciones:

Las manipulaciones y el uso político de las consultas populares pueden tener consecuencias significativas en la sociedad y el sistema democrático. Algunas de estas consecuencias son:

-Desconfianza ciudadana: Cuando las consultas populares son utilizadas como meras herramientas de propaganda política, se erosiona la confianza de la ciudadanía en los procesos democráticos. Los ciudadanos pueden sentirse manipulados y desilusionados, lo que genera un debilitamiento de la participación y el compromiso cívico.

-Polarización social: Las consultas populares pueden generar divisiones en la sociedad, especialmente cuando se promueven temas controvertidos o se explotan emociones y temores. La polarización dificulta el diálogo constructivo y puede socavar la cohesión social.

TIKTOKER: "¿Qué empleo podemos generar? El Ecuador necesita generar empleo y, de paso, solucionar algunos problemas medioambientales. Muchos países desarrollados recogen los desechos orgánicos de los hogares para llevarlos a las plantas de digestión anaeróbica. Con esta planta, creamos fuentes de trabajo en el reciclaje, en la planta y en la venta de productos obtenidos. Se obtiene gas para mover una turbina y generar electricidad, y el digestato se utiliza como fertilizante."

Generación de empleo a través del reciclaje y la digestión anaeróbica

El Ecuador se enfrenta a desafíos importantes en términos de generación de empleo y la necesidad de abordar los problemas medioambientales. Una estrategia que podría contribuir a resolver ambos aspectos es la implementación de plantas de digestión anaeróbica para procesar los desechos orgánicos. Muchos países desarrollados ya han adoptado esta práctica, que no solo reduce la cantidad de residuos que llegan a los vertederos, sino que también crea oportunidades laborales en diversas etapas del proceso, desde la recolección hasta la venta de productos obtenidos.

Recolección y transporte de desechos orgánicos: Para implementar un sistema de digestión anaeróbica eficiente, es necesario establecer una red de recolección y transporte de desechos orgánicos desde los hogares y las empresas. Esto implica la contratación de personal encargado de recoger los residuos en contenedores específicos, ya sea en camiones recolectores o mediante la implementación de puntos de entrega voluntaria. Estos empleos podrían ser ocupados por personas locales y contribuirían a la generación de empleo a nivel comunitario.

Plantas de digestión anaeróbica: Una vez que los desechos orgánicos son recolectados, se transportan a las plantas de digestión anaeróbica. Estas instalaciones requieren personal capacitado para operar y mantener los equipos necesarios para el proceso de descomposición de la materia orgánica. Además, se necesitarían trabajadores para realizar labores de control de calidad, monitoreo del proceso y mantenimiento general de las instalaciones. Estos empleos requerirían conocimientos técnicos y podrían brindar oportunidades de desarrollo profesional a largo plazo.

Generación de energía y productos derivados: La digestión anaeróbica de los desechos orgánicos produce biogás, que puede ser utilizado como combustible en turbinas para generar electricidad. Para aprovechar al máximo este recurso, se necesitarían empleados capacitados en el mantenimiento y la operación de las turbinas y otros sistemas relacionados con la generación de energía. Además, el proceso de digestión anaeróbica también produce un subproducto llamado digestato, que es un fertilizante orgánico de alta calidad. El procesamiento, envasado y comercialización de este digestato podrían generar empleos adicionales en el sector agrícola y de jardinería.

Venta y distribución de productos obtenidos: Una vez que se ha generado electricidad a partir del biogás y se ha producido el digestato, es necesario comercializar estos productos. Esto implica la contratación de personal para la venta y distribución de la electricidad generada, así como para el envasado, etiquetado y distribución del digestato. Estos empleos podrían abarcar desde vendedores y representantes de ventas hasta conductores de camiones encargados de entregar los productos a los clientes.

Promoviendo la educación ambiental y el emprendimiento

Además de generar empleo a través de la implementación de plantas de digestión anaeróbica, es fundamental promover la educación ambiental y fomentar el espíritu emprendedor en el Ecuador. Estas iniciativas pueden contribuir a la creación de empleo sostenible, así como a la concientización de la importancia de la gestión adecuada de los desechos orgánicos y la protección del medio ambiente.

Educación ambiental: Para impulsar el cambio hacia prácticas sostenibles, es esencial proporcionar programas educativos sobre la importancia de la gestión adecuada de los desechos orgánicos y los beneficios de la digestión anaeróbica. Esto podría incluir talleres, charlas y campañas de concienciación en escuelas, universidades y comunidades locales. La formación en temas como la separación de residuos, el compostaje doméstico y el reciclaje contribuiría a la reducción de la cantidad de desechos orgánicos que llegan a los vertederos y fomentaría la participación activa de la población en el proceso de reciclaje.

Fomento del espíritu emprendedor: Además de crear empleos a través de la implementación de plantas de digestión anaeróbica, es importante promover el espíritu emprendedor entre los ciudadanos. Esto podría lograrse mediante la creación de programas de apoyo y capacitación para aquellos interesados en iniciar negocios relacionados con la gestión de desechos orgánicos y la producción de productos derivados de la digestión anaeróbica. Estos programas podrían ofrecer asesoramiento técnico, acceso a financiamiento y mentores que guíen a los emprendedores en el desarrollo y crecimiento de sus empresas.

Diversificación de empleo en sectores relacionados: La implementación de plantas de digestión anaeróbica no solo generaría empleo directo en el sector del reciclaje y la producción de energía renovable, sino que también tendría efectos positivos en otros sectores de la economía. Por ejemplo, se podrían crear oportunidades laborales en la fabricación y mantenimiento de equipos especializados utilizados en las plantas de digestión anaeróbica. Además, la demanda de productos derivados de la digestión anaeróbica, como el digestato, podría impulsar el crecimiento de la agricultura sostenible y la producción de alimentos orgánicos.

Promoción de alianzas público-privadas: Para impulsar eficazmente la generación de empleo a través de la digestión anaeróbica, es fundamental establecer alianzas sólidas entre el sector público y el sector privado. Estas colaboraciones podrían facilitar la inversión en infraestructuras, la implementación de políticas favorables y la creación de un marco regulatorio adecuado. Asimismo, las alianzas público-privadas podrían promover la investigación y el desarrollo de tecnologías más eficientes y sostenibles en el ámbito de la digestión anaeróbica.

La generación de empleo a través de la implementación de plantas de digestión anaeróbica y el fomento de la educación ambiental y el espíritu emprendedor son estrategias clave para abordar la necesidad de empleo en Ecuador y al mismo tiempo solucionar los problemas medioambientales relacionados con los desechos orgánicos. Estas iniciativas ofrecen oportunidades para crear empleo sostenible, educar a la población y promover una economía más verde y responsable. Al trabajar juntos, tanto el gobierno como el sector privado y la sociedad en general pueden lograr un cambio significativo hacia un futuro más próspero y sostenible.

Potencial económico y beneficios adicionales

La generación de empleo a través de la implementación de plantas de digestión anaeróbica en Ecuador no solo tiene el potencial de resolver problemas medioambientales y promover la sostenibilidad, sino que también puede generar beneficios económicos adicionales para el país. Esta página explorará el potencial económico y los beneficios asociados con la adopción de este enfoque.

143

Crecimiento de la industria del reciclaje: La implementación de plantas de digestión anaeróbica impulsaría el crecimiento de la industria del reciclaje en Ecuador. A medida que aumente la demanda de desechos orgánicos para alimentar estas plantas, se crearán oportunidades para el establecimiento de empresas de recolección, transporte y procesamiento de residuos. Esto daría lugar a la generación de empleo en sectores relacionados, como la logística, el mantenimiento de equipos, la investigación y el desarrollo de tecnologías más eficientes, y la consultoría ambiental.

Reducción de los costos de gestión de residuos: La adopción de la digestión anaeróbica como método de tratamiento de los desechos orgánicos podría ayudar a reducir los costos asociados con la gestión de residuos. En lugar de destinar grandes cantidades de recursos a la construcción y mantenimiento de vertederos, se podrían invertir en la construcción y operación de plantas de digestión anaeróbica. Además, el proceso de digestión anaeróbica genera biogás, que puede ser utilizado como una fuente de energía renovable para alimentar las plantas o para su venta a la red eléctrica, lo que podría generar ingresos adicionales.

Estímulo a la economía local: La implementación de plantas de digestión anaeróbica fomentaría el desarrollo de una economía local sólida. Al crear empleos en diversas etapas del proceso, desde la recolección de residuos hasta la comercialización de los productos obtenidos, se generarían oportunidades para los negocios locales y se impulsaría la creación de microempresas y emprendimientos. Esto tendría un impacto positivo en la generación de ingresos, la mejora de la calidad de vida de las comunidades y el fortalecimiento de la economía local en general.

Promoción de la responsabilidad ambiental y la imagen del país: La adopción de prácticas sostenibles, como la digestión anaeróbica, puede mejorar la imagen del Ecuador a nivel internacional. Al ser reconocido como un país comprometido con la protección del medio ambiente y la gestión responsable de los desechos, se pueden abrir nuevas oportunidades comerciales y atraer inversiones en sectores relacionados con la economía circular y la sostenibilidad. Esto podría contribuir al desarrollo económico sostenible y a la diversificación de la economía del país.

La generación de empleo a través de la implementación de plantas de digestión anaeróbica en Ecuador no solo abordaría la necesidad de empleo, sino que también impulsaría el crecimiento económico, fomentaría el emprendimiento local y promovería la responsabilidad ambiental. Aprovechar el potencial económico y los beneficios adicionales asociados con esta estrategia requerirá una colaboración estrecha entre el gobierno, el sector privado y la sociedad en general

Desafíos y consideraciones

Si bien la generación de empleo a través de la implementación de plantas de digestión anaeróbica en Ecuador ofrece numerosos beneficios, también existen desafíos y consideraciones importantes que deben abordarse. Esta página explorará algunos de los desafíos clave y las consideraciones necesarias para garantizar el éxito y la sostenibilidad de esta estrategia.

Infraestructura adecuada: La implementación de plantas de digestión anaeróbica requerirá una infraestructura adecuada, incluyendo plantas de tratamiento, sistemas de recolección de residuos, redes de transporte y distribución de productos, entre otros. Es fundamental realizar una planificación y una inversión cuidadosa para desarrollar la infraestructura necesaria y garantizar su funcionamiento eficiente a largo plazo.

Capacitación y educación: Es esencial contar con personal capacitado en todas las etapas del proceso de digestión anaeróbica, desde la recolección y transporte de los desechos hasta la operación y mantenimiento de las plantas. Se deben implementar programas de capacitación adecuados para garantizar que los trabajadores adquieran las habilidades necesarias. Además, la educación y la concienciación pública son fundamentales para fomentar la participación activa de la población en la separación de residuos y en la adopción de prácticas sostenibles.

Legislación y marco regulatorio: Es necesario establecer una legislación y un marco regulatorio sólidos que respalden la implementación y operación de las plantas de digestión anaeróbica. Esto incluye normas para la recolección y transporte de desechos, requisitos de calidad para los productos obtenidos, regulaciones ambientales y de seguridad, y políticas de incentivos que promuevan la adopción de prácticas sostenibles. Un marco legal claro y coherente proporcionará seguridad jurídica y fomentará la inversión en el sector.

Gestión de riesgos y olores: La digestión anaeróbica de los desechos orgánicos puede generar olores desagradables y presentar riesgos potenciales para la salud y el medio ambiente si no se gestionan adecuadamente. Es fundamental implementar medidas de control de olores, sistemas de monitoreo y protocolos de seguridad para minimizar los impactos negativos. Además, la ubicación adecuada de las plantas en relación con las comunidades y el manejo responsable de los subproductos generados son aspectos críticos a considerar.

Financiamiento y sostenibilidad económica: La implementación y operación de plantas de digestión anaeróbica requieren una inversión inicial significativa. Es necesario garantizar un financiamiento adecuado a través de fuentes públicas y privadas, así como la adopción de modelos de negocio sostenibles que permitan la viabilidad económica a largo plazo. El desarrollo de asociaciones público-privadas y la búsqueda de oportunidades de financiamiento internacional pueden ser estrategias importantes para garantizar la sostenibilidad económica del proyecto.

Perspectivas futuras y conclusion

A medida que Ecuador avanza hacia la generación de empleo a través de la implementación de plantas de digestión anaeróbica, se abren perspectivas emocionantes para el futuro. Esta página explorará algunas de estas perspectivas y destacará la importancia de un enfoque continuo en la sostenibilidad y la innovación.

Innovación tecnológica: El campo de la digestión anaeróbica está en constante evolución, y se espera que surjan avances tecnológicos que mejoren la eficiencia y la rentabilidad de las plantas. La investigación y el desarrollo en este campo pueden llevar a la implementación de tecnologías más eficientes, la optimización de procesos y la diversificación de productos obtenidos. Es fundamental estar al tanto de las últimas innovaciones y adoptar aquellas que puedan mejorar aún más los resultados económicos y ambientales.

Economía circular y valorización de residuos: La generación de empleo a través de la digestión anaeróbica es solo una parte de la transición hacia una economía circular más amplia. Es fundamental considerar cómo se pueden valorizar otros tipos de residuos, como plásticos, papel, vidrio, entre otros, para crear empleo y obtener productos de mayor valor. La adopción de enfoques integrados que aborden múltiples flujos de residuos puede aumentar el impacto positivo en la generación de empleo y la sostenibilidad.

Cooperación internacional y aprendizaje compartido: La generación de empleo a través de la digestión anaeróbica es un desafío global, y existe una oportunidad para colaborar con otros países y aprender de sus experiencias. La cooperación internacional puede ayudar a compartir mejores prácticas, conocimientos técnicos y lecciones aprendidas, lo que a su vez puede acelerar el desarrollo y la implementación exitosa de este enfoque en Ecuador. La participación activa en redes internacionales y la búsqueda de alianzas estratégicas pueden ampliar las oportunidades y fortalecer la capacidad local.

Sostenibilidad a largo plazo: La generación de empleo a través de la digestión anaeróbica debe ser vista como parte de una estrategia de desarrollo sostenible a largo plazo. Esto implica la integración de consideraciones económicas, sociales y ambientales en todas las etapas del proceso. Es fundamental garantizar que los empleos creados sean sostenibles y de calidad, y que la gestión de los desechos orgánicos se realice de manera responsable y con un enfoque de ciclo de vida completo.

La generación de empleo a través de la implementación de plantas de digestión anaeróbica en Ecuador ofrece un enfoque prometedor para abordar la necesidad de empleo y los problemas medioambientales asociados con los desechos orgánicos. Si bien existen desafíos y consideraciones importantes, la colaboración, la innovación y un enfoque en la sostenibilidad pueden conducir a resultados exitosos. Al aprovechar el potencial económico y ambiental de la digestión anaeróbica, Ecuador puede avanzar hacia un futuro más próspero, sostenible y resiliente.

Rol del gobierno y participación ciudadana

El éxito de la generación de empleo a través de la implementación de plantas de digestión anaeróbica en Ecuador requiere un fuerte compromiso del gobierno y la participación activa de la ciudadanía. Esta página explorará el papel crucial del gobierno en la promoción de esta estrategia y la importancia de la participación ciudadana en su implementación.

Políticas y regulaciones favorables: El gobierno desempeña un papel fundamental al establecer políticas y regulaciones que fomenten la adopción de plantas de digestión anaeróbica. Esto incluye la elaboración de normativas claras y coherentes, la promoción de incentivos fiscales y financieros para los actores involucrados, y el establecimiento de estándares de calidad y seguridad. Además, el gobierno puede facilitar la colaboración entre diferentes sectores, como el sector público, el privado y las organizaciones de la sociedad civil, para impulsar el desarrollo de este enfoque.

Planificación estratégica: El gobierno también tiene un papel importante en la planificación estratégica de la implementación de plantas de digestión anaeróbica. Esto implica identificar las áreas geográficas más adecuadas para la ubicación de las plantas, considerando factores como la disponibilidad de desechos orgánicos, la infraestructura existente y las necesidades de empleo local. Asimismo, el gobierno puede desarrollar planes de acción claros y a largo plazo que definan los objetivos, las metas y los plazos para la implementación de esta estrategia.

Educación y concienciación pública: La participación ciudadana es esencial para el éxito de la generación de empleo a través de las plantas de digestión anaeróbica. El gobierno puede desempeñar un papel activo en la educación y la concienciación pública, informando a la población sobre los beneficios ambientales, económicos y sociales de esta estrategia. Esto puede incluir campañas de sensibilización, programas educativos en escuelas y universidades, y la promoción de la participación activa de la comunidad en la separación de residuos y el apoyo a las iniciativas de reciclaje.

Incentivos y apoyo financiero: El gobierno puede proporcionar incentivos y apoyo financiero para promover la generación de empleo a través de las plantas de digestión anaeróbica. Esto puede incluir subsidios o préstamos preferenciales para la construcción y operación de las plantas, así como programas de capacitación y asistencia técnica para los trabajadores y emprendedores involucrados en este sector. El apoyo financiero adecuado puede reducir las barreras de entrada y fomentar la participación de diversos actores, incluyendo pequeñas y medianas empresas.

Monitoreo y cumplimiento: El gobierno tiene la responsabilidad de monitorear y hacer cumplir las regulaciones relacionadas con las plantas de digestión anaeróbica. Esto implica realizar inspecciones regulares, evaluar el cumplimiento de los estándares de calidad y seguridad, y tomar medidas correctivas en caso de incumplimientos. El monitoreo efectivo garantiza que las plantas operen de manera responsable y minimiza los impactos negativos en la salud y el medio ambiente.

El gobierno desempeña un papel crucial en la promoción y facilitación de la generación de empleo a través de la implementación de plantas de digestión anaeróbica en Ecuador. Desde la formulación de políticas y regulaciones favorables hasta la planificación estratégica, la educación pública y el apoyo financiero, el gobierno puede establecer las bases para el éxito de esta estrategia.

Sin embargo, el éxito de esta iniciativa también depende de la participación activa y comprometida de la ciudadanía. La educación y la concienciación pública son fundamentales para fomentar la separación adecuada de los desechos orgánicos en los hogares y la adopción de prácticas sostenibles. La colaboración y el diálogo entre el gobierno, las comunidades locales y otros actores relevantes también son esenciales para garantizar la aceptación y la participación activa en la implementación de las plantas de digestión anaeróbica.

Es importante destacar que la generación de empleo a través de las plantas de digestión anaeróbica no solo beneficia a la economía y al medio ambiente, sino también a la sociedad en su conjunto. La creación de empleos en el sector del reciclaje y la producción de productos derivados de la digestión anaeróbica puede mejorar la calidad de vida de las personas, reducir la pobreza y promover la inclusión social.

El gobierno y la participación ciudadana desempeñan roles interdependientes y complementarios en la generación de empleo a través de las plantas de digestión anaeróbica. El compromiso y la colaboración efectiva entre ambos actores son fundamentales para lograr resultados exitosos y sostenibles. Con un enfoque integral, Ecuador puede aprovechar plenamente el potencial de esta estrategia para crear empleo, abordar los problemas medioambientales y avanzar hacia un futuro más próspero y sostenible.

Beneficios económicos y ambientales adicionales

Además de la generación de empleo, la implementación de plantas de digestión anaeróbica en Ecuador ofrece una serie de beneficios económicos y ambientales adicionales. En esta página, exploraremos algunos de estos beneficios, que van más allá de la creación de empleo, y destacaremos su importancia para el desarrollo sostenible del país.

Beneficios económicos:

-Diversificación de la economía: La implementación de plantas de digestión anaeróbica puede contribuir a la diversificación de la economía ecuatoriana. Al promover el desarrollo de industrias relacionadas con el reciclaje y la producción de energía renovable, se crea un nuevo sector económico con oportunidades de crecimiento y generación de ingresos.

-Reducción de costos de disposición de residuos: El procesamiento de desechos orgánicos a través de la digestión anaeróbica puede reducir los costos asociados con la disposición tradicional de residuos. En lugar de enviar los desechos a vertederos o incineradoras, se aprovechan como materia prima para la producción de biogás y fertilizantes, lo que ahorra costos de transporte y eliminación.

-Generación de ingresos adicionales: Además de los empleos directos generados, la venta de biogás, energía eléctrica y fertilizantes obtenidos a partir de la digestión anaeróbica puede generar ingresos adicionales. Estos productos pueden ser comercializados en el mercado local e incluso exportados, lo que contribuye a la generación de divisas y al desarrollo de la industria.

Beneficios ambientales:

-Reducción de emisiones de gases de efecto invernadero: La digestión anaeróbica de los desechos orgánicos evita la liberación de metano, un gas de efecto invernadero potente, a la atmósfera. Al capturar y utilizar el metano para la generación de energía, se reducen las emisiones de gases de efecto invernadero y se contribuye a la mitigación del cambio climático.

-Gestión adecuada de los desechos orgánicos: La implementación de plantas de digestión anaeróbica permite una gestión adecuada de los desechos orgánicos, evitando su acumulación en vertederos y reduciendo el riesgo de contaminación del suelo y del agua. Además, al convertir los desechos en fertilizantes de alta calidad, se promueve la agricultura sostenible y se reduce la dependencia de fertilizantes químicos.

-Uso de energía renovable: La generación de biogás y energía eléctrica a partir de la digestión anaeróbica es una forma de aprovechar fuentes de energía renovable. Esto reduce la dependencia de combustibles fósiles y contribuye a la transición hacia un sistema energético más sostenible y limpio.

La implementación de plantas de digestión anaeróbica en Ecuador va más allá de la generación de empleo, ofreciendo beneficios económicos y ambientales adicionales. Desde la diversificación de la economía y la reducción de costos de disposición de residuos hasta la mitigación del cambio climático y la gestión adecuada de los desechos orgánicos

Desafíos y consideraciones

Introducción: Aunque la generación de empleo a través de la implementación de plantas de digestión anaeróbica en Ecuador tiene numerosos beneficios, también enfrenta desafíos y consideraciones importantes. En esta página, exploraremos algunos de estos desafíos y destacaremos la importancia de abordarlos de manera efectiva para garantizar el éxito y la sostenibilidad de esta estrategia.

Desafíos técnicos y operativos:

-Infraestructura adecuada: La implementación de plantas de

digestión anaeróbica requiere infraestructura especializada, como equipos de digestión, sistemas de almacenamiento de biogás y generadores de energía. Garantizar la disponibilidad de la infraestructura adecuada, así como su mantenimiento y actualización continuos, es esencial para el funcionamiento eficiente de las plantas.

-Gestión de residuos y suministro de materia prima: La disponibilidad constante y suficiente de desechos orgánicos es fundamental para el funcionamiento de las plantas de digestión anaeróbica. Se requiere una gestión efectiva de los residuos orgánicos, incluyendo la recolección adecuada de los hogares, la separación de los materiales reciclables y la educación pública sobre la importancia de la separación de residuos.

-Control de olores y emisiones: La digestión anaeróbica puede generar olores y emisiones que pueden ser molestos para las comunidades circundantes. Es esencial implementar medidas adecuadas para controlar y mitigar estos olores y emisiones, como sistemas de filtración y manejo adecuado de los subproductos generados.

Desafíos económicos y financieros:

-Viabilidad económica: Si bien la generación de empleo a través de las plantas de digestión anaeróbica tiene el potencial de ser económicamente viable, es necesario realizar estudios de viabilidad cuidadosos y asegurar que los ingresos generados sean suficientes para cubrir los costos operativos y de mantenimiento a largo plazo.

-Acceso a financiamiento: La implementación de plantas de digestión anaeróbica puede requerir inversiones significativas en infraestructura y equipos especializados. Garantizar el acceso a fuentes de financiamiento, ya sea a través de inversión pública, créditos bancarios u otros mecanismos financieros, es esencial para superar las barreras económicas y promover la implementación exitosa.

Consideraciones ambientales y sociales:

-Impactos ambientales adicionales: Aunque la digestión anaeróbica es una forma más sostenible de gestionar los desechos orgánicos en comparación con la disposición tradicional, es importante evaluar y minimizar los posibles impactos ambientales adicionales, como la generación de residuos secundarios y la necesidad de transporte de materiales.

-Participación y aceptación de la comunidad: La aceptación y participación activa de la comunidad son fundamentales para el éxito de la implementación de plantas de digestión anaeróbica. Es importante involucrar a la comunidad en todas las etapas del proceso, desde la planificación y diseño hasta la operación y seguimiento, fomentando la transparencia, la comunicación abierta y la toma de decisiones participativa.

Conclusión:

La generación de empleo a través de las plantas de digestión anaeróbica en Ecuador enfrenta desafíos técnicos, operativos, económicos, financieros y consideraciones ambientales y sociales. Sin embargo, estos desafíos pueden abordarse de manera efectiva mediante la adopción de medidas adecuadas.

Es fundamental contar con la infraestructura adecuada y garantizar la gestión adecuada de los residuos orgánicos para asegurar el suministro constante de materia prima. Además, se deben implementar medidas para controlar olores y emisiones, y garantizar la viabilidad económica a través de estudios de viabilidad y acceso a fuentes de financiamiento.

Asimismo, es crucial evaluar y minimizar los impactos ambientales adicionales y promover la participación y aceptación de la comunidad. La transparencia, la comunicación abierta y la toma de decisiones participativa son clave para generar confianza y compromiso de la comunidad.

Abordar estos desafíos y consideraciones de manera efectiva requerirá la colaboración y coordinación entre el gobierno, las empresas, las comunidades locales y otros actores relevantes. A través de una planificación estratégica, políticas adecuadas y un enfoque integral, Ecuador puede superar estos desafíos y aprovechar plenamente los beneficios económicos, ambientales y sociales de la generación de empleo a través de las plantas de digestión anaeróbica.

En resumen, si se abordan adecuadamente los desafíos y se toman en cuenta las consideraciones relevantes, la implementación de plantas de digestión anaeróbica en Ecuador puede convertirse en una solución efectiva para la generación de empleo, la gestión de residuos y la promoción de la sostenibilidad ambiental.

Además del sistema de digestión anaeróbica de desechos orgánicos, existen otros sistemas utilizados en todo el mundo para abordar la gestión de residuos y la generación de empleo. Algunos de ellos incluyen:

-Reciclaje y clasificación de residuos: El reciclaje y la clasificación de residuos son prácticas comunes en muchos países. Se establecen centros de reciclaje donde los residuos se separan y se procesan para su reutilización. Esto genera empleo en la recolección, clasificación y procesamiento de materiales reciclables.

-Compostaje: El compostaje es un proceso natural de descomposición de residuos orgánicos, como restos de alimentos y jardín, para producir abono orgánico. Los sistemas de compostaje se utilizan ampliamente para reducir la cantidad de residuos enviados a los vertederos y producir fertilizantes naturales. El proceso de compostaje puede generar empleo en la recolección, el procesamiento y la distribución de productos de compostaje.

-Energía a partir de residuos sólidos: Algunos países implementan sistemas de generación de energía a partir de residuos sólidos, como la incineración controlada o la gasificación de residuos. Estos sistemas permiten convertir los residuos en energía térmica o eléctrica, creando empleo en la operación y mantenimiento de las instalaciones.

-Programas de recuperación de materiales: Algunas regiones han implementado programas de recuperación de materiales, donde se recogen y procesan materiales específicos, como metales, vidrio o plásticos, para su reutilización o reciclaje. Estos programas generan empleo en la recolección selectiva, el procesamiento y el reciclaje de materiales.

-Economía circular: La economía circular es un enfoque holístico que busca maximizar el uso de los recursos y reducir los residuos. Se basa en principios como la reutilización, el reciclaje, la reparación y el diseño de productos sostenibles. La implementación de estrategias de economía circular puede generar empleo en diferentes sectores, como la fabricación de productos reciclados, la reparación de bienes y la gestión de recursos.

-Depósito de retorno: El depósito de retorno es un sistema en el que se cobra un depósito adicional al comprar envases de bebidas, como botellas de plástico o latas, y se reembolsa al devolverlos vacíos. Estos envases se recogen, se clasifican y se reciclan, lo que fomenta la reducción de residuos y la recuperación de materiales. Este sistema crea empleo en la recolección, el procesamiento y el mantenimiento de los centros de devolución.

-Sistemas de gestión de residuos electrónicos: Los residuos electrónicos, como ordenadores, teléfonos móviles y electrodomésticos, contienen componentes valiosos y sustancias tóxicas. Los sistemas de gestión de residuos electrónicos se encargan de recolectar, desmontar y reciclar estos dispositivos de manera segura. Este enfoque genera empleo en la logística, el desmontaje y el reciclaje de los equipos electrónicos.

-Programas de recolección de residuos peligrosos: Los residuos peligrosos, como baterías, productos químicos y medicamentos vencidos, requieren un manejo especial debido a su potencial impacto negativo en la salud humana y el medio ambiente. Los programas de recolección de residuos peligrosos se establecen para recoger y tratar adecuadamente estos materiales. Estos programas generan empleo en la recolección, el transporte y el tratamiento seguro de los residuos peligrosos.

-Proyectos de reforestación y restauración ecológica: Los proyectos de reforestación y restauración ecológica buscan recuperar y proteger los ecosistemas dañados o degradados. Estos proyectos involucran actividades como la siembra de árboles, la restauración de hábitats y la conservación de la biodiversidad. Además de proporcionar empleo en la ejecución de las tareas, estos proyectos contribuyen a la protección del medio ambiente y a la generación de servicios ecosistémicos.

-Emprendimientos sociales y cooperativas de reciclaje: En muchos lugares, han surgido emprendimientos sociales y cooperativas de reciclaje que se dedican a la recolección, clasificación y procesamiento de materiales reciclables. Estas iniciativas generan empleo local y promueven la inclusión social al ofrecer oportunidades laborales a personas en situación de vulnerabilidad.

Es importante destacar que estos sistemas no son mutuamente excluyentes y pueden complementarse entre sí para lograr una gestión de residuos más integral y sostenible. Además, la educación pública, la conciencia ambiental y la participación activa de la comunidad son factores clave para el éxito de estos sistemas y para promover prácticas de consumo responsable y reducción de residuos en la sociedad.

Estos sistemas y enfoques ofrecen diversas oportunidades para abordar los desafíos de gestión de residuos y generar empleo en todo el mundo. Al combinar diferentes estrategias y adaptarlas a las necesidades y contextos locales, es posible avanzar hacia un modelo más circular y sostenible de gestión de residuos, al mismo tiempo que se promueve la generación de empleo

-Economía del compartir y alquiler de productos: La economía del compartir y el alquiler de productos promueven el uso compartido de bienes y servicios en lugar de la propiedad individual. Plataformas y empresas se dedican a facilitar el intercambio de productos como herramientas, vehículos, espacios de trabajo y alojamiento. Esto no solo reduce la necesidad de producir nuevos bienes, sino que también genera empleo en la gestión de plataformas, la logística y el mantenimiento de los productos compartidos.

-Agricultura urbana y huertos comunitarios: La agricultura urbana y los huertos comunitarios permiten a las personas cultivar alimentos en áreas urbanas y comunidades locales. Estas iniciativas fomentan la seguridad alimentaria, reducen la dependencia de la agricultura industrial y generan empleo en la producción de alimentos, el mantenimiento de los huertos y la educación ambiental.

-Tecnologías limpias y energías renovables: La adopción de tecnologías limpias y energías renovables, como la energía solar, eólica y geotérmica, promueve una transición hacia un sistema energético más sostenible. Estas tecnologías generan empleo en la instalación, el mantenimiento y la gestión de infraestructuras de energía renovable, así como en la investigación y desarrollo de nuevas soluciones energéticas.

-Economía de reparación y remanufactura: En contraposición a la cultura de usar y desechar, la economía de reparación y remanufactura se enfoca en prolongar la vida útil de los productos y reducir el desperdicio. Se fomenta la reparación de productos dañados o en desuso, así como la remanufactura de componentes para su reutilización. Estos enfoques generan empleo en servicios de reparación, talleres de remanufactura y diseño de productos sostenibles.

-Programas de educación y sensibilización ambiental: La educación y sensibilización ambiental desempeñan un papel fundamental en la promoción de prácticas sostenibles y la adopción de comportamientos responsables. Los programas educativos y de sensibilización generan empleo en la capacitación, la divulgación y la implementación de iniciativas relacionadas con la sostenibilidad.

Es importante destacar que estos sistemas y enfoques no son exhaustivos, y que constantemente se están desarrollando nuevas ideas y soluciones para abordar los desafíos ambientales y generar empleo. La combinación de múltiples enfoques y la adaptación a los contextos locales son fundamentales para crear sistemas más sostenibles y promover el crecimiento económico inclusivo.

La implementación de estos sistemas y enfoques ofrece oportunidades para abordar los desafíos ambientales y generar empleo en diversas áreas. Al fomentar la economía circular, la participación de la comunidad y la colaboración entre diferentes actores, podemos avanzar hacia un futuro más sostenible y equitativo.

-Transporte sostenible y movilidad urbana: El fomento del transporte sostenible, como el uso de bicicletas, el transporte público eficiente y los vehículos eléctricos, contribuye a reducir la contaminación atmosférica y las emisiones de gases de efecto invernadero. Estas soluciones generan empleo en la fabricación y mantenimiento de vehículos eléctricos, la expansión de infraestructuras de transporte público y la promoción de sistemas de movilidad compartida.

-Turismo sostenible: El turismo sostenible se basa en prácticas responsables que minimizan los impactos negativos en el medio ambiente y las comunidades locales, al tiempo que generan beneficios económicos y culturales. El desarrollo de infraestructuras turísticas sostenibles, la promoción de destinos eco-amigables y la participación de las comunidades locales en el turismo son factores clave que generan empleo en la industria del turismo.

-Construcción verde: La construcción verde se enfoca en la planificación, diseño y construcción de edificios sostenibles que minimizan el consumo de energía, reducen las emisiones y utilizan materiales eco-amigables. Este enfoque genera empleo en la implementación de prácticas de construcción sostenible, como la instalación de sistemas de energía renovable, la gestión eficiente del agua y la utilización de materiales reciclados.

-Empresas sociales y economía solidaria: Las empresas sociales y la economía solidaria son modelos de negocio que priorizan el impacto social y ambiental sobre las ganancias económicas. Estas iniciativas generan empleo en sectores como la agricultura orgánica, la producción y venta de productos sostenibles, y la prestación de servicios comunitarios.

-Investigación y desarrollo de tecnologías verdes: La inversión en investigación y desarrollo de tecnologías verdes promueve la innovación y la adopción de soluciones más sostenibles en diversos sectores. Estas actividades generan empleo en la investigación científica, el desarrollo tecnológico y la implementación de proyectos piloto.

Estos sistemas y enfoques ofrecen múltiples oportunidades para abordar los desafíos medioambientales y generar empleo en diferentes sectores. Su implementación requiere una combinación de políticas gubernamentales efectivas, incentivos económicos, colaboración público-privada y participación activa de la sociedad. Al integrar estas soluciones en la planificación estratégica y el desarrollo económico, se pueden lograr resultados positivos tanto en la generación de empleo como en la sostenibilidad ambiental y social.

La adopción de sistemas y enfoques sostenibles en diferentes ámbitos, desde la gestión de residuos hasta el turismo y la construcción, puede conducir a una generación de empleo significativa y contribuir a la solución de problemas medioambientales. Estos sistemas promueven una economía circular, la conservación de recursos naturales y la mejora de la calidad de vida de las comunidades.

-Economía circular: La economía circular es un enfoque que se basa en reducir, reutilizar, reciclar y recuperar recursos en lugar de seguir el modelo de producción lineal tradicional de usar y desechar. La implementación de la economía circular promueve la generación de empleo en áreas como el reciclaje, la reparación de productos, el diseño de productos eco-amigables, la logística inversa y la gestión de residuos.

-Energía descentralizada y microgeneración: La energía descentralizada y la microgeneración se refieren a la producción de energía a pequeña escala, generalmente a nivel local o individual, utilizando fuentes renovables como la energía solar, eólica o hidroeléctrica. Estos sistemas promueven la independencia energética, reducen las emisiones de gases de efecto invernadero y generan empleo en la instalación y mantenimiento de sistemas de energía renovable.

-Protección y conservación de la biodiversidad: La protección y conservación de la biodiversidad abarca una variedad de esfuerzos para preservar los ecosistemas y las especies en peligro de extinción. Estos esfuerzos generan empleo en la gestión de áreas protegidas, la investigación científica, la educación ambiental, el turismo ecológico y la restauración de ecosistemas degradados.

-Movilidad eléctrica: La movilidad eléctrica implica el uso de vehículos eléctricos en lugar de los vehículos de combustión interna que funcionan con combustibles fósiles. La adopción de la movilidad eléctrica reduce la contaminación del aire, las emisiones de gases de efecto invernadero y la dependencia de los combustibles fósiles. Además, la infraestructura de carga eléctrica y el mantenimiento de los vehículos eléctricos generan empleo en la industria automotriz y en servicios relacionados.

-Innovación en materiales y diseño sostenible: La innovación en materiales y diseño sostenible implica el desarrollo y uso de materiales eco-amigables, reciclables y de bajo impacto ambiental en la fabricación de productos. Este enfoque genera empleo en la investigación y desarrollo de nuevos materiales, así como en la producción y diseño de productos sostenibles.

Ecuador, se han implementado varios sistemas y enfoques mencionados anteriormente para abordar los desafíos medioambientales y generar empleo sostenible. A continuación, te mencionaré algunos ejemplos de sistemas que existen en el país:

1. Energías renovables: Ecuador ha avanzado en la promoción de energías renovables, especialmente en la generación de energía hidroeléctrica. El país cuenta con diversas centrales hidroeléctricas que contribuyen a la producción de energía limpia y a la generación de empleo en el sector energético.

2. Gestión de residuos: En Ecuador, se han implementado programas de gestión de residuos que promueven el reciclaje, la recolección selectiva y el tratamiento adecuado de los desechos. Esto ha generado empleo en la cadena de valor de la gestión de residuos, como la clasificación de materiales reciclables, la recolección y el transporte de residuos, y la operación de plantas de reciclaje.

3. Turismo sostenible: Ecuador es conocido por su rica biodiversidad y sus hermosos paisajes naturales. El país ha desarrollado iniciativas de turismo sostenible que promueven la conservación del medio ambiente y la participación de las comunidades locales. El turismo ecológico y comunitario genera empleo en actividades como la guía turística, la gestión de alojamientos sostenibles y la producción y venta de productos artesanales

4. Agricultura orgánica y agroecología: En Ecuador, se ha promovido la agricultura orgánica y agroecológica como alternativas sostenibles a la agricultura convencional. Estos enfoques generan empleo en la producción de alimentos orgánicos, la certificación de productos, la comercialización y la implementación de prácticas agrícolas sostenibles.

5. Conservación de la biodiversidad: Ecuador alberga una gran diversidad de especies y ecosistemas únicos, como las Islas Galápagos y la selva amazónica. Se han establecido áreas protegidas y programas de conservación que generan empleo en la gestión de parques nacionales, la

investigación científica, el monitoreo de la biodiversidad y el ecoturismo.

6. Economía circular: En Ecuador, se han implementado iniciativas para fomentar la economía circular, como la promoción del reciclaje, la reutilización de materiales y la reducción de residuos. Esto ha generado empleo en el sector del reciclaje, la reparación de productos, la economía de compartición y la gestión de residuos.

Online del Ecuador 22

TIKTOKER: "El Presidente del Ecuador no ha pasado el período de prueba. No ha cumplido lo que ha ofrecido en campaña política. Ha perjudicado la imagen del país a nivel internacional. Se acerca el fantasma de la destitución; serás puesto bajo custodia hasta que la ley dicte tu sentencia.

Se crearán nuevos mecanismos de destitución del Presidente de la República, como por ejemplo, no cumplir con el plan de gobierno ofrecido en campaña o dañar la imagen del país a nivel internacional. Le agradecemos sus servicios al pueblo ecuatoriano, pero no ha pasado la prueba de 3 meses como cualquier otro trabajador. Eres nuestro empleado, tu Viernes 13 puede llegar"

El Presidente del Ecuador y su período de prueba

El período de prueba de un Presidente es crucial para evaluar su capacidad de liderazgo, cumplimiento de promesas de campaña y su impacto en la imagen internacional del país. En el caso del actual Presidente del Ecuador, se ha planteado la preocupación de que no haya superado esta etapa y que su gestión no esté alineada con lo prometido durante la campaña política. Además, se ha destacado que su accionar ha perjudicado la imagen del país a nivel internacional. Como respuesta, se plantea la necesidad de crear nuevos mecanismos de destitución que incluyan la falta de cumplimiento del plan de gobierno ofrecido en campaña y el daño a la imagen del país a nivel internacional. En este análisis, se examinará el contexto, las implicaciones y las posibles soluciones para esta situación.

-Contexto político y el período de prueba: a. El período de prueba es un tiempo determinado al inicio del mandato de un Presidente para evaluar su desempeño y cumplimiento de promesas. b. Durante este período, se espera que el Presidente demuestre habilidades de liderazgo, implemente políticas clave y trabaje en beneficio de la población.

-Incumplimiento de promesas y la imagen del país: a. Se ha observado que el actual Presidente del Ecuador no ha cumplido con las promesas que realizó durante la campaña política. b. Este incumplimiento ha generado descontento y decepción entre la población, erosionando la confianza en el liderazgo político. c. Además, se ha reportado que la imagen del país a nivel internacional se ha visto afectada debido a acciones o decisiones controvertidas del Presidente.

-Necesidad de nuevos mecanismos de destitución: a. Se plantea la importancia de establecer nuevos mecanismos de destitución que permitan remover al Presidente en caso de incumplimiento del plan de gobierno ofrecido en campaña o daño a la imagen del país a nivel internacional. b. Estos mecanismos podrían incluir la presentación de informes de seguimiento del plan de gobierno, evaluaciones independientes y la participación ciudadana en el proceso de destitución.

-Implicaciones y desafíos: a. La implementación de nuevos mecanismos de destitución requeriría cambios en la legislación y en los procesos políticos. b. Se deberá garantizar la transparencia, la imparcialidad y la participación ciudadana en el proceso de evaluación y destitución. c. También es fundamental considerar los equilibrios de poder y la estabilidad institucional para evitar abusos o interferencias políticas indebidas.

La situación del Presidente del Ecuador durante su período de prueba ha generado preocupación debido a su presunto incumplimiento de promesas de campaña y el daño a la imagen del país a nivel internacional. Ante esta situación, se plantea la necesidad de crear nuevos mecanismos de destitución que permitan salvaguardar la integridad del cargo presidencial y el cumplimiento de las responsabilidades asumidas ante el pueblo ecuatoriano.

-Posibles soluciones y propuestas: a. Establecimiento de un sistema de evaluación periódica: Se podría implementar un sistema de evaluación regular del desempeño del Presidente, basado en el plan de gobierno ofrecido en campaña. Esta evaluación debería ser llevada a cabo por instituciones independientes y contar con la participación ciudadana. b. Mecanismos de rendición de cuentas claros y transparentes: Es fundamental establecer mecanismos efectivos que permitan a la ciudadanía y a los órganos de control supervisar el cumplimiento de las promesas de campaña y el impacto de las decisiones del Presidente en la imagen del país. c. Participación ciudadana activa: La participación de la ciudadanía en el proceso de destitución del Presidente debe ser fomentada, ya sea a través de consultas populares, referendos o mecanismos de revocación de mandato. Esto fortalecería la democracia y garantizaría que el pueblo tenga voz en decisiones tan importantes como la destitución de un Presidente.

Desafíos y consideraciones: a. Independencia de las instituciones: Es fundamental que las instituciones encargadas de evaluar y llevar a cabo el proceso de destitución sean independientes y estén libres de influencias políticas o partidistas. b. Balance entre estabilidad política y rendición de cuentas: La implementación de nuevos mecanismos de destitución debe encontrar el equilibrio adecuado entre la estabilidad política y la necesidad de responsabilizar al Presidente en caso de incumplimiento o daño a la imagen del país. c. Garantía de los derechos fundamentales: Durante todo el proceso de destitución, se deben respetar y proteger los derechos fundamentales del Presidente y asegurar un debido proceso que cumpla con los estándares legales y constitucionales.

-Experiencias internacionales relevantes: a. Es útil analizar experiencias internacionales de destitución de mandatarios que puedan servir de referencia para Ecuador. Algunos países han implementado mecanismos similares que involucran evaluaciones periódicas del desempeño y rendición de cuentas. b. Por ejemplo, en algunos países se han llevado a cabo consultas populares o referendos para someter a votación la continuidad de un mandatario en casos de incumplimiento de promesas o daño a la imagen nacional.

-El rol de la sociedad civil y los medios de comunicación: a. La sociedad civil y los medios de comunicación desempeñan un papel crucial en el monitoreo del desempeño de los líderes políticos y en la denuncia de posibles incumplimientos. b. Promover la transparencia y el acceso a información veraz y objetiva es fundamental para que la ciudadanía pueda tomar decisiones informadas y ejercer su poder de exigir responsabilidad a sus líderes.

-Beneficios de los nuevos mecanismos de destitución: a. La implementación de nuevos mecanismos de destitución podría fortalecer la confianza en las instituciones democráticas y en el liderazgo político. b. Además, podría ser un incentivo para que los candidatos presidenciales sean más cautelosos y realistas en sus promesas de campaña, fomentando una mayor responsabilidad y compromiso con la ciudadanía.

-Reflexiones finales: a. La destitución de un Presidente es un proceso serio y trascendental que debe ser abordado cuidadosamente. b. La creación de nuevos mecanismos de destitución en Ecuador requiere un amplio consenso y diálogo entre los actores políticos y la sociedad civil. c. Es importante buscar soluciones equilibradas que permitan tanto la estabilidad institucional como la rendición de cuentas y la garantía de los derechos fundamentales.

-Proceso de implementación y debate público: a. La implementación de nuevos mecanismos de destitución requerirá un proceso legislativo y un amplio debate público para definir los criterios y los procedimientos precisos. b. Es esencial involucrar a diferentes actores políticos, expertos en derecho constitucional y a la ciudadanía en general para garantizar una discusión informada y un consenso amplio.

-Evaluación continua del desempeño presidencial: a. Además de establecer mecanismos de destitución, es importante promover una evaluación continua y transparente del desempeño del Presidente durante su mandato. b. Esto permitirá identificar oportunidades de mejora, hacer ajustes en la implementación de políticas y mantener una rendición de cuentas constante.

-Educación cívica y participación ciudadana: a. Fomentar la educación cívica y la participación ciudadana activa es fundamental para fortalecer la democracia y empoderar a los ciudadanos en la toma de decisiones políticas. b. Promover espacios de diálogo, consultas populares y mecanismos de retroalimentación ciudadana contribuirá a garantizar una gobernanza más inclusiva y transparente.

-Estabilidad institucional y gobernabilidad: a. Es importante tener en cuenta que la destitución de un Presidente no debe socavar la estabilidad institucional y la gobernabilidad del país. b. Los nuevos mecanismos de destitución deben diseñarse de manera que no generen inestabilidad política y aseguren la continuidad del gobierno de manera ordenada.

-Responsabilidad compartida: a. La responsabilidad de elegir y evaluar a los líderes políticos recae tanto en los ciudadanos como en los propios candidatos. b. Los ciudadanos deben informarse sobre las propuestas y el historial de los candidatos, mientras que los líderes políticos deben ser conscientes de la importancia de cumplir con sus promesas y actuar en beneficio del país.

Existen casos de destitución de presidentes en varios países del mundo por motivos similares a los que estamos analizando. A continuación, mencionaré algunos ejemplos destacados:

1. Estados Unidos: En 1974, el presidente Richard Nixon se enfrentó a un proceso de destitución debido al escándalo de Watergate, que involucró actividades ilegales de espionaje y encubrimiento. Ante la inminente destitución, Nixon renunció antes de que el proceso llegara al Congreso.
2. Brasil: En 2016, la presidenta Dilma Rousseff fue destituida mediante un proceso de juicio político conocido como "impeachment". Se le acusó de manipulación de presupuesto y violación de normas fiscales. Como resultado, fue removida de su cargo y Michel Temer asumió la presidencia.
3. Corea del Sur: En 2017, la presidenta Park Geun-hye fue destituida por el Tribunal Constitucional tras un proceso de juicio político. Se le acusó de abuso de poder, corrupción y filtración de información gubernamental a personas no autorizadas.
4. Perú: En 2020, el presidente Martín Vizcarra fue destituido por el Congreso debido a acusaciones de corrupción. Se le acusó de recibir sobornos durante su tiempo como gobernador regional. Manuel Merino asumió brevemente la presidencia, pero su mandato fue cuestionado y generó protestas masivas, lo que llevó a su renuncia.

Estos son solo algunos ejemplos, y cada país tiene sus propios procedimientos y requisitos legales para la destitución de un presidente. Sin embargo, demuestran que la destitución de un mandatario por incumplimiento de promesas o daño a la imagen del país es una posibilidad en algunos sistemas democráticos, cuando se presentan pruebas contundentes y se sigue un proceso legal establecido.

existen otros casos de destitución de presidentes por dañar la imagen del país a nivel internacional. A continuación, te mencionaré algunos ejemplos adicionales:

1. Sudáfrica: En 2008, el presidente sudafricano Thabo Mbeki renunció después de una serie de acusaciones de interferencia política en la persecución de cargos de corrupción contra su rival político, Jacob Zuma. Estas acusaciones afectaron negativamente la imagen del país y generaron una crisis política.

2. Corea del Sur: En 2021, el presidente Moon Jae-in destituyó a su asesor en asuntos diplomáticos, Moon Chung-in, luego de que este hiciera comentarios controvertidos sobre la relación con Estados Unidos y Japón. Los comentarios generaron tensiones y dañaron la imagen diplomática del país.

3. Zimbabue: En 2017, el presidente Robert Mugabe fue destituido después de más de tres décadas en el poder. Durante su mandato, el país enfrentó una crisis económica y una mala gestión que perjudicó gravemente la imagen de Zimbabue a nivel internacional.

Estos son solo algunos ejemplos, y cada caso tiene sus propias particularidades. En general, cuando un presidente daña significativamente la imagen del país a nivel internacional, ya sea a través de declaraciones polémicas, acciones controvertidas o mala gestión, puede desencadenar una pérdida de confianza y una demanda de destitución por parte de la ciudadanía o de otros actores políticos.

Es importante destacar que la destitución de un presidente por dañar la imagen del país a nivel internacional puede variar según las leyes y procedimientos establecidos en cada nación. Cada país tiene sus propias normativas y requisitos legales para llevar a cabo un proceso de destitución.

TIKTOKER: "Se debe automatizar la tecnología dentro del estado. Existen procesos muy buenos de big data de predicción de toma de decisiones que hacen falta urgentemente en el estado para poder construir economía con los datos. No donde la inteligencia artificial reemplace el trabajo del ser humano, sino donde coloque a millones de seres humanos para que, en lugar de ser irrelevantes, puedan seguir siendo productivos."

La automatización de la tecnología en el sector público es un tema de creciente importancia en la actualidad. La implementación de procesos de big data y toma de decisiones basadas en datos puede ofrecer numerosos beneficios para el Estado y la sociedad en general. En lugar de reemplazar el trabajo humano, la automatización inteligente puede empoderar a los individuos y hacerlos más productivos, generando una economía basada en datos.

-Definición de la automatización inteligente: La automatización inteligente se refiere al uso de tecnologías avanzadas como inteligencia artificial, aprendizaje automático (machine learning), análisis de big data y robótica para llevar a cabo tareas y procesos de manera eficiente y precisa. La idea no es eliminar los trabajos humanos, sino mejorar la eficiencia y permitir que las personas se enfoquen en actividades de mayor valor agregado.

-Aplicación de big data en la toma de decisiones del Estado: a. La recopilación y el análisis de grandes volúmenes de datos pueden proporcionar información valiosa para la toma de decisiones del Estado. b. Los datos pueden utilizarse para predecir tendencias, identificar patrones y evaluar el impacto de políticas públicas, lo que permite una toma de decisiones más informada y basada en evidencia.

-Ventajas de la automatización inteligente en el sector público: a. Mayor eficiencia: La automatización puede acelerar los procesos y reducir la dependencia de tareas manuales y repetitivas, liberando tiempo para actividades más estratégicas y de mayor valor. b. Mejor toma de decisiones: El análisis de datos en tiempo real puede proporcionar información instantánea y precisa, lo que permite una toma de decisiones más ágil y fundamentada. c. Reducción de errores: Al minimizar la intervención humana en procesos críticos, se reduce la posibilidad de errores humanos y se mejora la calidad de los resultados.

-Oportunidades para el empleo humano: a. La automatización inteligente no tiene como objetivo eliminar empleos, sino redirigir las habilidades humanas hacia actividades más creativas, estratégicas y de colaboración. b. Al liberar a los trabajadores de tareas rutinarias, se pueden aprovechar sus capacidades cognitivas y emocionales para impulsar la innovación y el desarrollo económico.

-Consideraciones éticas y sociales: a. Es fundamental establecer políticas y marcos regulatorios adecuados para garantizar la ética y la transparencia en la implementación de la automatización inteligente en el sector público. b. También es necesario abordar las preocupaciones sobre la privacidad de los datos, la equidad y la posible exclusión de aquellos que no tengan acceso o habilidades para adaptarse a las tecnologías emergentes.

El tema de automatización inteligente en el sector público:

-Implementación de la automatización inteligente en el Estado: a. Identificación de áreas de aplicación: Es importante identificar los procesos y actividades dentro del Estado que podrían beneficiarse de la automatización inteligente, como la gestión de datos, el procesamiento de solicitudes, la atención al cliente, entre otros. b. Desarrollo de capacidades internas: El Estado debe invertir en la formación y capacitación de su personal para desarrollar las habilidades necesarias para trabajar con tecnologías emergentes y aprovechar al máximo la automatización inteligente. c. Colaboración público-privada: Es beneficioso establecer alianzas estratégicas con el sector privado, aprovechando su experiencia y conocimientos en tecnología, para llevar a cabo proyectos de automatización inteligente de manera efectiva.

-Beneficios adicionales de la automatización inteligente en el sector público: a. Mejora en la calidad de los servicios: La automatización puede llevar a una mayor precisión y consistencia en la prestación de servicios públicos, lo que se traduce en una mejor experiencia para los ciudadanos. b. Reducción de costos: La automatización inteligente puede ayudar a optimizar los recursos y reducir los costos operativos del Estado, permitiendo asignar esos recursos a otras áreas prioritarias. c. Mayor transparencia y rendición de cuentas: Al tener datos más precisos y transparentes, se fomenta una mayor rendición de cuentas por parte de los funcionarios públicos y se fortalece la confianza de la ciudadanía en el Estado.

-Desafíos y consideraciones: a. Resistencia al cambio: La implementación de la automatización inteligente puede encontrar resistencia dentro de la burocracia y los empleados públicos. Es importante realizar una comunicación efectiva y brindar capacitación para abordar estas preocupaciones. b. Seguridad y protección de datos: La automatización inteligente requiere medidas sólidas de seguridad cibernética y protección de datos para evitar brechas y garantizar la privacidad de la información. c. Equidad y acceso: Es necesario garantizar que la automatización inteligente no amplíe las brechas existentes, sino que sea inclusiva y accesible para todos los ciudadanos, independientemente de su nivel socioeconómico o habilidades tecnológicas.

El objetivo es construir una economía basada en datos que no relegue a los seres humanos a la irrelevancia, sino que los empodere para ser más productivos y relevantes en un entorno tecnológico en constante evolución.

-Ejemplos de aplicaciones de la automatización inteligente en el sector público: a. Procesamiento de solicitudes: Los sistemas automatizados pueden agilizar y optimizar el procesamiento de solicitudes en diversas áreas, como permisos, licencias, subsidios, entre otros, reduciendo los tiempos de espera y mejorando la eficiencia. b. Análisis de datos para la toma de decisiones: Mediante el uso de algoritmos y análisis de big data, es posible obtener información valiosa para la toma de decisiones en políticas públicas, gestión de recursos y planificación estratégica. c. Atención al cliente y servicios ciudadanos: Los chatbots y asistentes virtuales pueden proporcionar respuestas rápidas a consultas frecuentes y brindar asistencia en tiempo real a los ciudadanos, mejorando la experiencia del usuario y liberando a los funcionarios para tareas más complejas.

-Casos de éxito de automatización inteligente en el sector público: a. Estonia: Es reconocido por su e-Government, donde los ciudadanos pueden acceder y realizar trámites en línea de manera rápida y eficiente. Esto ha mejorado la transparencia y la eficiencia de los servicios gubernamentales. b. Singapur: Ha implementado ampliamente la automatización inteligente en diversas áreas, como el uso de sensores y análisis de datos para gestionar el tráfico y garantizar la eficiencia energética. c. Reino Unido: Utiliza chatbots y asistentes virtuales para brindar servicios de atención al cliente, como el asistente virtual "Ask Izzy" para ayudar a las personas sin hogar a encontrar recursos y apoyo.

-Consideraciones éticas y sociales en la automatización inteligente: a. Privacidad de los datos: Es fundamental garantizar la privacidad y protección de los datos personales de los ciudadanos en todos los procesos de automatización. b. Sesgo algorítmico: Los algoritmos utilizados en la automatización deben ser supervisados y evaluados para evitar sesgos injustos o discriminatorios. c. Actualización y capacitación: La implementación exitosa de la automatización inteligente requiere una inversión continua en la actualización de habilidades y la capacitación del personal para adaptarse a los cambios tecnológicos.

-Perspectivas futuras: a. La automatización inteligente en el sector público continuará evolucionando, incorporando tecnologías como el aprendizaje automático, la visión por computadora y la robótica. b. La colaboración entre el sector público y privado será clave para el éxito de la implementación, compartiendo conocimientos y recursos para desarrollar soluciones efectivas. c. La participación ciudadana y la transparencia serán fundamentales para garantizar la aceptación y la confianza en la automatización inteligente.

-Desafíos y consideraciones adicionales: a. Ética laboral: La automatización inteligente plantea preocupaciones sobre la pérdida de empleos y la necesidad de reevaluar la forma en que se concibe el trabajo en la sociedad. b. Impacto en la equidad: Es necesario garantizar que la automatización no exacerbe las desigualdades existentes y que todos los ciudadanos tengan acceso a las oportunidades generadas por la tecnología. c. Adaptabilidad: Los empleados del sector público necesitarán adquirir nuevas habilidades y capacidades para adaptarse al entorno de automatización inteligente y seguir siendo relevantes en sus roles.

-Beneficios a largo plazo de la automatización inteligente en el sector público: a. Eficiencia mejorada: La automatización inteligente puede reducir los tiempos de procesamiento, minimizar errores y agilizar las operaciones del sector público. b. Mejor toma de decisiones: Los sistemas de análisis de datos pueden proporcionar información precisa y oportuna para respaldar la toma de decisiones informadas y basadas en evidencia. c. Mayor satisfacción del ciudadano: Una mejor experiencia del usuario, tiempos de respuesta más rápidos y servicios más personalizados pueden mejorar la satisfacción de los ciudadanos con los servicios gubernamentales.

-Implementación gradual y pilotos: a. Es recomendable adoptar un enfoque gradual para la implementación de la automatización inteligente en el sector público, comenzando con pilotos y pruebas en áreas específicas antes de una implementación a gran escala. b. Los pilotos permiten evaluar la eficacia, identificar desafíos y realizar ajustes antes de expandir la automatización a otras áreas.

-Colaboración internacional: a. El intercambio de mejores prácticas y la colaboración internacional en el ámbito de la automatización inteligente pueden ayudar a los países a aprender unos de otros y a abordar los desafíos comunes. b. Foros internacionales y organizaciones pueden desempeñar un papel importante en la promoción de la colaboración y el intercambio de conocimientos.

-Mitigación de riesgos y supervisión: a. Es fundamental establecer mecanismos de supervisión y regulación para garantizar la seguridad, la privacidad de los datos y el cumplimiento de las normas éticas en la implementación de la automatización inteligente. b. Los organismos reguladores y las entidades gubernamentales deben colaborar con expertos en tecnología y ética para desarrollar políticas y marcos legales adecuados.

-Impacto en el empleo y la fuerza laboral: a. La automatización inteligente puede cambiar la naturaleza de los empleos existentes y requerir nuevas habilidades y roles en el sector público. b. Es importante establecer programas de capacitación y reconversión laboral para apoyar a los empleados afectados por la automatización y garantizar una transición justa.

-Participación ciudadana y transparencia: a. Los ciudadanos deben ser parte activa en la implementación de la automatización inteligente en el sector público, teniendo voz en las decisiones que afectan sus vidas y su relación con el gobierno. b. La transparencia en los procesos de automatización y el acceso a la información son fundamentales para fomentar la confianza y la rendición de cuentas.

-Implicaciones legales y éticas: a. Es necesario abordar cuestiones éticas, como la responsabilidad de las decisiones automatizadas y la protección de los derechos individuales en un entorno de automatización. b. La legislación debe adaptarse para abordar los nuevos desafíos y proteger los intereses de los ciudadanos en un entorno automatizado.

-Cooperación público-privada: a. La colaboración entre el sector público y el sector privado es esencial para el desarrollo y la implementación exitosa de soluciones de automatización inteligente. b. La colaboración puede impulsar la innovación, compartir recursos y conocimientos, y garantizar que las soluciones se adapten a las necesidades específicas del sector público.

-Visión a largo plazo: a. La automatización inteligente en el sector público no es un fin en sí mismo, sino una herramienta para lograr objetivos más amplios, como la mejora de la calidad de vida de los ciudadanos y el impulso del desarrollo sostenible. b. La planificación estratégica a largo plazo y la evaluación constante son cruciales para asegurar que la automatización inteligente se utilice de manera efectiva y beneficiosa para la sociedad en su conjunto.

presento algunas formas en las que se puede utilizar el big data e inteligencia artificial para mejorar cada ministerio en Ecuador:

-Ministerio de Salud:

- Análisis de datos de salud para identificar patrones epidemiológicos, predecir brotes de enfermedades y mejorar la gestión de recursos en hospitales y centros de salud.

- Utilización de algoritmos de aprendizaje automático para detectar tempranamente enfermedades graves o condiciones médicas, mejorando el diagnóstico y el tratamiento.
- Monitoreo en tiempo real de datos de pacientes y recursos de salud para optimizar la planificación y distribución de servicios médicos.

-Ministerio de Educación:

- Análisis de datos educativos para identificar brechas de aprendizaje, evaluar el rendimiento de los estudiantes y desarrollar estrategias de intervención temprana.
- Implementación de sistemas de tutoría virtual basados en inteligencia artificial para brindar apoyo personalizado a los estudiantes y mejorar su proceso de aprendizaje.
- Uso de análisis de datos para evaluar la eficacia de políticas educativas y programas de formación docente.

-Ministerio de Trabajo y Empleo:

- Análisis de datos laborales para identificar tendencias del mercado laboral, demanda de empleo y escasez de habilidades, facilitando la toma de decisiones en políticas de empleo y capacitación.
- Utilización de algoritmos de coincidencia de empleo para conectar a los solicitantes de empleo con las oportunidades laborales adecuadas, optimizando el proceso de contratación.
- Implementación de sistemas de monitoreo de seguridad laboral basados en inteligencia artificial para prevenir accidentes y mejorar las condiciones de trabajo.

-Ministerio de Ambiente:

- Análisis de datos ambientales para monitorear la calidad del aire, el agua y el suelo, identificar áreas de riesgo y diseñar estrategias de conservación.
- Utilización de algoritmos de aprendizaje automático para predecir y prevenir desastres naturales, como inundaciones o deslizamientos de tierra.
- Implementación de sistemas de gestión de residuos basados en inteligencia artificial para optimizar la recolección, clasificación y reciclaje de desechos.

-Ministerio de Economía y Finanzas:

- Análisis de datos económicos para pronosticar tendencias, evaluar el impacto de políticas económicas y mejorar la toma de decisiones en materia financiera.
- Utilización de algoritmos de detección de fraudes para prevenir y detectar actividades ilegales, como evasión de impuestos o lavado de dinero.
- Implementación de sistemas de gestión financiera basados en inteligencia artificial para optimizar la planificación presupuestaria y mejorar la eficiencia en la asignación de recursos.

-Ministerio de Agricultura y Ganadería:

- Utilización de datos agrícolas, como condiciones climáticas, suelos y rendimientos de cultivos, para optimizar la producción y mejorar la planificación agrícola.
- Implementación de sistemas de monitoreo basados en inteligencia artificial para detectar enfermedades en plantas y animales, permitiendo una respuesta temprana y eficiente.
- Análisis de datos para identificar oportunidades de mercado, mejorar la comercialización de productos agrícolas y fomentar la agricultura sostenible.

-Ministerio de Transporte y Obras Públicas:

- Utilización de datos de tráfico y transporte para mejorar la planificación de infraestructuras, como carreteras y sistemas de transporte público.
- Implementación de sistemas de gestión de tráfico basados en inteligencia artificial para reducir la congestión y mejorar la seguridad vial.
- Análisis de datos para evaluar la eficiencia y la calidad de los servicios de transporte y optimizar su operación.

-Ministerio de Telecomunicaciones y de la Sociedad de la Información:

- Análisis de datos de uso de servicios de telecomunicaciones para identificar patrones de demanda, mejorar la calidad de los servicios y optimizar la infraestructura de telecomunicaciones.
- Utilización de algoritmos de aprendizaje automático para prevenir fraudes y garantizar la seguridad de las comunicaciones electrónicas.
- Implementación de sistemas de atención al cliente basados en inteligencia artificial para brindar respuestas rápidas y personalizadas a los usuarios.

-Ministerio de Inclusión Económica y Social:

- Análisis de datos socioeconómicos para identificar grupos vulnerables, diseñar políticas de inclusión y evaluar el impacto de programas sociales.
- Utilización de algoritmos de detección de fraudes y análisis de riesgos para garantizar la transparencia y eficacia en la entrega de beneficios sociales.
- Implementación de sistemas de apoyo y asesoramiento virtual basados en inteligencia artificial para brindar orientación a personas en situación de vulnerabilidad.

-Ministerio de Cultura y Patrimonio:

- Análisis de datos culturales y de patrimonio para preservar y promover la diversidad cultural y el legado histórico del país.
- Utilización de algoritmos de recomendación para ofrecer experiencias culturales personalizadas a los ciudadanos y turistas.
- Implementación de sistemas de gestión de archivos y colecciones basados en inteligencia artificial para facilitar el acceso y la conservación de patrimonio cultural

-Ministerio de Justicia y Derechos Humanos:

- Utilización de datos judiciales para identificar patrones y tendencias en el sistema de justicia, mejorar la eficiencia en la resolución de casos y fortalecer la protección de los derechos humanos.
- Implementación de sistemas de análisis de riesgos y predicción de delitos basados en inteligencia artificial para apoyar en la prevención del crimen y la seguridad ciudadana.
- Análisis de datos para evaluar la efectividad de políticas penales y programas de rehabilitación, contribuyendo a la reinserción social de los infractores.

-Ministerio de Defensa Nacional:

- Utilización de datos de inteligencia y seguridad para mejorar la toma de decisiones estratégicas y fortalecer la defensa nacional.
- Implementación de sistemas de vigilancia y monitoreo basados en inteligencia artificial para detectar amenazas y prevenir acciones delictivas o de origen ilícito.

- Análisis de datos para evaluar y optimizar la operación de las fuerzas armadas y mejorar la coordinación con otros organismos de seguridad.

-Ministerio de Relaciones Exteriores y Movilidad Humana:

- Utilización de datos diplomáticos y relaciones internacionales para fortalecer la toma de decisiones en políticas exteriores y mejorar la gestión de las relaciones bilaterales y multilaterales.
- Implementación de sistemas de análisis de opinión pública y monitoreo de medios internacionales basados en inteligencia artificial para proteger y promover la imagen del país en el ámbito internacional.
- Análisis de datos migratorios para comprender y abordar los desafíos de movilidad humana, facilitando la gestión migratoria y la protección de los derechos de las personas migrantes.

-Ministerio de Vivienda y Desarrollo Urbano:

- Utilización de datos urbanos y de vivienda para mejorar la planificación urbana, optimizar el uso de los recursos y garantizar el acceso a viviendas adecuadas.
- Implementación de sistemas de análisis de demanda y oferta de viviendas basados en inteligencia artificial para facilitar la asignación de recursos y la construcción de viviendas sociales.
- Análisis de datos para evaluar la calidad de los servicios básicos en áreas urbanas y mejorar la infraestructura urbana en beneficio de los ciudadanos.

-Ministerio de Educación:

- Utilización de datos educativos para identificar patrones de rendimiento estudiantil, diseñar programas de apoyo personalizados y mejorar la calidad de la educación.
- Implementación de sistemas de aprendizaje adaptativo basados en inteligencia artificial para brindar una educación más personalizada y efectiva.
- Análisis de datos para evaluar el impacto de políticas educativas y medir la eficacia de programas de formación docente.

-Ministerio de Salud Pública:

- Utilización de datos de salud para identificar tendencias epidemiológicas, predecir brotes de enfermedades y mejorar la toma de decisiones en políticas de salud.
- Implementación de sistemas de diagnóstico y monitoreo basados en inteligencia artificial para mejorar la detección temprana de enfermedades y agilizar el proceso de atención médica.
- Análisis de datos para evaluar la eficacia de programas de prevención y promoción de la salud, así como para mejorar la gestión de recursos en el sistema de salud.

-Ministerio de Trabajo y Empleo:

- Utilización de datos laborales y de empleo para identificar demanda y oferta de trabajo, fomentar la empleabilidad y mejorar las políticas de empleo.
- Implementación de sistemas de detección de fraudes en el ámbito laboral basados en inteligencia artificial para proteger los derechos de los trabajadores.
- Análisis de datos para evaluar el impacto de programas de capacitación y empleo y mejorar la calidad de los empleos generados.

-Ministerio de Ambiente y Agua:

- Utilización de datos ambientales para monitorear la calidad del agua, la calidad del aire y la conservación de los ecosistemas.
- Implementación de sistemas de alerta temprana basados en inteligencia artificial para prevenir desastres naturales y mitigar los efectos del cambio climático.
- Análisis de datos para evaluar el impacto de políticas ambientales y mejorar la gestión de los recursos naturales.

-Ministerio de Energía y Recursos Naturales No Renovables:

- Utilización de datos energéticos para optimizar la producción y distribución de energía, y fomentar el uso de fuentes renovables.
- Implementación de sistemas de gestión de energía basados en inteligencia artificial para mejorar la eficiencia energética y reducir las emisiones de gases de efecto invernadero.
- Análisis de datos para evaluar el potencial de recursos naturales y desarrollar estrategias de aprovechamiento sostenible.

-Ministerio de Turismo:

- Utilización de datos turísticos para identificar tendencias de viajes, preferencias de los turistas y oportunidades de desarrollo turístico.
- Implementación de sistemas de análisis de datos en tiempo real para mejorar la gestión de destinos turísticos y la experiencia del visitante.
- Análisis de datos para evaluar el impacto económico y social del turismo y diseñar políticas de desarrollo turístico sostenible.

-Ministerio de Cultura y Patrimonio:

- Utilización de datos culturales y patrimoniales para preservar y promover la riqueza cultural y el patrimonio del país.
- Implementación de sistemas de gestión de información cultural basados en inteligencia artificial para facilitar la investigación, el acceso y la difusión de la cultura.
- Análisis de datos para evaluar el impacto de políticas culturales y fortalecer la participación ciudadana en actividades culturales.

-Ministerio de Telecomunicaciones y de la Sociedad de la Información:

- Utilización de datos de telecomunicaciones para mejorar la calidad de los servicios y la infraestructura de comunicaciones en el país.
- Implementación de sistemas de análisis de datos para monitorear y prevenir el ciberdelito y garantizar la seguridad en el entorno digital.
- Análisis de datos para evaluar el impacto de políticas de inclusión digital y promover el acceso equitativo a las tecnologías de la información y comunicación.
- Utilización de datos de telecomunicaciones para mejorar la infraestructura y la conectividad digital en todo el país.
- Implementación de sistemas de análisis de datos para identificar brechas digitales y diseñar políticas de inclusión digital.
- Análisis de datos para evaluar el impacto de políticas de telecomunicaciones y promover el acceso equitativo a las tecnologías de la información y comunicación.

-Ministerio de Agricultura y Ganadería:

- Utilización de datos agrícolas y ganaderos para mejorar la producción, la calidad y la eficiencia en el sector agropecuario.
- Implementación de sistemas de análisis de datos para predecir y mitigar los riesgos agrícolas, como sequías, plagas y enfermedades.
- Análisis de datos para evaluar el impacto de políticas agrícolas, promover la agricultura sostenible y apoyar a los agricultores en la toma de decisiones.

-Ministerio de Inclusión Económica y Social:

- Utilización de datos socioeconómicos para identificar las necesidades de los grupos vulnerables y diseñar programas de inclusión social.
- Implementación de sistemas de análisis de datos para evaluar la efectividad de programas de protección social y reducción de la pobreza.
- Análisis de datos para medir el impacto de políticas de igualdad y equidad en el ámbito económico y social.

-Ministerio de Vivienda y Desarrollo Urbano:

- Utilización de datos urbanos para planificar el desarrollo de viviendas, infraestructuras y servicios en áreas urbanas.
- Implementación de sistemas de análisis de datos para evaluar la demanda de viviendas y mejorar la gestión del suelo urbano.
- Análisis de datos para evaluar el impacto de políticas de vivienda y promover la construcción de viviendas sostenibles y accesibles.

-Ministerio de Transporte y Obras Públicas:

- Utilización de datos de transporte para mejorar la planificación y gestión de infraestructuras viales y de transporte público.
- Implementación de sistemas de análisis de datos para optimizar las rutas de transporte, reducir la congestión y mejorar la movilidad urbana.
- Análisis de datos para evaluar el impacto de políticas de transporte y promover la movilidad sostenible.

-Ministerio de Justicia y Derechos Humanos:

- Utilización de datos judiciales para mejorar la gestión de casos legales, agilizar los procesos judiciales y fortalecer el sistema de justicia.
- Implementación de sistemas de análisis de datos para identificar patrones de delincuencia, predecir tendencias y apoyar en la toma de decisiones judiciales.
- Análisis de datos para evaluar el impacto de políticas de justicia y derechos humanos y promover la igualdad y la justicia social.

-Ministerio de Trabajo:

- Utilización de datos laborales para identificar tendencias del mercado laboral, demanda de empleo y necesidades de capacitación.
- Implementación de sistemas de análisis de datos para monitorear el cumplimiento de las normas laborales y prevenir la explotación laboral.
- Análisis de datos para evaluar el impacto de políticas de empleo y promover la creación de empleo digno y de calidad.

30. Ministerio de Relaciones Exteriores y Movilidad Humana:

- Utilización de datos diplomáticos y migratorios para fortalecer las relaciones internacionales y la gestión de la movilidad humana.
- Implementación de sistemas de análisis de datos para mejorar la atención y protección de los migrantes y refugiados.
- Análisis de datos para evaluar el impacto de políticas de relaciones exteriores y promover la cooperación internacional.

-Ministerio de Minería:

- Utilización de datos mineros para optimizar la exploración, explotación y gestión de recursos minerales de manera sostenible.
- Implementación de sistemas de análisis de datos para monitorear y prevenir impactos ambientales y sociales de la actividad minera.
- Análisis de datos para evaluar el impacto de políticas mineras y promover prácticas responsables y equitativas en el sector.

-Ministerio de Electricidad y Energía Renovable:

- Utilización de datos energéticos para planificar y gestionar eficientemente la generación, distribución y consumo de energía.
- Implementación de sistemas de análisis de datos para fomentar el uso de fuentes de energía renovable y reducir la dependencia de combustibles fósiles.
- Análisis de datos para evaluar el impacto de políticas energéticas y promover la transición hacia un sistema energético más limpio y sostenible.

-Ministerio de Cultura y Patrimonio:

- Utilización de datos culturales y patrimoniales para preservar y promover la diversidad cultural y el patrimonio histórico del país.
- Implementación de sistemas de análisis de datos para identificar y apoyar la gestión de proyectos culturales y artísticos.
- Análisis de datos para evaluar el impacto de políticas culturales y promover la participación ciudadana en actividades culturales y creativas.

-Ministerio de Agricultura y Ganadería:

- Utilización de datos agrícolas y ganaderos para mejorar la producción, la gestión de recursos y la seguridad alimentaria.
- Implementación de sistemas de análisis de datos para monitorear y predecir condiciones climáticas y plagas que afectan los cultivos y el ganado.
- Análisis de datos para evaluar el impacto de políticas agrícolas y promover prácticas sostenibles y eficientes en el sector.

-Ministerio de Acuacultura y Pesca:

- Utilización de datos acuícolas y pesqueros para gestionar de manera sostenible los recursos marinos y continentales.
- Implementación de sistemas de análisis de datos para monitorear y prevenir la sobreexplotación y la pesca ilegal.
- Análisis de datos para evaluar el impacto de políticas acuícolas y pesqueras y promover prácticas responsables y conservación de los ecosistemas marinos y continentales.

El big data e inteligencia artificial para mejorar el funcionamiento de la Cancillería del Ecuador:

-Análisis de datos diplomáticos: La Cancillería puede utilizar técnicas de análisis de datos para examinar y extraer información relevante de grandes volúmenes de datos diplomáticos, como comunicaciones y acuerdos internacionales. Esto puede ayudar a identificar patrones, tendencias y relaciones entre países y temas específicos, lo que facilitaría la toma de decisiones estratégicas.

-Gestión de crisis internacionales: El big data e inteligencia artificial pueden ayudar en la gestión de crisis internacionales. Por ejemplo, mediante el análisis de datos en tiempo real, se pueden monitorear las redes sociales y medios de comunicación para identificar rápidamente eventos o situaciones que puedan afectar la imagen o los intereses del país. Esto permitiría una respuesta ágil y eficiente para proteger los intereses nacionales.

-Análisis de políticas internacionales: Utilizando algoritmos de inteligencia artificial, la Cancillería puede analizar grandes cantidades de datos sobre políticas internacionales, discursos y declaraciones de otros países para identificar oportunidades y desafíos para la diplomacia ecuatoriana. Esto ayudaría a diseñar estrategias más efectivas y a mantenerse actualizados sobre las tendencias y acontecimientos globales relevantes.

-Asesoramiento en relaciones bilaterales: El big data puede proporcionar información valiosa sobre las relaciones bilaterales entre Ecuador y otros países. Esto incluye datos económicos, comerciales, culturales y sociales. La Cancillería puede utilizar estos datos para identificar oportunidades de cooperación, evaluar el impacto de las políticas implementadas y fortalecer las relaciones diplomáticas.

-Traducción automática y procesamiento del lenguaje natural: La Cancillería puede utilizar tecnologías de inteligencia artificial, como la traducción automática y el procesamiento del lenguaje natural, para facilitar la comunicación y la interpretación en diferentes idiomas. Esto sería especialmente útil en reuniones internacionales, conferencias y negociaciones, mejorando la eficiencia y reduciendo las barreras lingüísticas

-Detección de amenazas y riesgos: Mediante el análisis de grandes volúmenes de datos provenientes de diversas fuentes, como informes de inteligencia, redes sociales y medios de comunicación, se puede implementar un sistema de detección temprana de amenazas y riesgos para la seguridad y los intereses del país. Esto permitiría una respuesta proactiva y eficiente en situaciones críticas.

-Análisis de perfiles de líderes internacionales: Utilizando técnicas de inteligencia artificial, es posible analizar y extraer información relevante de los perfiles y discursos de líderes internacionales. Esto puede proporcionar una comprensión más profunda de sus perspectivas, intereses y estrategias, lo que ayudaría a adaptar la diplomacia y las negociaciones para lograr mejores resultados.

-Mejora en la toma de decisiones: El análisis de big data y la aplicación de algoritmos de inteligencia artificial pueden proporcionar información valiosa para la toma de decisiones estratégicas. Los datos pueden utilizarse para predecir posibles escenarios y evaluar sus implicaciones, permitiendo a la Cancillería tomar decisiones más informadas y basadas en evidencia.

-Gestión de datos y documentación: El big data puede ayudar a la Cancillería a gestionar y organizar grandes volúmenes de datos y documentos, incluyendo acuerdos internacionales, tratados, notas diplomáticas, entre otros. Mediante la implementación de sistemas de gestión de datos eficientes, se puede facilitar el acceso a la información y agilizar los procesos internos de la Cancillería.

-Diplomacia digital: El uso de inteligencia artificial en la diplomacia digital puede permitir una mayor participación ciudadana, así como una comunicación más efectiva y personalizada con otros países y actores internacionales. Se pueden implementar chatbots y sistemas de respuesta automática para brindar información, recibir consultas y fortalecer los canales de comunicación.

La inteligencia artificial (IA) puede desempeñar un papel crucial en la mejora de los servicios consulares y de las embajadas para brindar un mejor servicio a los migrantes. Aquí tienes algunas formas en las que la IA puede ser utilizada:

-Asistencia y atención al cliente: Los chatbots impulsados por IA pueden brindar asistencia y responder preguntas frecuentes de los migrantes de manera rápida y eficiente, las 24 horas del día. Esto aliviaría la carga de trabajo del personal consular y proporcionaría respuestas inmediatas a consultas comunes, como requisitos de visado, documentación y trámites migratorios.

-Traducción y comunicación: La IA puede facilitar la comunicación entre los migrantes y el personal consular al ofrecer servicios de traducción en tiempo real. Esto es especialmente útil para superar barreras lingüísticas y garantizar una comunicación fluida y precisa en diferentes idiomas, mejorando así la comprensión mutua y la calidad del servicio.

-Procesamiento de solicitudes y trámites: La IA puede agilizar el procesamiento de solicitudes y trámites migratorios al automatizar ciertas tareas. Por ejemplo, el reconocimiento óptico de caracteres (OCR) puede utilizarse para digitalizar y procesar documentos de manera más eficiente, reduciendo los tiempos de espera y mejorando la precisión en la verificación de documentos.

-Análisis de datos migratorios: Mediante el análisis de

grandes volúmenes de datos migratorios, la IA puede ayudar a identificar patrones, tendencias y necesidades específicas de los migrantes. Esto permitiría a los consulados y embajadas tomar decisiones informadas y diseñar políticas y servicios más personalizados y eficaces.

-Alertas y servicios de emergencia: La IA puede ser utilizada para monitorear y analizar datos en tiempo real, como noticias y alertas de seguridad, para brindar información actualizada y oportuna a los migrantes sobre situaciones de emergencia, cambios en las políticas migratorias y eventos importantes que puedan afectarlos.

-Educación y capacitación: La IA puede ofrecer programas de educación y capacitación en línea para los migrantes, proporcionando información relevante sobre derechos, deberes y servicios disponibles. Esto ayudaría a empoderar a los migrantes y garantizar que estén informados y preparados para su proceso migratorio.

TIKTOKER: "Encontrar trabajo ya no es cuestión de suerte, ya no solo necesitas un título académico. Especialmente si tienes experiencia y eres bueno haciendo lo que haces. Pero, ¿cómo te puede encontrar directamente el cliente y tener la confianza de que eres bueno? Utilizaremos el blockchain para certificar tus habilidades y, así, el cliente te buscará directamente sin intermediarios."

Cómo utilizar el blockchain para certificar habilidades y permitir que los clientes encuentren directamente a los profesionales sin intermediarios:

-Certificación de habilidades en la blockchain: El blockchain, o cadena de bloques, es una tecnología descentralizada y segura que puede utilizarse para certificar las habilidades y logros de una persona. Mediante la creación de un registro digital inmutable, se pueden almacenar las habilidades, experiencia y certificaciones de un profesional de forma transparente y verificable.

-Creación de perfiles profesionales en la blockchain: Los profesionales pueden crear perfiles digitales en la

194

blockchain donde se enumeren sus habilidades, experiencia laboral, certificaciones y testimonios de clientes anteriores. Estos perfiles se vuelven accesibles y visibles para los potenciales empleadores o clientes interesados en contratar los servicios de un profesional en particular.

-Verificación de reputación y retroalimentación: Mediante el uso de contratos inteligentes en la blockchain, los clientes pueden dejar retroalimentación y reseñas sobre el desempeño de un profesional después de completar un proyecto o servicio. Esta información se registra de forma permanente en la blockchain, lo que brinda una reputación verificable y confiable para los profesionales.

-Búsqueda directa de profesionales: Los clientes pueden acceder a plataformas basadas en blockchain que les permiten buscar directamente a profesionales con las habilidades y experiencia requeridas para un proyecto específico. En lugar de depender de intermediarios o plataformas de contratación tradicionales, los clientes pueden conectarse directamente con los profesionales adecuados, eliminando la necesidad de intermediarios y reduciendo los costos asociados.

-Pagos seguros con criptomonedas: La blockchain también facilita los pagos seguros y transparentes utilizando criptomonedas. Los contratos inteligentes en la blockchain pueden garantizar que los profesionales reciban el pago acordado una vez que se complete satisfactoriamente el trabajo. Esto elimina la necesidad de intermediarios financieros y agiliza el proceso de pago.

-Acceso a oportunidades globales: Al utilizar la blockchain para certificar habilidades y reputación, los profesionales pueden acceder a oportunidades laborales globales sin restricciones geográficas. Los clientes de cualquier parte del mundo pueden encontrar y contratar directamente a profesionales de cualquier ubicación, lo que amplía el mercado laboral y las posibilidades de empleo.

Es importante destacar que la adopción masiva del blockchain para la certificación de habilidades y la contratación directa de profesionales requeriría la colaboración y aceptación tanto de los profesionales como de los clientes. Además, la educación y la divulgación sobre el uso del blockchain y las criptomonedas serían fundamentales para promover la confianza y el entendimiento en este nuevo modelo de contratación.

-Transparencia y confianza en la contratación: El uso del blockchain en la certificación de habilidades y la contratación directa de profesionales fomenta la transparencia y la confianza en el proceso de contratación. Al tener acceso a perfiles verificables y reseñas auténticas, los clientes pueden tomar decisiones informadas al seleccionar a un profesional para sus proyectos. Esto reduce la asimetría de información y brinda mayor seguridad en la contratación.

-Eliminación de intermediarios y reducción de costos: Al permitir la contratación directa entre profesionales y clientes, sin intermediarios tradicionales, se eliminan los costos asociados a las comisiones y tarifas de los intermediarios. Esto beneficia tanto a los profesionales, al recibir la totalidad del pago acordado, como a los clientes, al reducir los gastos adicionales.

-Eficiencia en la búsqueda y selección de profesionales: Gracias a la certificación de habilidades en la blockchain, los clientes pueden realizar búsquedas más específicas y detalladas para encontrar profesionales que se ajusten a sus necesidades particulares. La tecnología de blockchain permite una mejor segmentación y filtrado, lo que agiliza el proceso de búsqueda y selección de profesionales altamente calificados.

-Desarrollo de una reputación digital duradera: La

blockchain crea un historial de habilidades, experiencia y retroalimentación verificable y permanente para cada profesional. Esta reputación digital puede ser acumulativa y beneficiosa para futuras oportunidades laborales. Al tener una reputación confiable en la blockchain, los profesionales pueden aumentar su visibilidad y atractivo para los clientes potenciales.

-Impulso a la economía colaborativa: La contratación directa a través del uso del blockchain puede fomentar la economía colaborativa al facilitar la conexión entre profesionales independientes y clientes que requieren servicios especializados. Esto promueve una mayor flexibilidad laboral y la posibilidad de trabajar en proyectos interesantes y diversos.

-Mejora en la calidad de los servicios: Al tener acceso a perfiles completos y verificados, los clientes pueden tomar decisiones más fundamentadas al contratar a profesionales. Esto conduce a una mayor calidad en los servicios prestados, ya que los clientes tienen más información para evaluar la idoneidad y competencia de los profesionales.

Es importante destacar que la adopción del blockchain en la contratación directa de profesionales requiere una infraestructura tecnológica sólida y una regulación adecuada para proteger los derechos y garantías tanto de los profesionales como de los clientes. Además, la educación y la familiarización con el uso del blockchain serían fundamentales para impulsar su adopción y confianza en el nuevo modelo de contratación directa.

Online del Ecuador 25

TIKTOKER: "Hola, ¿qué está pasando con la política ecuatoriana? Sentémonos a pensar. Vivimos en una sociedad cada día más politizada:

- *En donde hay más críticas y menos conciencia.*
- *Donde hay más juicios y menos empatía por los demás. Todos quieren calificar, pero sobre todo descalificar a la otra persona. ¿Por qué hemos llegado a este nivel de crispación social? ¿Por qué los de derecha acusan a los de izquierda de populistas?*

Uno de los problemas es el populismo, y ¿qué es el populismo?

- *Poner soluciones fáciles a problemas complejos.*
- *Simplificar un problema a un discurso basado en el marketing.*
- *Y con esto nos damos cuenta de que existe un populismo de derecha y de izquierda.*

El Ecuador se enfermó de endeudamiento. El Ecuador está intoxicado de ausencia de PRODUCTIVIDAD. La política se enfermó de impunidad. La política se enfermó de ideología y se vació de resultados. La política se enfermó de corrupción, es la sociedad del espectáculo. Nos enfermamos de perspectivas y nos vaciamos de responsabilidad cuando esperamos que la política *nos resuelva la vida. No recompensamos el mérito. Debemos proporcionar plataformas para que la gente vea el resultado de su esfuerzo. *El regreso a la conciencia de la vida del individuo y sociedad. *Para recuperar el estado, hay que recuperar a la sociedad; hay que empoderar al civismo, crear una sociedad de la responsabilidad en lugar de una sociedad de las expectativas. *Transformar la amenaza tecnológica en la inclusión tecnológica. El blockchain como un sistema democratizador, como un sistema de verificación".*

¿Cómo saltar esta era de resentimientos y descalificaciones?"

Por que los de la derecha acusan a los de izquierda de populistas? Uno de los problemas es el populismo y que es el populismo? - Poner soluciones fáciles a problemas complejos. -Es simplificar un problema a un discurso basado en el marketing. -Y con esto nos damos cuenta de que existe un populismo de derecha y de izquierda. El Ecuador se enfermó de endeudamiento. El Ecuador está intoxicado de ausencia de PRODUCTIVIDAD.

¿Por qué los de la derecha acusan a los de izquierda de populistas?

En el contexto político actual, es común observar acusaciones de populismo tanto hacia la izquierda como hacia la derecha. Sin embargo, en este caso en particular nos centraremos en la acusación de populismo que realiza la derecha hacia la izquierda. Para comprender esta dinámica, es importante analizar qué es el populismo y cuáles son algunas de sus características.

El populismo puede entenderse como una corriente política que busca obtener y mantener el apoyo de las masas mediante la promesa de soluciones sencillas a problemas complejos. Suele simplificar los desafíos y presentarlos en términos dicotómicos, dividiendo la realidad en "el pueblo" (considerado virtuoso y oprimido) y "las élites" (vistas como corruptas y responsables de los problemas).

En este sentido, el populismo se basa en la retórica persuasiva y el uso del marketing político para ganar adeptos. Los líderes populistas suelen utilizar discursos emocionales y simplificados, apelando a las frustraciones y preocupaciones de la ciudadanía, prometiendo soluciones rápidas y sin considerar la complejidad de los problemas.

La acusación de populismo hacia la izquierda por parte de la derecha puede surgir debido a diferencias ideológicas y enfoques políticos. La derecha puede argumentar que las propuestas de la izquierda, como la redistribución de la riqueza, el aumento del gasto público o la implementación de programas sociales, son medidas populistas que no abordan las causas subyacentes de los problemas y que podrían tener consecuencias económicas negativas a largo plazo.

Además, la derecha podría argumentar que el enfoque de la izquierda hacia el poder y la participación del Estado en la economía podría generar un exceso de intervención estatal y limitar la libertad individual y empresarial. En este sentido, la acusación de populismo también podría estar vinculada a críticas hacia la gestión económica y la posible falta de rigurosidad en la toma de decisiones.

Es importante tener en cuenta que el término "populismo" puede ser utilizado de manera peyorativa y como estrategia política para desacreditar al adversario. No obstante, es fundamental analizar cada propuesta y acción de los actores políticos de manera individual, evaluando su coherencia, eficacia y respeto a los principios democráticos.

El Ecuador se ha enfrentado a diversos desafíos en términos de endeudamiento y ausencia de productividad. Estos problemas han contribuido al malestar y a la percepción de que la política está enferma y alejada de los resultados esperados. A continuación, profundicemos en estos aspectos:

El endeudamiento excesivo ha sido uno de los problemas que ha afectado al Ecuador en los últimos años. La falta de una gestión adecuada de los recursos económicos y la dependencia de préstamos internacionales han llevado a un incremento significativo de la deuda pública. Esto ha generado preocupación en la sociedad, ya que la carga de la deuda puede tener repercusiones en la estabilidad económica y en la capacidad del Estado para brindar servicios básicos a la población.

La ausencia de productividad es otro desafío importante que enfrenta el Ecuador. A pesar de contar con recursos naturales y potencialidades económicas, el país ha enfrentado dificultades para impulsar el crecimiento económico sostenible y mejorar la competitividad. Factores como la falta de inversión en infraestructura, la burocracia excesiva, la falta de incentivos para la innovación y el emprendimiento, y la falta de políticas efectivas para fomentar la productividad han contribuido a esta situación.

Estos problemas tienen un impacto directo en la percepción de la política y en el surgimiento de discursos populistas. La búsqueda de soluciones fáciles a problemas complejos se convierte en una tentación para aquellos que se sienten frustrados por la falta de resultados tangibles en la sociedad. Los líderes populistas pueden aprovechar esta situación para ofrecer respuestas simplistas y aparentemente rápidas a los desafíos económicos y sociales.

Es importante destacar que la superación de estos problemas requiere un enfoque integral y sostenible. Es necesario implementar políticas económicas y fiscales responsables, fomentar la inversión en sectores estratégicos, promover la innovación y la educación de calidad, y fortalecer los mecanismos de control y transparencia en la gestión pública.

Además, es fundamental generar conciencia en la ciudadanía sobre la importancia de la participación activa en la construcción de una sociedad más productiva y responsable. Esto implica incentivar la cultura del trabajo, el emprendimiento y la formación continua, así como fomentar la rendición de cuentas y la transparencia en la gestión pública.

En resumen, la acusación de populismo de la derecha hacia la izquierda puede estar relacionada con la percepción de soluciones fáciles y discursos simplificados en la política. No obstante, es importante analizar los problemas estructurales que enfrenta el país, como el endeudamiento excesivo y la falta de productividad, y buscar soluciones integrales y sostenibles que promuevan el desarrollo económico y social del Ecuador.

- Saltar esta era de resentimientos y descalificaciones requiere un esfuerzo conjunto tanto a nivel individual como colectivo. Aquí hay algunas ideas sobre cómo abordar esta situación y promover un cambio positivo en la política ecuatoriana:
- Fomentar la empatía y el diálogo constructivo: Es esencial promover la empatía entre las personas y fomentar un diálogo constructivo en lugar de caer en la descalificación y los juicios apresurados. Esto implica escuchar activamente a los demás, tratar de entender sus perspectivas y encontrar puntos en común para construir soluciones conjuntas.
- Promover la educación cívica: El fortalecimiento de la educación cívica es fundamental para cultivar una sociedad informada y comprometida. Esto implica educar a las personas sobre los principios democráticos, los derechos y responsabilidades ciudadanas, y fomentar el pensamiento crítico y la participación activa en la vida política.
- Combatir la corrupción y promover la transparencia: La corrupción es uno de los principales problemas que afectan a la política ecuatoriana. Es crucial implementar medidas efectivas para combatir la corrupción, fortalecer las instituciones encargadas de la rendición de cuentas y promover la transparencia en todos los niveles del gobierno.
- Promover la meritocracia y el empoderamiento ciudadano: Es necesario recompensar el mérito y el esfuerzo individual, brindando oportunidades equitativas para que todos puedan prosperar. Además, es esencial empoderar a los ciudadanos, brindándoles las herramientas y plataformas necesarias para participar de manera activa en

la toma de decisiones y en la solución de los problemas que afectan a la sociedad.

- Fomentar la inclusión tecnológica: La tecnología puede desempeñar un papel importante en la transformación positiva de la política. Promover la inclusión tecnológica significa aprovechar las herramientas y plataformas digitales para facilitar la participación ciudadana, mejorar la transparencia y fortalecer la gobernanza.

- Promover el respeto y la diversidad: Es crucial promover el respeto hacia todas las personas, independientemente de sus diferencias políticas, ideológicas o culturales. Valorar la diversidad y reconocer que la pluralidad de ideas enriquece el debate político puede contribuir a reducir la polarización y fomentar un ambiente más constructivo.

- Revalorizar el rol de la política y la responsabilidad ciudadana: En lugar de esperar que la política resuelva todos los problemas, es importante que los ciudadanos asuman su responsabilidad en la construcción de una sociedad mejor. Esto implica involucrarse activamente en la política, participar en elecciones, informarse sobre los problemas y desafíos del país, y exigir rendición de cuentas a los líderes políticos.

- En resumen, superar esta era de resentimientos y descalificaciones en la política ecuatoriana requiere un cambio de mentalidad tanto a nivel individual como colectivo. Promover la empatía, el diálogo constructivo, la transparencia, la participación ciudadana y el respeto mutuo son elementos clave para construir una sociedad más sana y un sistema político más sólido.

- Fomentar la educación política: Además de la educación cívica, es esencial fomentar la educación política en la sociedad. Esto implica proporcionar a las personas los conocimientos necesarios sobre los diferentes sistemas políticos, las ideologías y los procesos electorales. Una mayor comprensión de estos aspectos puede ayudar a las personas a analizar y evaluar de manera más crítica las propuestas políticas, evitando caer en discursos simplistas y populistas.

- Promover la colaboración y el consenso: En lugar de ver la política como una competencia en la que solo una parte puede ganar, es importante fomentar la colaboración y el consenso entre los diferentes actores políticos. Buscar soluciones que beneficien a la sociedad en su conjunto, más allá de las diferencias ideológicas, puede ser una forma efectiva de avanzar hacia un sistema político más inclusivo y equitativo.
- Fortalecer los mecanismos de participación ciudadana: Es esencial fortalecer los mecanismos de participación ciudadana para que los ciudadanos se sientan involucrados y representados en el proceso político. Esto puede incluir la promoción de consultas populares, la implementación de presupuestos participativos y la creación de espacios de diálogo entre la sociedad civil y los gobernantes.
- Combatir la desigualdad y la pobreza: Muchos de los problemas en la política ecuatoriana están relacionados con la desigualdad y la pobreza. Es necesario implementar políticas públicas efectivas que aborden estas problemáticas de manera integral, brindando oportunidades de desarrollo para todos los sectores de la sociedad. Al reducir las brechas sociales, se puede fomentar una mayor cohesión y confianza en el sistema político.
- Mejorar la calidad del debate público: Es fundamental elevar el nivel del debate público, fomentando la discusión basada en argumentos sólidos y evidencia. Promover la formación de opinión informada y crítica puede contribuir a evitar la propagación de desinformación y discursos polarizables. Los medios de comunicación y las redes sociales también desempeñan un papel importante en este aspecto, por lo que es necesario promover la ética periodística y la responsabilidad en la difusión de información.
- Cultivar una cultura de tolerancia y respeto: La construcción de una sociedad política saludable implica cultivar una cultura de tolerancia y respeto hacia las diferencias. Reconocer que existen múltiples perspectivas legítimas y aprender a debatir de manera constructiva, sin

caer en la descalificación personal, puede contribuir a la coexistencia pacífica y al fortalecimiento de la democracia.

- Exigir rendición de cuentas y transparencia: Los ciudadanos deben exigir a sus líderes políticos rendición de cuentas y transparencia en el ejercicio de sus funciones. La vigilancia ciudadana y la participación activa en la vida política son herramientas poderosas para garantizar que los líderes cumplan con sus responsabilidades y actúen en beneficio de la sociedad.
- Fomentar la responsabilidad política: Los políticos también deben asumir su responsabilidad en la construcción de una política más saludable. Esto implica actuar con ética, honestidad y compromiso hacia el bienestar de la sociedad. Los líderes
- políticos deben poner en primer lugar el interés público y trabajar de manera colaborativa para encontrar soluciones efectivas a los desafíos que enfrenta el país.
- Promover la diversidad y la inclusión: Es importante promover la diversidad y la inclusión en todos los niveles de la política ecuatoriana. Esto implica garantizar una representación equitativa de género, etnia, grupos minoritarios y diferentes sectores de la sociedad. Al tener una mayor diversidad de voces y perspectivas, se enriquece el debate político y se generan políticas más inclusivas.
- Impulsar una reforma política integral: Enfrentar los desafíos en la política ecuatoriana requerirá una reforma política integral. Esto implica revisar y fortalecer las instituciones, los sistemas electorales, las leyes de financiamiento político y los mecanismos de control y rendición de cuentas. Una reforma política sólida puede contribuir a construir una política más transparente, participativa y orientada al bienestar de la sociedad.
- Involucrarse en la política desde la base: Los ciudadanos también tienen un papel fundamental en la transformación de la política. Involucrarse desde la base, en organizaciones comunitarias, movimientos sociales y en la participación en elecciones, puede generar cambios significativos. Es importante no subestimar el poder de la participación

ciudadana y el impacto que puede tener en la configuración del panorama político.

- Superar la polarización: La polarización extrema y la confrontación constante entre diferentes grupos políticos son perjudiciales para la sociedad. Es necesario buscar puentes de entendimiento, promover el respeto hacia las diferentes visiones y trabajar en la construcción de consensos. Superar la polarización requiere un esfuerzo colectivo de escucha, empatía y búsqueda de soluciones en beneficio de todos.

- Crear una cultura de compromiso político: Por último, es esencial fomentar una cultura de compromiso político, en la que los ciudadanos estén dispuestos a participar activamente y los líderes políticos actúen de manera responsable y ética. El compromiso político implica asumir la responsabilidad de construir un futuro mejor y trabajar juntos para lograrlo.

- En conclusión, superar los resentimientos y descalificaciones en la política ecuatoriana requiere un enfoque integral que involucre a todos los actores de la sociedad. Promover el diálogo constructivo, fortalecer la participación ciudadana, combatir la corrupción, promover la transparencia y promover una cultura de respeto y responsabilidad son elementos clave para avanzar hacia una política más saludable y una sociedad más cohesionada.

- Fomentar la educación en valores democráticos: Para construir una sociedad política sólida, es esencial fomentar la educación en valores democráticos desde una edad temprana. Esto implica enseñar a los niños y jóvenes sobre la importancia de la tolerancia, el respeto, la igualdad, la justicia y la participación ciudadana activa. La educación en valores promueve una cultura de convivencia pacífica y fortalece los cimientos de una política sana.

- Promover la responsabilidad mediática: Los medios de comunicación tienen un papel fundamental en la formación de la opinión pública y en el desarrollo de la política. Es esencial promover una responsabilidad mediática que se base en la objetividad, el equilibrio informativo y la verificación de datos. Los medios deben ser conscientes de su influencia y trabajar en pro de un periodismo ético y de calidad.

- Fomentar la colaboración entre sectores: La política ecuatoriana se beneficiaría de una mayor colaboración entre los diferentes sectores de la sociedad, como el sector privado, la sociedad civil y el gobierno. Establecer espacios de diálogo y trabajo conjunto puede generar soluciones más efectivas y sostenibles para los desafíos políticos, económicos y sociales que enfrenta el país.
- Incentivar la participación de la juventud: La participación política de la juventud es crucial para construir un futuro sólido y promover cambios positivos en la política ecuatoriana. Es importante incentivar y facilitar la participación activa de los jóvenes en la toma de decisiones políticas, brindando oportunidades para que expresen sus ideas, preocupaciones y propuestas.
- Establecer mecanismos de control y sanción: Es necesario fortalecer los mecanismos de control y sanción para combatir la corrupción y garantizar la rendición de cuentas en la política. Establecer sistemas transparentes y eficientes que investiguen y sancionen los actos de corrupción fortalecerá la confianza de la ciudadanía en las instituciones y en los líderes políticos.
- Construir consensos en temas fundamentales: Para avanzar en la política ecuatoriana, es importante buscar consensos en temas fundamentales que afectan a la sociedad en su conjunto. Esto implica dejar de lado las diferencias partidistas y trabajar en pos de objetivos comunes, como la lucha contra la pobreza, el desarrollo sostenible, la educación de calidad y el fortalecimiento de la democracia.
- Promover una política de largo plazo: En lugar de enfocarse únicamente en resultados a corto plazo, es fundamental promover una política de largo plazo que aborde los desafíos estructurales del país. Esto implica la implementación de políticas públicas consistentes, que trasciendan los ciclos electorales y se enfoquen en el bienestar a largo plazo de la sociedad.

- Recuperar la confianza en la política: La recuperación de la confianza de la ciudadanía en la política es un proceso fundamental. Para lograrlo, los líderes políticos deben actuar de manera transparente, ética y responsable, cumpliendo sus promesas

- Fomentar la participación política informada: Es esencial promover la participación política informada, donde los ciudadanos se involucren en los procesos políticos con conocimiento y comprensión de los problemas y propuestas. Esto implica fomentar la alfabetización política, proporcionar información objetiva y accesible sobre los temas políticos y brindar espacios de discusión y debate para que los ciudadanos puedan formar opiniones fundamentadas.

- Fortalecer la independencia de las instituciones: Es necesario fortalecer la independencia de las instituciones políticas, como el poder judicial, los organismos de control y los entes electorales. Esto garantiza un equilibrio de poderes y evita la concentración excesiva de autoridad, lo que contribuye a una mayor transparencia y rendición de cuentas en la política.

- Generar espacios de diálogo y negociación: El diálogo y la negociación son fundamentales para resolver conflictos y llegar a acuerdos en la política. Promover la apertura de espacios de diálogo entre los diferentes actores políticos, escuchar y considerar diferentes perspectivas, y buscar soluciones consensuadas puede ayudar a superar los enfrentamientos y avanzar hacia una política más colaborativa.

- Impulsar la ética política: La ética política debe ser una prioridad en la política ecuatoriana. Los líderes políticos deben actuar con integridad, honestidad y responsabilidad, evitando el nepotismo, el favoritismo y los actos de corrupción. Fomentar una cultura política ética promoverá la confianza de la ciudadanía en las instituciones y en los representantes políticos.

- Promover la inclusión de voces diversas: Es importante promover la inclusión de voces diversas en la política ecuatoriana. Esto implica garantizar la participación activa de mujeres, personas de diferentes etnias, comunidades indígenas, personas con discapacidades y otros grupos subrepresentados. Al hacerlo, se enriquece el debate político y se promueve la igualdad de oportunidades para todos los ciudadanos.

- Establecer mecanismos de control ciudadano: La participación ciudadana no se limita solo a votar en elecciones. Es esencial establecer mecanismos de control ciudadano que permitan a la sociedad civil supervisar y evaluar el desempeño de los funcionarios públicos. Esto puede incluir la creación de comités de veeduría, auditorías ciudadanas y la promoción de la transparencia en la gestión pública.

- Incentivar la renovación política: La renovación política es necesaria para evitar la perpetuación de prácticas negativas en la política. Incentivar la participación de nuevas generaciones y líderes emergentes puede traer consigo ideas frescas, innovadoras y una visión renovada para abordar los desafíos del país.

- Construir una sociedad crítica y comprometida: Finalmente, construir una sociedad crítica y comprometida es fundamental para transformar la política ecuatoriana. Los ciudadanos deben estar dispuestos a cuestionar, analizar y exigir a sus representantes políticos, así como a asumir su responsabilidad como agentes de cambio en la sociedad.

- Promover la transparencia en el financiamiento político: Es crucial promover la transparencia en el financiamiento político para evitar influencias indebidas y garantizar la equidad en la competencia política. Establecer reglas claras y estrictas sobre la financiación de campañas políticas, así como la divulgación pública de las fuentes de financiamiento, contribuirá a fortalecer la confianza en el sistema político.

- Fomentar la participación política de los grupos vulnerables: Es necesario garantizar la participación política de los grupos vulnerables, como las personas en situación de pobreza, migrantes, personas con discapacidades y minorías. Esto implica eliminar barreras y obstáculos que dificulten su participación, así como brindar apoyo y capacitación para empoderar a estos grupos y asegurar que sus voces sean escuchadas en la toma de decisiones.

- Fortalecer la cultura de debate y argumentación: Para superar los resentimientos y descalificaciones en la política, es esencial fomentar una cultura de debate y argumentación fundamentada en hechos y argumentos racionales. Promover el respeto mutuo, la escucha activa y el intercambio constructivo de ideas contribuirá a un clima político más saludable y enriquecedor

- Fortalecer la cultura de debate y argumentación: Para superar los resentimientos y descalificaciones en la política, es esencial fomentar una cultura de debate y argumentación fundamentada en hechos y argumentos racionales. Promover el respeto mutuo, la escucha activa y el intercambio constructivo de ideas contribuirá a un clima político más saludable y enriquecedor.

- Valorar la diversidad ideológica: La diversidad ideológica es una característica inherente a una sociedad democrática. En lugar de estigmatizar o descalificar las posturas políticas diferentes, es importante valorar la diversidad ideológica y reconocer que el diálogo entre diferentes enfoques puede enriquecer el debate y generar soluciones más completas y equilibradas.

- Priorizar el bienestar colectivo sobre los intereses individuales: En la política, es esencial priorizar el bienestar colectivo sobre los intereses individuales o de grupo. Los líderes políticos deben actuar con responsabilidad y tomar decisiones basadas en el beneficio de la sociedad en su conjunto, dejando de lado motivaciones personales o partidistas que puedan obstaculizar el progreso y desarrollo del país.

Fomentar la educación cívica: La educación cívica desempeña un papel crucial en la formación de ciudadanos conscientes y comprometidos con la política. Promover la educación cívica desde las etapas tempranas de la educación, enseñando los principios

- y valores democráticos, así como los derechos y responsabilidades ciudadanas, contribuirá a fortalecer la participación política informada y comprometida.
- Valorar la crítica constructiva: La crítica constructiva es necesaria en cualquier sistema político para identificar deficiencias, proponer mejoras y fomentar la rendición de cuentas. Es importante fomentar un ambiente donde la crítica sea bienvenida y se tome como una oportunidad de aprendizaje y crecimiento, tanto para los líderes políticos como para la sociedad en general.
- Mantener el diálogo con la sociedad civil: La sociedad civil desempeña un papel fundamental en el monitoreo y la participación activa en la política. Mantener un diálogo abierto y constante con organizaciones de la sociedad civil, escuchar sus demandas y propuestas, y considerar
- Promover la rendición de cuentas: La rendición de cuentas es un principio clave en la política ecuatoriana. Los líderes políticos deben ser responsables de sus acciones y decisiones, y estar dispuestos a informar y justificar sus actuaciones ante la ciudadanía. Fomentar una cultura de rendición de cuentas fortalecerá la confianza y la transparencia en la política.
- Incentivar la participación electoral: La participación electoral es fundamental para el funcionamiento de la democracia. Es importante incentivar y promover una participación activa en los procesos electorales, garantizando que los ciudadanos estén informados sobre las opciones políticas y los programas de gobierno, y que se sientan motivados y empoderados para ejercer su derecho al voto.
- Implementar reformas políticas necesarias: La política ecuatoriana puede beneficiarse de la implementación de reformas políticas que fortalezcan la democracia y mejoren la calidad de la representación. Estas reformas pueden

incluir cambios en los sistemas electorales, regulaciones sobre financiamiento político, mecanismos de participación ciudadana y fortalecimiento de las instituciones políticas.

- Fomentar la cultura de la paz y la no violencia: Para superar la crispación social y los resentimientos en la política, es esencial fomentar una cultura de la paz y la no violencia. Promover el diálogo, el respeto mutuo, la resolución pacífica de conflictos y la construcción de consensos contribuirá a generar un ambiente político más armonioso y constructivo.

- Promover la transparencia y el acceso a la información: La transparencia y el acceso a la información son fundamentales para fortalecer la confianza en la política. Es necesario garantizar el acceso oportuno y transparente a la información sobre la gestión pública, los procesos de toma de decisiones y las políticas implementadas. Esto permitirá una mayor participación ciudadana y un control más efectivo sobre las acciones de los líderes políticos.

- Fomentar la participación política en la era digital: En la era digital, es esencial fomentar la participación política a través de las plataformas en línea. Esto implica utilizar las redes sociales y otras herramientas digitales para promover el debate político, difundir información verificada y facilitar la participación ciudadana en la toma de decisiones políticas.

- Construir alianzas internacionales: La política ecuatoriana también puede beneficiarse de la construcción de alianzas internacionales. El intercambio de experiencias, buenas prácticas y cooperación con otros países puede contribuir al fortalecimiento de las instituciones políticas, la promoción de los derechos humanos, el desarrollo sostenible y la solución de desafíos comunes.

- Cultivar una ciudadanía activa y comprometida: En última instancia, cultivar una ciudadanía activa y comprometida es esencial para el desarrollo de una política saludable en Ecuador. Los ciudadanos deben asumir su responsabilidad como actores políticos, participar en la vida cívica, informarse sobre los temas políticos y estar dispuestos a contribuir al bienestar colectivo.

- Fortalecer la independencia de los medios de comunicación: La independencia de los medios de comunicación es fundamental para garantizar un sistema político transparente y equitativo. Es necesario proteger la libertad de prensa y promover políticas que salvaguarden la autonomía de los medios, evitando la concentración de poder mediático y asegurando la diversidad de voces y opiniones en el espacio público.

- Fomentar la educación política en las escuelas: La educación política en las escuelas desempeña un papel fundamental en la formación de ciudadanos conscientes y participativos. Introducir la educación política en los planes de estudio, brindando conocimientos sobre los fundamentos de la democracia, los derechos ciudadanos y el funcionamiento del sistema político, promoverá una ciudadanía informada y comprometida.

- Mejorar la calidad del debate político: Es esencial elevar la calidad del debate político, promoviendo argumentos fundamentados, el respeto mutuo y la búsqueda de soluciones constructivas. Evitar la polarización extrema, los discursos de odio y las descalificaciones personales contribuirá a generar un ambiente propicio para el diálogo y el entendimiento entre diferentes actores políticos.

- Promover la participación de la sociedad civil en la toma de decisiones: La participación activa de la sociedad civil en la toma de decisiones políticas es crucial para garantizar una democracia inclusiva y representativa. Fomentar espacios de participación ciudadana, como consultas públicas, mesas de diálogo y consejos consultivos, permitirá que la voz de la sociedad civil sea escuchada y considerada en la formulación de políticas públicas.

- Fortalecer la justicia y el Estado de derecho: La fortaleza del sistema judicial y el respeto al Estado de derecho son pilares fundamentales de un sistema político sólido. Es necesario garantizar la independencia y la imparcialidad del poder judicial, así como promover la transparencia y la eficiencia en la administración de justicia, para asegurar la protección de los derechos y el cumplimiento de las leyes.

- Abordar la desigualdad y la exclusión social: La desigualdad y la exclusión social son desafíos que deben ser abordados en la política ecuatoriana. Implementar políticas que promuevan la equidad, la inclusión y el acceso igualitario a los recursos y oportunidades contribuirá a construir una sociedad más justa y cohesionada.

- Estimular la participación política de los pueblos indígenas: Los pueblos indígenas son una parte integral de la sociedad ecuatoriana y su participación política debe ser valorada y promovida. Reconocer y respetar los derechos de los pueblos indígenas, incluyendo su participación en la toma de decisiones y la protección de su identidad y territorio, fortalecerá la democracia y la inclusión en el país.

- Promover la transparencia y la lucha contra la corrupción: La transparencia y la lucha contra la corrupción deben ser prioridades en la política ecuatoriana. Implementar mecanismos efectivos de control, sanción y prevención de la corrupción, así

- Impulsar la participación política de la juventud: Es esencial fomentar la participación política de los jóvenes, quienes representan el futuro del país. Crear espacios y oportunidades para que los jóvenes puedan expresar sus ideas, influir en las decisiones políticas y asumir roles de liderazgo contribuirá a una política más dinámica y representativa.

- Promover la igualdad de género en la política: La igualdad de género es fundamental en la política. Es necesario garantizar la participación equitativa de mujeres en todos los niveles de toma de decisiones políticas, promoviendo la paridad y eliminando barreras y discriminación de género. Esto contribuirá a una representación más justa y a la incorporación de perspectivas diversas en la agenda política.

- Fomentar la responsabilidad política: Los líderes políticos deben ser responsables de sus acciones y decisiones. Promover la responsabilidad política implica que los funcionarios públicos rindan cuentas por sus actos, respondan a las demandas de la ciudadanía y asuman consecuencias por conductas indebidas. Esto fortalecerá la confianza y la legitimidad de las instituciones políticas.

- Establecer mecanismos de control y sanción: Para garantizar una política íntegra, es necesario establecer mecanismos de control y sanción efectivos ante actos de corrupción, abuso de poder o incumplimiento de la ley. Instituciones y organismos encargados de investigar y sancionar prácticas indebidas fortalecerán la transparencia y la confianza en el sistema político.

- Fomentar la cooperación entre actores políticos: La cooperación y el trabajo conjunto entre los diferentes actores políticos son fundamentales para el desarrollo de políticas efectivas. Promover el diálogo, el consenso y la colaboración entre partidos políticos, líderes y movimientos sociales permitirá encontrar soluciones comunes y abordar los desafíos del país de manera más eficiente.

- Ampliar la participación política en las zonas rurales: Las zonas rurales son una parte esencial de la sociedad ecuatoriana y deben tener una representación política adecuada. Promover la participación política en estas áreas implica garantizar el acceso a la información, facilitar la participación electoral y brindar apoyo para la formación de líderes locales.

- Impulsar la implementación de políticas públicas efectivas: La política no se trata solo de discursos y promesas, sino de la implementación de políticas públicas efectivas. Es necesario asegurar que las propuestas políticas se traduzcan en acciones concretas, evaluando su impacto y ajustándolas según sea necesario para lograr los resultados deseados.

- Fomentar la cultura de la empatía y la solidaridad: La política debe estar enraizada en una cultura de empatía y solidaridad. Promover la comprensión mutua, el respeto por la diversidad y la preocupación por el bienestar de los demás contribuirá a una política más humana y centrada en el bien común.

- Establecer mecanismos de participación digital: La era digital ofrece oportunidades para ampliar la participación ciudadana en la política. Estable
- Fomentar la transición hacia energías renovables y sostenibles: La política debe promover activamente la transición hacia fuentes de energía renovables y sostenibles. Esto implica implementar políticas que fomenten la inversión en energías limpias, incentivar la eficiencia energética y reducir la dependencia de combustibles fósiles, contribuyendo así a la mitigación del cambio climático y la preservación del medio ambiente.
- Garantizar la seguridad y protección de los derechos humanos: La seguridad y la protección de los derechos humanos son fundamentales en la política. Es necesario asegurar el respeto de los derechos civiles, políticos, económicos, sociales y culturales de todos los ciudadanos, promoviendo políticas y medidas que prevengan la violencia, la discriminación y la violación de los derechos fundamentales.
- Establecer políticas de desarrollo inclusivas y sostenibles: La política debe orientarse hacia un desarrollo inclusivo y sostenible, que promueva la equidad, la justicia social y el respeto al medio ambiente. Esto implica implementar políticas de redistribución de la riqueza, fomentar la igualdad de oportunidades y promover prácticas económicas y sociales responsables con el entorno.
- Promover la participación política de los migrantes: Los migrantes juegan un papel importante en la sociedad ecuatoriana y su participación política debe ser valorada. Promover la participación política de los migrantes implica eliminar barreras legales y administrativas que dificulten su participación, así como brindar información y espacios de representación política adecuados.
- Fortalecer la cooperación interinstitucional: La cooperación interinstitucional es esencial para el buen funcionamiento del sistema político. Establecer mecanismos de colaboración entre diferentes instituciones, como el poder ejecutivo, legislativo y judicial, así como organismos de

control y fiscalización, permitirá una gobernanza más eficiente y un equilibrio de poderes adecuado.

- Promover la descentralización y el fortalecimiento de gobiernos locales: La descentralización política y el fortalecimiento de los gobiernos locales contribuyen a una mejor representatividad y eficacia en la toma de decisiones. Delegar poder y recursos a los gobiernos locales, promoviendo la participación ciudadana en la gestión pública a nivel local, permitirá una mayor cercanía entre los ciudadanos y los procesos políticos.

- Fomentar la participación de la academia y expertos en la formulación de políticas: La participación de la academia y expertos en la formulación de políticas públicas es fundamental para garantizar la calidad y la eficacia de las mismas. Promover la colaboración entre el ámbito académico y político, incentivando la investigación y la generación de conocimiento, permitirá una toma de decisiones basada en evidencias y enfoques técnicos.

- Implementar programas de educación política y formación cívica para funcionarios públicos: La formación política y cívica de los funcionarios públicos es esencial para su desempeño ético y eficiente. Implementar programas de educación política y formación cívica para los servidores públicos, promoviendo valores como la ética

- Promover la participación política de las personas con discapacidad: Es necesario garantizar la participación política plena y efectiva de las personas con discapacidad. Esto implica eliminar barreras físicas y sociales que dificulten su participación, brindar apoyo y adaptaciones necesarias, así como garantizar su representación en los procesos de toma de decisiones.

- Establecer mecanismos de protección para periodistas y defensores de derechos humanos: Los periodistas y defensores de derechos humanos desempeñan un papel crucial en la democracia y el resguardo de los derechos fundamentales. Es necesario establecer mecanismos de protección que salvaguarden su seguridad, así como promover la investigación y sanción de actos de violencia o amenazas en su contra.

- Incentivar la participación política de las minorías étnicas y culturales: Las minorías étnicas y culturales deben tener una participación política significativa y representativa. Esto implica promover su inclusión en los procesos de toma de decisiones, reconocer y respetar su identidad y cultura, y garantizar su acceso igualitario a los derechos y recursos políticos.

- Fomentar la colaboración entre sectores público, privado y sociedad civil: La colaboración entre los sectores público, privado y la sociedad civil es esencial para abordar los desafíos políticos de manera integral y efectiva. Fomentar alianzas estratégicas, diálogo y cooperación entre estos actores permitirá la construcción de soluciones conjuntas y sostenibles.

- Evaluar y monitorear la implementación de políticas públicas: La evaluación y el monitoreo de la implementación de políticas públicas son fundamentales para asegurar su efectividad y ajustarlas en caso necesario. Establecer mecanismos de seguimiento, evaluación de impacto y rendición de cuentas permitirá garantizar que las políticas respondan a las necesidades de la ciudadanía y logren los resultados esperados.

- Fomentar la participación política de las personas de la tercera edad: Las personas de la tercera edad también tienen un papel relevante en la política. Es necesario fomentar su participación, promoviendo su inclusión y eliminando barreras que dificulten su acceso a la participación política, así como reconociendo y valorando su experiencia y conocimientos.

- Promover la cultura de la legalidad y el respeto a las instituciones: La cultura de la legalidad y el respeto a las instituciones son fundamentales para el buen funcionamiento de la política. Promover el cumplimiento de las leyes, el respeto a los procesos democráticos y la confianza en las instituciones contribuirá a fortalecer el Estado de derecho y la estabilidad política.

- Fomentar la participación política de las organizaciones comunitarias: Las organizaciones comunitarias desempeñan un papel importante en la política local y la participación ciudadana. Es necesario fomentar su participación, apoyar su organización y promover su inclusión en los procesos de toma de decisiones, reconociendo su capacidad de representación y acción colectiva.
- Fortalecer la integridad electoral y la confianza en los procesos electorales.
- Promover la participación política de los jóvenes en situación de vulnerabilidad: Es importante garantizar la participación política de los jóvenes que se encuentran en situaciones de vulnerabilidad, como aquellos en riesgo de exclusión social, desempleo o falta de acceso a oportunidades. Brindar apoyo, generar espacios de participación inclusivos y promover políticas de igualdad de oportunidades contribuirá a su empoderamiento y representación política.
- Fomentar la participación política de las personas LGBT+: La diversidad sexual y de género debe ser reconocida y respetada en la política. Promover la participación política de las personas LGBT+ implica garantizar su inclusión y representación en los procesos de toma de decisiones, así como promover políticas que protejan sus derechos y combatan la discriminación.
- Impulsar la educación política y cívica en medios de comunicación: Los medios de comunicación desempeñan un papel importante en la formación de la opinión pública y la educación política. Impulsar la educación política y cívica en los medios, promoviendo la difusión de información objetiva, plural y fundamentada, contribuirá a una ciudadanía informada y crítica.
- Garantizar el acceso a la información pública: El acceso a la información pública es fundamental para una política transparente y democrática. Garantizar el acceso a la

información, promover la transparencia en la gestión pública y fortalecer los mecanismos de rendición de cuentas contribuirá a una mayor confianza ciudadana en el sistema político.

- Establecer mecanismos de participación política para personas con discapacidad intelectual: Es importante garantizar la inclusión y participación política de las personas con discapacidad intelectual. Establecer mecanismos de participación adaptados a sus necesidades, brindar apoyo y capacitación específica, y promover la representación de sus intereses en los procesos politicos, contribuirá a una sociedad más inclusiva y justa.
- Promover la participación política de las mujeres en zonas rurales: Las mujeres en zonas rurales a menudo enfrentan desafíos adicionales para su participación política. Es necesario promover su inclusión y participación, eliminando barreras como la falta de acceso a recursos, la discriminación de género y los estereotipos culturales, para asegurar su representación efectiva en la toma de decisiones políticas.
- Fomentar la participación política de las personas migrantes en el exterior: Las personas migrantes que residen en el exterior también tienen un interés y derecho legítimo en participar en los asuntos políticos de su país de origen. Promover su participación a través de mecanismos como el voto en el extranjero, la representación política en el exterior y la facilitación de su involucramiento contribuirá a una política más inclusiva y representativa.
- Garantizar la igualdad de oportunidades para candidatos políticos: Es necesario promover la igualdad de oportunidades para todos los candidatos políticos, independientemente de su género, origen étnico, orientación sexual, religión o cualquier otra característica personal. Eliminar barreras y prejuicios en los procesos electorales, así como promover medidas afirmativas, asegurará
- Fomentar la participación política de las personas con diversidad funcional: Las personas con diversidad

funcional deben tener igualdad de oportunidades para participar en la política. Promover su inclusión en los procesos políticos, eliminando barreras físicas y comunicativas, brindando apoyo y adaptando los espacios y procesos electorales, permitirá su plena participación y representación.

- Promover la participación política de los pueblos indígenas: Los pueblos indígenas son parte fundamental de la diversidad cultural y política de Ecuador. Es necesario promover su participación política, reconocer y respetar sus sistemas de gobierno tradicionales, y garantizar su representación efectiva en los procesos de toma de decisiones que afecten sus derechos y territorios.

- Establecer políticas de atención a víctimas de violencia política: Las víctimas de violencia política merecen atención y reparación. Establecer políticas específicas para brindar apoyo y protección a las víctimas, así como investigar y sancionar los actos de violencia política, contribuirá a garantizar la justicia y la no repetición de estos hechos.

- Fomentar la participación política de los trabajadores y sindicatos: Los trabajadores y sindicatos desempeñan un papel fundamental en la defensa de los derechos laborales y en la construcción de una sociedad más justa. Fomentar su participación política, promoviendo la libertad sindical, el diálogo social y la protección de los derechos laborales, contribuirá a una política más equitativa y democrática.

- Promover la participación política de las personas en situación de pobreza: Las personas en situación de pobreza también deben tener voz y participación en los procesos políticos. Fomentar su inclusión, brindar apoyo y capacitación, y reconocer su conocimiento y experiencia contribuirá a una política más sensible a las necesidades de los sectores más vulnerables.

- Impulsar la participación política de las nuevas generaciones: La participación política de las nuevas generaciones es clave para asegurar la continuidad y renovación de la democracia. Fomentar su involucramiento, promover su educación cívica y política, y brindarles espacios de participación active, contribuirá a una política más dinámica y orientada hacia el futuro.

Online del Ecuador 26

TIKTOKER: "El big data será prohibido en las elecciones ecuatorianas para evitar manipulaciones."

Existe evidencia en el mundo de que el big data manipulo las elecciones de un país

Si, existen ejemplos en los que se ha planteado la posibilidad de que el uso del Big Data haya influido en el resultado de elecciones en algunos países. Uno de los casos más conocidos es el relacionado con las elecciones presidenciales de Estados Unidos en 2016.

En dicho proceso electoral, se señaló que la consultora política Cambridge Analytica habría utilizado datos de millones de usuarios de Facebook sin su consentimiento para crear perfiles psicográficos y dirigir mensajes políticos personalizados a los votantes. Se argumentó que esta manipulación de datos habría influido en la toma de decisiones de los electores y, potencialmente, en el resultado de la elección.

Es importante tener en cuenta que el impacto exacto del uso del Big Data en los resultados electorales puede ser difícil de medir y evaluar de manera precisa. Sin embargo, estos casos han generado una mayor conciencia sobre la importancia de proteger la privacidad de los datos y garantizar la transparencia en el ámbito político.

Es fundamental que los gobiernos, los reguladores y las instituciones pertinentes trabajen para establecer marcos normativos sólidos que regulen el uso de datos en las elecciones, promoviendo la transparencia, la protección de la privacidad y la rendición de cuentas de los actores involucrados.

No obstante, es importante destacar que cada país y contexto electoral es diferente, por lo que es necesario analizar los casos específicos y evaluar las circunstancias particulares antes de generalizar los efectos del Big Data en las elecciones.

El uso del Big Data en las elecciones ecuatorianas y la posible prohibición para evitar manipulaciones

En la era digital, el uso del Big Data se ha convertido en una herramienta poderosa para recopilar, analizar y utilizar grandes cantidades de datos con el objetivo de obtener información valiosa. Sin embargo, su implementación en el ámbito político ha generado preocupaciones en términos de privacidad, manipulación y transparencia electoral.

En el contexto de las elecciones ecuatorianas, ha surgido el debate sobre la posibilidad de prohibir el uso del Big Data como medida para prevenir manipulaciones y garantizar la integridad del proceso electoral. Esta propuesta se basa en la premisa de que el uso indebido de datos personales y la manipulación de la información podrían influir en la toma de decisiones de los votantes y distorsionar el resultado de las elecciones.

Existen diferentes argumentos a favor de esta prohibición. Uno de ellos es la protección de la privacidad de los ciudadanos. El Big Data recopila y analiza grandes cantidades de información personal, lo cual plantea interrogantes sobre el uso ético y responsable de esos datos. Prohibir su uso en las elecciones podría salvaguardar la privacidad de los votantes y evitar que su información personal sea utilizada de manera indebida.

Otro argumento se relaciona con la necesidad de garantizar la transparencia electoral. El uso del Big Data en las campañas electorales puede permitir la creación de perfiles detallados de los votantes y el desarrollo de estrategias de microsegmentación que apuntan a grupos específicos de la población. Esto plantea preocupaciones sobre la equidad en la competencia política y la posibilidad de manipular la opinión pública a través de mensajes personalizados y adaptados a cada individuo.

Sin embargo, también existen opiniones en contra de la prohibición del Big Data en las elecciones. Algunos argumentan que su uso puede brindar ventajas en términos de análisis de tendencias, identificación de problemas y necesidades de la sociedad, y diseño de políticas públicas más efectivas. Además, se argumenta que es posible regular su uso y establecer mecanismos de control y transparencia para prevenir su manipulación.

En este sentido, sería necesario encontrar un equilibrio entre el uso responsable del Big Data y la protección de los derechos y la integridad del proceso electoral. Esto podría implicar la implementación de regulaciones claras y robustas que establezcan límites y salvaguardias en cuanto al manejo de datos personales, la transparencia de las campañas y la equidad en la competencia política.

En conclusión, el debate sobre la prohibición del uso del Big Data en las elecciones ecuatorianas se enmarca en la preocupación por la privacidad, la manipulación y la transparencia electoral. Esta discusión plantea la necesidad de encontrar un equilibrio entre el aprovechamiento de las herramientas tecnológicas para mejorar el proceso democrático y la protección de los derechos de los ciudadanos

Es importante considerar los posibles escenarios y consecuencias de prohibir el uso del Big Data en las elecciones ecuatorianas. A continuación, exploraremos algunos aspectos adicionales relacionados con esta temática:

-Limitaciones en la obtención de datos: La prohibición del uso del Big Data en las elecciones podría dificultar la recopilación de datos relevantes para comprender las preferencias y necesidades de los votantes. Esto podría limitar la capacidad de los partidos políticos y candidatos para diseñar estrategias efectivas y responder a las demandas de la ciudadanía.

-Innovación y tecnología: El Big Data ha impulsado la innovación en el ámbito político al proporcionar herramientas para el análisis de datos, la identificación de patrones y el desarrollo de estrategias más precisas. Prohibir su uso podría frenar el avance tecnológico en el campo electoral y limitar el acceso a información valiosa que podría contribuir al desarrollo de políticas públicas más eficientes.

-Desinformación y propaganda: La prohibición del uso del Big Data no eliminaría necesariamente el riesgo de desinformación y propaganda en las elecciones. Estas prácticas pueden surgir de otras fuentes y mecanismos, independientemente del uso de datos masivos. Es esencial abordar estos problemas de manera integral, promoviendo la educación cívica, la alfabetización mediática y la verificación de hechos como herramientas fundamentales para contrarrestar la desinformación.

-Regulación y transparencia: En lugar de prohibir el uso del Big Data, otra opción es establecer regulaciones claras que aseguren la transparencia y el uso ético de los datos en el ámbito electoral. Esto podría incluir la implementación de normativas que protejan la privacidad de los votantes, exijan la rendición de cuentas de los partidos políticos y candidatos en relación con el manejo de datos, y establezcan mecanismos de supervisión y sanciones en caso de incumplimiento.

Es esencial destacar que el debate sobre la prohibición del Big Data en las elecciones no tiene respuestas definitivas y requiere un análisis exhaustivo de los diferentes aspectos involucrados. La protección de los derechos de los ciudadanos, la integridad del proceso electoral y la promoción de la participación ciudadana son elementos clave que deben considerarse en cualquier decisión tomada al respecto.

TIKTOKER: "Ayúdanos con la seguridad en el Ecuador. ¿Cómo puedo hacerlo yo? ¡Pero yo no soy un policía y no estoy armado! Si te descargas la APP del gobierno, en la cual puedes enviarnos videos en tiempo real, puedes ayudar a prevenir, detener y capturar a los malos. No te preocupes, el resto lo hace la Policía Nacional."

La seguridad es un aspecto fundamental para el bienestar de una sociedad. En el Ecuador, como en muchos otros países, es importante contar con la participación activa de los ciudadanos para garantizar un entorno seguro. Aunque no seas un policía o no estés armado, existen diversas formas en las que puedes contribuir a mejorar la seguridad en tu comunidad.

Una de las herramientas más efectivas que ha surgido en los últimos años es el uso de la tecnología para fortalecer la seguridad ciudadana. El gobierno ecuatoriano ha desarrollado una aplicación móvil que permite a los ciudadanos colaborar en la prevención y combate del crimen. Esta aplicación, disponible para su descarga, permite enviar videos en tiempo real a las autoridades competentes, facilitando la identificación y captura de los delincuentes.

El proceso es sencillo: al presenciar alguna situación sospechosa o delictiva, puedes activar la aplicación y comenzar a grabar el evento en tiempo real. Luego, el video se envía automáticamente a la Policía Nacional, quienes tomarán las medidas necesarias para investigar y actuar en consecuencia. Al utilizar esta aplicación, estás contribuyendo a prevenir y detener el delito, brindando información valiosa a las autoridades encargadas de mantener la seguridad.

Es importante destacar que tu seguridad personal es primordial. Si te encuentras en una situación de riesgo, es fundamental priorizar tu integridad y buscar ayuda o refugio seguro antes de intervenir. La aplicación del gobierno no busca que los ciudadanos se enfrenten directamente a los delincuentes, sino que sirve como una herramienta de colaboración para proporcionar información y apoyo a las fuerzas de seguridad.

Además de utilizar la aplicación, hay otras formas en las que puedes contribuir a mejorar la seguridad en tu entorno. Algunas de estas acciones incluyen:

-Mantén una comunicación fluida con tus vecinos: La colaboración y el apoyo mutuo entre los residentes de un vecindario son fundamentales para prevenir el delito. Establecer redes de comunicación y compartir información sobre situaciones sospechosas puede ser de gran ayuda para identificar y prevenir problemas.

-Participa en programas comunitarios: Muchas comunidades organizan programas de vigilancia ciudadana, capacitaciones sobre seguridad o grupos de vecinos vigilantes. Estos espacios permiten fortalecer los lazos comunitarios y compartir estrategias para mantener la seguridad en la zona.

-Reporta actividades sospechosas: Si observas movimientos o comportamientos extraños en tu comunidad, no dudes en reportarlos a las autoridades competentes. Proporcionar información detallada sobre las personas o vehículos involucrados puede ser clave para prevenir actos delictivos.

-Fomenta la iluminación y la limpieza de espacios públicos: Un entorno bien iluminado y limpio disuade a los delincuentes y crea un ambiente más seguro. Si notas que algún espacio público carece de iluminación adecuada o necesita atención en cuanto a su limpieza, puedes comunicarte con las autoridades locales para solicitar su mejora.

-Recuerda que la seguridad es una responsabilidad compartida. Si bien la Policía Nacional tiene la tarea de mantener el orden y la seguridad, la participación activa de los ciudadanos es esencial para prevenir y combatir el delito.

-Continuando con el tema de cómo puedes ayudar a mejorar la seguridad en el Ecuador, es importante destacar la importancia de promover una cultura de seguridad en la sociedad. Esto implica generar conciencia sobre la importancia de la seguridad y fomentar acciones que contribuyan a prevenir y reducir la delincuencia.

-Educación en seguridad: La educación desempeña un papel fundamental en la formación de ciudadanos responsables y conscientes de la seguridad. Es necesario promover programas educativos que enseñen a los niños y jóvenes sobre la importancia de respetar las leyes, prevenir la violencia y denunciar actividades delictivas.

-Sensibilización sobre medidas de seguridad: La difusión de información sobre medidas de seguridad en hogares, espacios públicos y lugares de trabajo puede marcar la diferencia en la prevención de delitos. Esto incluye promover el uso de sistemas de seguridad, como alarmas, cerraduras adecuadas y cámaras de vigilancia.

-Participación en programas de prevención del delito: Apoyar y participar activamente en programas de prevención del delito organizados por instituciones gubernamentales y organizaciones comunitarias. Estos programas suelen ofrecer orientación sobre cómo reconocer situaciones de riesgo, cómo protegerse y cómo reportar actividades delictivas.

-Fomento de la denuncia: Incentivar a la población a denunciar los delitos es fundamental para combatir la impunidad. Es importante concientizar a las personas sobre la importancia de reportar cualquier actividad sospechosa o delito presenciado. Esto puede hacerse a través de campañas de difusión y garantizando que existan canales seguros y confidenciales para realizar denuncias.

-Participación en programas de rehabilitación y reinserción: Además de la prevención, es fundamental abordar la rehabilitación de personas que han cometido delitos. Apoyar y participar en programas de reinserción social puede contribuir a reducir la reincidencia delictiva y promover la seguridad en la sociedad.

-Recuerda que cada pequeña acción cuenta y puede marcar la diferencia. No es necesario ser un policía o estar armado para contribuir a la seguridad de tu país. Al descargar la aplicación del gobierno y utilizarla adecuadamente, así como participar en programas comunitarios y promover una cultura de seguridad, estás brindando tu apoyo y colaboración para crear un entorno más seguro para todos.

-La seguridad es un derecho de todos los ciudadanos y, al trabajar juntos, podemos lograr avances significativos en la lucha contra el delito. No subestimes el poder de tu participación y el impacto que puedes tener en tu comunidad. Juntos, podemos construir un Ecuador más seguro y protegido para las presentes y futuras generaciones.

-Continuando con el tema de cómo puedes contribuir a la seguridad en el Ecuador, es importante destacar la importancia de la colaboración tanto con las autoridades como con la comunidad en general. Trabajar en conjunto fortalece los esfuerzos para prevenir y combatir la delincuencia. Aquí te presento algunas formas de colaboración:

-Mantén una comunicación fluida con las autoridades: Establece canales de comunicación con la Policía Nacional y otras instituciones encargadas de la seguridad en tu localidad. Participa en reuniones comunitarias, conoce a los oficiales de policía asignados a tu zona y comparte información relevante sobre incidentes o situaciones sospechosas. La comunicación directa y la retroalimentación son fundamentales para mejorar la respuesta y la prevención del delito.

-Participa en programas de vigilancia ciudadana: Únete a programas de vigilancia ciudadana o grupos de vecinos vigilantes en tu comunidad. Estos programas fomentan la colaboración entre los residentes y permiten un monitoreo constante de la zona. Organiza patrullas vecinales, establece horarios de vigilancia y comparte información sobre incidentes sospechosos. Recuerda siempre actuar de manera segura y respetar los límites legales.

-Apoya la labor de las autoridades: Reconoce y apoya la labor de la Policía Nacional y otras instituciones encargadas de la seguridad. Participa en campañas de reconocimiento a los agentes del orden y valora su dedicación y sacrificio. Además, brinda información y testimonios útiles en caso de haber sido víctima o testigo de algún delito. Tu colaboración puede ser crucial para la resolución de casos y la captura de delincuentes.

-Organiza actividades comunitarias de prevención: Impulsa la realización de actividades comunitarias enfocadas en la prevención del delito. Puedes organizar charlas, talleres o ferias educativas en las que se aborden temas como la autoprotección, el manejo de situaciones de riesgo y la promoción de valores cívicos. Estas iniciativas fortalecen los lazos entre la comunidad y las autoridades, generando un sentido de pertenencia y corresponsabilidad en la seguridad.

-Comparte información sobre seguridad: Utiliza las redes sociales, grupos comunitarios y otros medios de comunicación para difundir consejos de seguridad, alertas sobre nuevas modalidades delictivas y medidas de autoprotección. Cuanta más información esté disponible para la población, más preparados estarán los ciudadanos para enfrentar los desafíos de seguridad.

-Recuerda que la seguridad es un trabajo en equipo. Al colaborar con las autoridades y la comunidad, puedes marcar una diferencia significativa en la prevención y el combate del delito. Aunque no seas un policía o no estés armado, tu participación activa y tu compromiso con la seguridad pueden ayudar a crear un entorno más seguro y protegido para todos.

-En nuestra lucha por mejorar la seguridad en el Ecuador, es fundamental trabajar para promover entornos seguros y pacíficos. Esto implica fomentar la convivencia respetuosa, resolver conflictos de manera pacífica y crear comunidades unidas en torno a la seguridad y el bienestar. A continuación, presento algunas estrategias para lograrlo:

-Fortalecimiento de los lazos comunitarios: Promueve actividades que fomenten la interacción y el acercamiento entre los miembros de tu comunidad. Organiza eventos sociales, deportivos o culturales que propicien la integración y el conocimiento mutuo. Cuando las personas se conocen y se preocupan por el bienestar de los demás, se crea un sentido de pertenencia y una red de apoyo que contribuye a la seguridad.

-Resolución pacífica de conflictos: Impulsa la resolución pacífica de los conflictos en tu entorno. Promueve el diálogo, el entendimiento y la búsqueda de soluciones justas y equitativas. Fomenta el uso de métodos alternativos de resolución de conflictos, como la mediación o el arbitraje, para evitar el recurso a la violencia y el delito como formas de solución.

-Prevención de la violencia y la delincuencia desde temprana edad: Dirige tus esfuerzos hacia la prevención de la violencia y la delincuencia desde edades tempranas. Involúcrate en programas de educación y capacitación para niños y jóvenes, donde se promueva el respeto, la tolerancia y la resolución no violenta de los conflictos. La educación en valores y habilidades sociales es fundamental para prevenir la aparición de comportamientos delictivos.

-Empoderamiento de las mujeres y grupos vulnerables: Trabaja para promover el empoderamiento de las mujeres y grupos vulnerables en tu comunidad. Brinda apoyo a programas que promuevan la igualdad de género, el respeto y la protección de los derechos humanos. Al fortalecer a estos grupos y garantizar su participación activa en la sociedad, se contribuye a la creación de entornos más seguros y libres de violencia.

-Implementación de proyectos de desarrollo comunitario: Apoya y participa en proyectos de desarrollo comunitario que mejoren las condiciones de vida de las personas. La falta de oportunidades, la pobreza y la exclusión social pueden ser factores que contribuyen a la inseguridad. Al promover la educación, el empleo, la vivienda digna y el acceso a servicios básicos, se sientan las bases para un entorno más seguro y próspero.

-Recuerda que la seguridad va más allá de la prevención del delito. Se trata de crear un entorno en el que todas las personas puedan vivir sin miedo, en paz y con dignidad. Tu participación activa en la promoción de entornos seguros y pacíficos contribuirá a construir una sociedad más resiliente y equitativa.

-si en la APP se coloca para accionar una alarma sonora en el barrio y una en la estación de policía, eso haría que los criminales se inquieten y se vayan inmediatamente, la policía estaría enterada que existe un delito, si son delincuentes fuertemente armados la policía debería tener comunicación permanente con el ejército para poder aislarlos rápidamente.

-Uso de alarmas sonoras y coordinación con las autoridades

-En el contexto de mejorar la seguridad en el Ecuador, el uso de tecnologías como la aplicación móvil del gobierno puede ser una herramienta valiosa. Una función adicional que podría considerarse es la implementación de alarmas sonoras en el barrio y la estación de policía, lo cual podría generar una respuesta inmediata ante un delito y contribuir a disuadir a los delincuentes. Además, la coordinación efectiva entre la policía y el ejército en situaciones de alto riesgo podría ser crucial para aislar rápidamente a los delincuentes fuertemente armados. A continuación, profundizaremos en estos aspectos:

-Alarmas sonoras en el barrio: La implementación de alarmas sonoras en el barrio a través de la aplicación móvil podría desempeñar un papel importante para alertar a los residentes y a las autoridades sobre la presencia de un delito en curso. Al activar la alarma desde la aplicación, se enviaría una señal sonora a través de dispositivos instalados estratégicamente en el vecindario. Esto ayudaría a llamar la atención de las personas cercanas, incluyendo a los delincuentes, y a generar una respuesta rápida.

-Alarmas sonoras en la estación de policía: Paralelamente, al activar la alarma desde la aplicación, también se enviaría una señal sonora directamente a la estación de policía más cercana. Esto permitiría que las autoridades estén informadas de manera inmediata sobre la situación y puedan tomar medidas rápidas para intervenir y prevenir el delito. La comunicación instantánea entre los ciudadanos y la policía a través de la aplicación facilitaría una respuesta oportuna.

-Coordinación con el ejército: En situaciones donde los delincuentes estén fuertemente armados y representen un peligro significativo para la seguridad, la coordinación entre la policía y el ejército podría ser necesaria. Mantener una comunicación permanente y establecer protocolos claros de colaboración entre ambas instituciones permitiría una respuesta conjunta y coordinada en situaciones de alta complejidad y riesgo. La intervención conjunta de la policía y el ejército ayudaría a aislar rápidamente a los delincuentes y minimizar el riesgo para los ciudadanos.

-Es fundamental destacar que el uso de alarmas sonoras y la coordinación con el ejército deben realizarse dentro del marco legal y respetando los derechos humanos. Estas medidas deberían estar respaldadas por protocolos claros de actuación y ser implementadas por parte de las autoridades competentes de manera responsable y estratégica.

-La tecnología puede ser una aliada importante en la mejora de la seguridad ciudadana, pero es necesario que se utilice de manera adecuada y complementaria a otros enfoques, como la prevención, la participación ciudadana y el fortalecimiento institucional. La colaboración entre ciudadanos, policía, ejército y otras entidades involucradas es esencial para crear un entorno más seguro y protegido para todos.

-En el mundo como se tiene organizado la seguridad con respecto a la delincuencia puedes describir las más exitosas hasta ahora

-A nivel mundial, existen diversas estrategias y enfoques implementados para abordar la seguridad y combatir la delincuencia. Algunas de las más exitosas hasta ahora incluyen:

-Enfoque comunitario: Muchos países han adoptado el enfoque comunitario en la seguridad, que busca fortalecer la colaboración y la participación activa de la comunidad en la prevención del delito. Este enfoque involucra a los ciudadanos, organizaciones locales y autoridades en la implementación de programas de seguridad, patrullaje comunitario, participación en consejos de seguridad y promoción de la resolución pacífica de conflictos. Ejemplos exitosos de enfoque comunitario incluyen el modelo de Policía Comunitaria en Japón y el modelo de Policía de Proximidad en Brasil.

-Estrategias basadas en evidencia: Muchos países han adoptado estrategias basadas en evidencia para abordar la delincuencia. Estas estrategias se apoyan en investigaciones y análisis de datos para identificar los factores de riesgo y las intervenciones más efectivas. Algunas estrategias incluyen el enfoque de "tolerancia cero" en Nueva York, que se basa en la aplicación estricta de leyes y el abordaje de delitos menores para prevenir la escalada del crimen, y el programa "Ceasefire" en Boston, que se enfoca en la reducción de la violencia armada a través de la colaboración entre la comunidad y las autoridades.

-Políticas de prevención del delito: Enfoques preventivos que buscan abordar las causas subyacentes de la delincuencia han demostrado ser exitosos en varios países. Estas políticas se centran en la educación, el desarrollo de habilidades, el fortalecimiento de los vínculos familiares, el acceso a empleo y oportunidades, y la reducción de la desigualdad social. Por ejemplo, el programa "Estrategia Homicidio Cero" en Escocia se enfoca en la prevención de la violencia a través de la educación y el apoyo a jóvenes en situación de riesgo.

-Cooperación internacional: La cooperación internacional en materia de seguridad también ha sido fundamental para abordar delitos transnacionales, como el tráfico de drogas, el tráfico de personas y el terrorismo. Los acuerdos y colaboraciones entre países permiten compartir información, coordinar acciones conjuntas y fortalecer los mecanismos de extradición y justicia. Ejemplos de cooperación internacional exitosa incluyen la Europol en Europa, Interpol a nivel global y la colaboración entre países en el ámbito de la seguridad fronteriza.

-Es importante destacar que no existe una estrategia única que sea aplicable a todos los contextos. Cada país enfrenta desafíos específicos en materia de seguridad y requiere de enfoques adaptados a su realidad socioeconómica, cultural y legal. El éxito de estas estrategias depende de una combinación de factores, como la participación ciudadana, el fortalecimiento institucional, la coordinación entre diferentes actores y la evaluación continua de las políticas implementadas.

-Uso de tecnología y análisis de datos: Muchos países han adoptado tecnologías avanzadas y el análisis de datos para fortalecer la seguridad y prevenir el delito. Esto incluye la implementación de sistemas de videovigilancia, reconocimiento facial, análisis de patrones delictivos y sistemas de alerta temprana. Por ejemplo, en Singapur, se utiliza extensivamente la videovigilancia y el análisis de datos para detectar comportamientos sospechosos y prevenir la delincuencia. El uso de estas tecnologías puede mejorar la capacidad de respuesta de las autoridades y ayudar a prevenir la comisión de delitos.

-Enfoques de rehabilitación y reinserción: Además de las estrategias de prevención y represión, muchos países han adoptado enfoques de rehabilitación y reinserción para reducir la reincidencia y abordar las causas subyacentes de la delincuencia. Estos enfoques se centran en brindar oportunidades de educación, capacitación laboral, asesoramiento psicológico y programas de apoyo para aquellos que han cometido delitos. El objetivo es proporcionar a los individuos las herramientas necesarias para reintegrarse en la sociedad y evitar futuras conductas delictivas.

-Enfoque de género y prevención de la violencia contra las mujeres: Muchos países han reconocido la importancia de abordar la violencia de género y la violencia contra las mujeres como parte de sus estrategias de seguridad. Se han implementado políticas y programas para prevenir y responder a la violencia doméstica, la trata de personas y la violencia sexual. Estos enfoques incluyen la promoción de la igualdad de género, la sensibilización sobre los derechos de las mujeres y la creación de redes de apoyo para las víctimas.

-Participación ciudadana y rendición de cuentas: La participación ciudadana activa y la rendición de cuentas de las autoridades son fundamentales para fortalecer la seguridad. Muchos países han implementado mecanismos de participación ciudadana, como consejos de seguridad, comités vecinales y programas de colaboración entre la comunidad y la policía. Estos mecanismos permiten que los ciudadanos expresen sus preocupaciones, compartan información y colaboren con las autoridades en la toma de decisiones relacionadas con la seguridad.

-Es importante destacar que la efectividad de estas estrategias puede variar según el contexto y la implementación adecuada. Cada país debe adaptar estas estrategias a sus necesidades y desafíos específicos, considerando factores como la cultura, la legislación y las capacidades institucionales. La combinación de enfoques preventivos, represivos y rehabilitadores, junto con la cooperación internacional, puede ayudar a crear entornos más seguros y resilientes en todo el mundo.

¿Cuál es el sistema más avanzado del mundo en relación con la lucha contra el crimen?

-Es difícil determinar un sistema específico como el más avanzado del mundo en relación con la lucha contra el crimen, ya que cada país tiene su propio enfoque y contexto particular. Sin embargo, algunos países son reconocidos por su enfoque y tecnologías avanzadas en la seguridad y el combate contra el crimen. A continuación, mencionaré algunos ejemplos:

-Singapur: Singapur es conocido por su enfoque riguroso y efectivo en la lucha contra el crimen. Utiliza tecnología avanzada, como sistemas de videovigilancia inteligente y análisis de datos, para monitorear y prevenir delitos. Además, cuenta con una fuerza policial altamente capacitada y una legislación estricta. El país tiene una de las tasas de criminalidad más bajas del mundo.

-Japón: Japón es reconocido por su enfoque comunitario en la seguridad. La Policía Comunitaria japonesa trabaja en estrecha colaboración con la comunidad para prevenir el delito y mantener la seguridad. Los agentes de policía establecen relaciones cercanas con los residentes y se enfocan en la prevención y resolución de problemas locales.

-Alemania: Alemania ha desarrollado una estrategia integral para combatir el crimen, con un enfoque en la cooperación entre diferentes agencias y una combinación de medidas preventivas y represivas. El país utiliza tecnología avanzada, como sistemas de vigilancia y análisis de datos, para identificar patrones delictivos y prevenir delitos.

-Países Bajos: Los Países Bajos son reconocidos por su enfoque innovador en la lucha contra el crimen. Han implementado programas exitosos de prevención del delito y rehabilitación de delincuentes, y han adoptado medidas para fomentar la participación ciudadana y fortalecer la relación entre la policía y la comunidad. Además, han desarrollado sistemas de información y tecnología avanzada para mejorar la eficiencia y la efectividad policial.

-Estos son solo algunos ejemplos de países que han implementado enfoques y tecnologías avanzadas en la lucha contra el crimen. Sin embargo, es importante tener en cuenta que la efectividad de un sistema de seguridad no solo depende de la tecnología utilizada, sino también de la voluntad política, el apoyo de la comunidad, el fortalecimiento institucional y el respeto por los derechos humanos.

Online del Ecuador 27.1

TIKTOKER: "Mente sana en cuerpo sano. Deporte al aire libre. Equipo para el levantamiento de pesas en todos los parques del país, bicicletas estáticas para cardio. ¡Un gimnasio completo al aire libre!"

Siguiendo con la idea de promover una mente sana en un cuerpo sano a través del deporte al aire libre, sería beneficioso considerar la incorporación de una variedad de actividades, como aeróbicos, yoga, artes marciales y sesiones de relajación. Estas opciones brindarían a las personas una amplia gama de opciones para mejorar su bienestar físico y mental. A continuación, exploraremos los beneficios de esta propuesta:

-Diversidad de opciones para diferentes preferencias: Al ofrecer una variedad de actividades al aire libre, se pueden satisfacer las preferencias individuales de las personas. Mientras algunos pueden disfrutar de la energía y la música de los aeróbicos, otros pueden encontrar la serenidad y el equilibrio en el yoga. Las artes marciales ofrecen disciplina, concentración y habilidades de autodefensa, mientras que las sesiones de relajación ayudan a reducir el estrés y promover la calma. Al tener diferentes opciones, se asegura que cada persona encuentre una actividad que se ajuste a sus necesidades y preferencias.

-Desarrollo de habilidades físicas y mentales: Cada una de estas actividades al aire libre ofrece beneficios únicos para el desarrollo físico y mental. Los aeróbicos mejoran la resistencia cardiovascular y la coordinación, mientras que el yoga promueve la flexibilidad, el equilibrio y la concentración. Las artes marciales desarrollan habilidades de autodefensa, fuerza y disciplina, mientras que las sesiones de relajación enseñan técnicas para reducir el estrés y promover la relajación. Al participar en estas actividades, las personas pueden desarrollar tanto habilidades físicas como mentales, lo que contribuye a un bienestar integral.

-Apoyo a estudiantes de licenciatura en deporte: La incorporación de instructores y profesores capacitados en estas disciplinas brindaría oportunidades valiosas para los estudiantes que estén siguiendo una licenciatura en deporte. Al trabajar junto a estos profesionales, los estudiantes podrían adquirir experiencia práctica en la enseñanza, la planificación de sesiones de ejercicio y la gestión de grupos. Esto complementaría su formación teórica y les proporcionaría una base sólida para su futura carrera.

-Promoción del bienestar y la salud mental: Estas actividades al aire libre, ya sea a través de aeróbicos, yoga, artes marciales o sesiones de relajación, tienen un impacto positivo en el bienestar y la salud mental. El ejercicio físico libera endorfinas, que generan sensaciones de bienestar y felicidad. El yoga y las sesiones de relajación reducen el estrés y promueven la relajación, ayudando a mejorar el equilibrio emocional. Las artes marciales, por su parte, fomentan la disciplina, la confianza y la concentración, contribuyendo a una mejor salud mental.

-Para implementar esta propuesta, sería necesario contar con instructores y profesores capacitados en cada disciplina, así como disponer de espacios adecuados en los parques y áreas al aire libre. Además, se deberían establecer horarios regulares y promover la participación activa de la comunidad, fomentando una cultura de bienestar en

-Continuando con la propuesta de ampliar la oferta de actividades al aire libre para el bienestar, es fundamental promover una cultura de bienestar en la comunidad. Para lograrlo, se pueden implementar diversas estrategias que fomenten la participación y el compromiso de las personas con estas actividades. A continuación, exploraremos algunas ideas para promover una cultura de bienestar:

-Campañas de concientización: Para crear conciencia sobre la importancia del bienestar físico y mental, se pueden llevar a cabo campañas de concientización en medios de comunicación locales, redes sociales y espacios comunitarios. Estas campañas pueden destacar los beneficios de las actividades al aire libre, como el impacto positivo en la salud, el manejo del estrés y la promoción de una vida equilibrada.

-Eventos comunitarios: Organizar eventos comunitarios centrados en el bienestar puede ser una excelente manera de reunir a las personas y fomentar la participación en actividades al aire libre. Estos eventos podrían incluir clases abiertas de aeróbicos, yoga, artes marciales y sesiones de relajación, así como charlas informativas sobre salud y bienestar. Al crear un ambiente amigable y acogedor, se motivará a las personas a probar nuevas actividades y establecer conexiones sociales.

-Alianzas con instituciones educativas: Establecer alianzas con instituciones educativas, como universidades o centros de formación en deporte, permitirá involucrar a estudiantes de licenciatura en deporte en la promoción del bienestar en la comunidad. Estos estudiantes pueden organizar y liderar sesiones de ejercicio al aire libre, brindando instrucción y apoyo a los participantes. Esta colaboración también brindará a los estudiantes una oportunidad invaluable para aplicar sus conocimientos teóricos en un entorno práctico y real.

-Creación de grupos de apoyo: Además de las actividades físicas, es importante tener en cuenta el aspecto emocional del bienestar. La creación de grupos de apoyo en los que las personas puedan compartir sus experiencias, desafíos y logros relacionados con el bienestar puede ser muy beneficioso. Estos grupos pueden reunirse periódicamente en los espacios al aire libre para discutir temas de salud mental, estrategias de afrontamiento y fomentar el apoyo mutuo.

-Accesibilidad y diversidad: Para promover una cultura de bienestar inclusiva, es esencial que las actividades al aire libre sean accesibles para todas las personas, independientemente de su nivel de condición física, edad o habilidades. Esto implica proporcionar opciones adaptadas a diferentes capacidades, ofrecer horarios flexibles y garantizar que los espacios estén adecuadamente equipados. Además, es importante fomentar la diversidad en las actividades, incorporando enfoques culturales y tradicionales que reflejen la composición de la comunidad.

-Al implementar estas estrategias, se puede crear un entorno propicio para la promoción del bienestar físico y mental en la comunidad. La participación activa de instructores, profesores de licenciatura en deporte y otros profesionales del campo será fundamental para garantizar el éxito de estas iniciativas. A medida que más personas se involucren en actividades al aire libre.

TIKTOKER: "Compras directas a los agricultores. Crearemos una APP para que la gente esté enterada en tiempo real de dónde hay el producto para comprar directamente al agricultor. Así, el usuario final podrá ir a comprarlo directamente. Si tienes los recursos, como un carro, vives cerca o te has unido a un grupo con la misma necesidad, se organizarán para poder adquirirlo a bajo precio y fresco. Evitaremos que el agricultor lo tire por no poder sacarlo a la venta. De esta manera, todos salimos ganando y tendremos leche fresca para nuestros estudiantes, huevos, etc. Se generarán nuevos empleos porque las personas emprendedoras encontrarán nuevos nichos de mercado. Entre todos podemos hacer la diferencia, cada uno de nosotros es necesario."

Compras directas a los agricultores y creación de una aplicación móvil

La implementación de un sistema de compras directas a los agricultores a través de una aplicación móvil puede ser una forma efectiva de conectar a los productores agrícolas con los consumidores finales, generando beneficios tanto para los agricultores como para la comunidad. A continuación, exploraremos los aspectos clave y los beneficios de esta propuesta:

-Creación de una aplicación móvil: Para facilitar las compras directas, se desarrollará una aplicación móvil que permitirá a los agricultores anunciar y ofrecer sus productos en tiempo real. Esta aplicación ofrecerá a los usuarios la posibilidad de ver qué productos están disponibles, así como información sobre los agricultores y sus prácticas agrícolas. Además, se podrán establecer opciones de búsqueda y filtros para que los usuarios encuentren fácilmente los productos que deseen adquirir.

-Conexión directa entre agricultores y consumidores: La aplicación móvil servirá como un intermediario virtual, eliminando las barreras tradicionales entre los agricultores y los consumidores finales. Los agricultores podrán mostrar sus productos, establecer precios justos y comunicarse directamente con los consumidores. Esto fomentará una relación más cercana y transparente, al tiempo que ofrecerá a los consumidores acceso a productos frescos y de alta calidad directamente del campo.

-Reducción del desperdicio de alimentos: Al facilitar la venta directa de productos agrícolas, se reducirá la cantidad de alimentos desperdiciados. Los agricultores podrán vender su producción de manera más eficiente, evitando desechar productos que no pueden llevar al mercado tradicional debido a la falta de demanda o a requisitos estrictos de calidad. Esto no solo beneficiará económicamente a los agricultores, sino que también contribuirá a la reducción del impacto ambiental asociado al desperdicio de alimentos.

-Precios más justos y asequibles: Al eliminar los intermediarios tradicionales, como los distribuidores y los minoristas, se reducirán los costos asociados al proceso de comercialización de los productos agrícolas. Esto permitirá a los agricultores establecer precios más justos para sus productos, al mismo tiempo que los consumidores podrán adquirir alimentos frescos a precios más asequibles. Esta forma de comercio directo beneficia tanto a los agricultores como a los consumidores, creando un sistema más equitativo.

-Generación de empleo y desarrollo económico: La implementación de esta aplicación móvil creará nuevas oportunidades de empleo, ya que se requerirá personal para desarrollar y mantener la plataforma, así como para brindar asistencia técnica a los agricultores y a los usuarios de la aplicación. Además, al promover la venta directa de productos agrícolas, se abrirán nuevas posibilidades de emprendimiento para aquellos que deseen involucrarse en la distribución y entrega de los productos, generando así un impacto positivo en la economía local.

-Fomento de la alimentación saludable y sostenible: Al facilitar el acceso a productos frescos y locales, esta iniciativa promoverá una alimentación más saludable y sostenible en la comunidad. Los consumidores podrán disfrutar de alimentos frescos y de temporada, cultivados de manera responsable y sin la necesidad de largos procesos de transporte. Además

-Además, la compra directa a los agricultores fomentará una mayor conexión con la fuente de los alimentos. Los consumidores podrán conocer la procedencia de los productos, las prácticas agrícolas utilizadas y, en algunos casos, incluso visitar las granjas y establecer una relación más cercana con los agricultores. Esto promoverá una mayor conciencia sobre la importancia de una alimentación saludable, así como el apoyo a la agricultura local y sostenible.

-Promoción de la seguridad alimentaria: Al fomentar la compra directa de alimentos frescos, se fortalecerá la seguridad alimentaria en la comunidad. Los consumidores tendrán acceso a productos recién cosechados, lo que garantiza una mayor calidad y frescura en comparación con los productos que pasan por múltiples etapas de transporte y almacenamiento. Además, al apoyar directamente a los agricultores locales, se contribuirá a la preservación de la agricultura y la producción de alimentos a nivel local, lo que es fundamental para una comunidad resiliente y autosuficiente.

-Beneficios para la comunidad educativa: Esta iniciativa también beneficiará a la comunidad educativa, ya que los productos agrícolas frescos podrán ser utilizados en las instituciones educativas, como escuelas y universidades. Los estudiantes podrán disfrutar de alimentos más nutritivos y frescos, lo que contribuirá a su bienestar y rendimiento académico. Además, se podrán desarrollar programas educativos que promuevan una mayor conciencia sobre la importancia de la agricultura local y sostenible.

Para implementar esta propuesta, será necesario desarrollar la aplicación móvil, establecer una red de agricultores participantes y promocionar la plataforma entre los consumidores. Asimismo, se requerirá una logística eficiente para la entrega de los productos adquiridos a través de la aplicación, lo cual podría involucrar la creación de puntos de recolección o la coordinación de servicios de entrega.

La implementación de un sistema de compras directas a los agricultores a través de una aplicación móvil no solo beneficia a los agricultores y a los consumidores finales, sino que también fomenta la seguridad alimentaria, promueve una alimentación saludable y sostenible, y genera oportunidades de empleo y desarrollo económico. Al conectar directamente a los agricultores y a los consumidores, podemos construir una comunidad más fuerte y consciente de la importancia de la agricultura local y la conexión con la fuente de nuestros alimentos.

-Participación de organizaciones y entidades locales: Para fortalecer la implementación de este sistema de compras directas, se puede buscar la colaboración de organizaciones locales, como cooperativas agrícolas, asociaciones de agricultores y entidades gubernamentales relacionadas con la agricultura y el desarrollo rural. Estas organizaciones pueden brindar apoyo técnico, capacitación y asesoramiento a los agricultores, así como promover la iniciativa en sus redes y comunidades.

-Educación y concienciación: Junto con la implementación de la aplicación móvil, es importante llevar a cabo campañas educativas y de concienciación sobre los beneficios de comprar directamente a los agricultores. Esto puede incluir talleres, charlas informativas y materiales educativos que destaquen la importancia de apoyar a los productores locales, fomentar la sostenibilidad y disfrutar de alimentos frescos y de calidad.

-Evaluación y retroalimentación continua: Es fundamental establecer mecanismos de evaluación y retroalimentación para garantizar la efectividad y mejora continua del sistema de compras directas. Esto puede involucrar encuestas a los usuarios de la aplicación móvil, reuniones con los agricultores para recopilar sus experiencias y desafíos, y la implementación de ajustes y mejoras con base en los comentarios recibidos.

-Expansión a otros productos y servicios: A medida que el sistema de compras directas a los agricultores se consolide, se puede considerar su expansión a otros productos y servicios relacionados. Esto puede incluir la inclusión de productos procesados como mermeladas, salsas o productos lácteos artesanales, así como la incorporación de servicios adicionales como visitas a las granjas o actividades de educación ambiental. De esta manera, se ampliará la oferta y se brindarán más opciones a los consumidores.

-Colaboración con otras iniciativas de agricultura sostenible: Para fortalecer aún más la cadena de suministro de alimentos sostenibles, se puede establecer colaboraciones con otras iniciativas relacionadas con la agricultura sostenible y la producción local. Esto puede incluir programas de certificación de agricultura ecológica, promoción de prácticas agrícolas sostenibles y la creación de sinergias con proyectos de agricultura urbana o comunitaria.

Al impulsar y promover el sistema de compras directas a los agricultores, se podrá establecer una conexión más directa y beneficiosa entre los productores y los consumidores. Además de apoyar a los agricultores locales, se fomentará la economía local, se promoverá la sostenibilidad y se disfrutará de alimentos frescos y saludables. La implementación exitosa de esta iniciativa requerirá el compromiso y la colaboración de agricultores, consumidores, organizaciones locales y entidades gubernamentales, trabajando juntos para construir una comunidad más fuerte y sostenible.

-Integración de métodos de pago seguros y accesibles: Para facilitar las transacciones entre los agricultores y los consumidores a través de la aplicación móvil, es importante integrar métodos de pago seguros y accesibles. Esto puede incluir opciones como pagos en línea, transferencias bancarias, billeteras digitales u otros métodos electrónicos. Asimismo, se pueden ofrecer alternativas para aquellos que no tengan acceso a estas formas de pago, como pagos en efectivo en puntos de recolección o sistemas de pago diferido.

-Fomento de la diversidad de productos y agricultura familiar: La aplicación móvil puede ser una plataforma para destacar y promover la diversidad de productos agrícolas que se cultivan en la región. Esto incluye productos orgánicos, de temporada y locales, así como la promoción de la agricultura familiar y tradicional. Al brindar visibilidad a estos productos, se apoya la conservación de la biodiversidad agrícola y se promueven prácticas sostenibles en la producción de alimentos.

-Alianzas estratégicas con otros actores relevantes: Es importante establecer alianzas estratégicas con otros actores relevantes en la cadena alimentaria, como restaurantes, hoteles, instituciones educativas y empresas de catering. Estas alianzas pueden generar beneficios mutuos al garantizar un suministro constante de productos frescos y de calidad para estos negocios, al tiempo que se apoya directamente a los agricultores locales. Asimismo, estas colaboraciones pueden contribuir a la promoción de la iniciativa y ampliar su impacto en la comunidad.

-Monitoreo de la calidad y seguridad de los productos: Para garantizar la confianza de los consumidores, es necesario establecer mecanismos de monitoreo de la calidad y seguridad de los productos ofrecidos a través de la aplicación móvil. Esto puede incluir la implementación de buenas prácticas agrícolas, controles de calidad en la producción y el cumplimiento de regulaciones sanitarias y de higiene. Asimismo, se pueden establecer sistemas de retroalimentación y calificaciones por parte de los consumidores para fomentar la transparencia y la mejora continua.

-Escalabilidad y reaplicabilidad del modelo: A medida que la iniciativa se consolide y demuestre su efectividad, es importante considerar su escalabilidad y reaplicabilidad en otras regiones. Esto implica compartir las mejores prácticas, documentar los procesos y establecer lineamientos claros para facilitar la implementación en diferentes contextos. Al hacerlo, se podrá expandir el impacto de la iniciativa y generar cambios positivos en la forma en que se comercializan y consumen los alimentos.

La implementación de un sistema de compras directas a los agricultores a través de una aplicación móvil ofrece numerosos beneficios, como el apoyo a los agricultores locales, la promoción de la sostenibilidad y el acceso a alimentos frescos y saludables. Mediante la colaboración entre agricultores, consumidores, organizaciones locales y entidades gubernamentales, es posible establecer un modelo exitoso que fomente la economía local, la seguridad alimentaria y el bienestar de la comunidad en general.

-Impulso al desarrollo rural: La implementación de un sistema de compras directas a los agricultores también puede impulsar el desarrollo rural al promover la actividad económica en las áreas rurales. Al conectar directamente a los agricultores con los consumidores, se generan oportunidades de empleo y se fortalece la economía local, lo que a su vez contribuye a reducir la migración hacia áreas urbanas y a equilibrar el desarrollo entre zonas rurales y urbanas.

-Reducción del desperdicio de alimentos: Al facilitar la compra directa de productos frescos a los agricultores, se reduce la cadena de intermediarios y, por lo tanto, se disminuye el riesgo de desperdicio de alimentos. Los agricultores pueden vender sus productos de manera más eficiente, evitando pérdidas debido a la falta de demanda o dificultades logísticas. Esto contribuye a una gestión más sostenible de los recursos agrícolas y a la reducción del impacto ambiental asociado con el desperdicio de alimentos.

-Promoción de la agricultura sostenible: Al apoyar directamente a los agricultores locales, se fomenta la práctica de la agricultura sostenible. Los consumidores pueden buscar productos cultivados con prácticas amigables con el medio ambiente, como la agricultura orgánica o agroecológica. Asimismo, la interacción directa entre agricultores y consumidores puede ser una oportunidad para promover prácticas agrícolas respetuosas con la biodiversidad, la conservación de los suelos y el uso eficiente de los recursos naturales.

-Fortalecimiento de la identidad local y cultural: La compra directa a los agricultores no solo implica adquirir alimentos frescos, sino también establecer una conexión más profunda con la identidad local y cultural de la región. Los consumidores pueden descubrir productos típicos de la zona, preservar recetas tradicionales y valorar la diversidad culinaria. Esto enriquece la experiencia alimentaria, fomenta el orgullo de pertenencia y promueve la preservación de las tradiciones gastronómicas locales.

-Generación de comunidad y confianza: La implementación de un sistema de compras directas a los agricultores crea un sentido de comunidad entre los agricultores y los consumidores. Los consumidores conocen directamente a quienes cultivan sus alimentos, establecen relaciones de confianza y valoran la dedicación y el esfuerzo de los agricultores. Esto contribuye a fortalecer los lazos sociales y a crear una red de apoyo mutuo entre los actores involucrados.

-La implementación de un sistema de compras directas a los agricultores a través de una aplicación móvil ofrece una serie de beneficios, que van desde el apoyo a los agricultores locales y la promoción de la sostenibilidad, hasta la reducción del desperdicio de alimentos y el fortalecimiento de la identidad local. Al conectar directamente a los productores con los consumidores, se establece una relación más directa y transparente en la cadena alimentaria, promoviendo la economía local, la seguridad alimentaria y el desarrollo sostenible en las comunidades.

-Educación alimentaria: Además de facilitar la compra directa de alimentos a los agricultores, la aplicación móvil puede ser una plataforma para brindar educación alimentaria a los consumidores. Se pueden compartir recetas saludables, consejos nutricionales, información sobre la temporada de cultivo de diferentes productos y otros recursos que promuevan una alimentación equilibrada y consciente. Esto empodera a los consumidores para tomar decisiones informadas sobre su dieta y promueve una mayor apreciación por los alimentos frescos y de origen local.

-Fomento del consumo responsable: Al comprar directamente a los agricultores, los consumidores tienen la oportunidad de conocer la forma en que se producen los alimentos y la historia detrás de ellos. Esto fomenta el consumo responsable al valorar la calidad de los productos, apoyar prácticas agrícolas sostenibles y reducir la dependencia de productos industrializados. Los consumidores pueden tomar decisiones más conscientes y contribuir a un sistema alimentario más justo y sostenible.

-Inclusión de agricultores pequeños y locales: La aplicación móvil puede brindar oportunidades de inclusión para los agricultores pequeños y locales que a menudo tienen dificultades para acceder a los canales de distribución convencionales. Al promover directamente sus productos a través de la aplicación, se les brinda visibilidad y se les abre un mercado más amplio. Esto contribuye a fortalecer la economía local y a preservar la diversidad agrícola al apoyar a agricultores con producciones más especializadas y únicas.

-Evaluación y mejora continua: Es importante establecer mecanismos de evaluación y seguimiento para medir el impacto y la eficacia del sistema de compras directas a los agricultores. Se pueden realizar encuestas periódicas a los usuarios de la aplicación para recopilar comentarios y sugerencias de mejora. Asimismo, se pueden establecer indicadores de desempeño para evaluar la satisfacción de los agricultores y la calidad de los productos. Esto permite realizar ajustes y mejoras continuas en el sistema para garantizar su eficiencia y satisfacción de todos los actores involucrados.

-Promoción y difusión de la iniciativa: Para asegurar el éxito del sistema de compras directas a los agricultores, es fundamental llevar a cabo campañas de promoción y difusión. Se pueden utilizar diversos canales de comunicación, como redes sociales, medios de comunicación local, eventos comunitarios y alianzas estratégicas con organizaciones afines. Esto genera conciencia y motivación en los consumidores para unirse a la iniciativa, así como también atrae la participación de nuevos agricultores interesados en formar parte del sistema.

En resumen, la implementación de un sistema de compras directas a los agricultores a través de una aplicación móvil brinda numerosos beneficios, como la promoción de la educación alimentaria, el fomento del consumo responsable, la inclusión de agricultores pequeños y locales, y la mejora de la seguridad alimentaria. Al fortalecer la conexión entre productores y consumidores, se crea un sistema más transparente, sostenible y equitativo que beneficia a todos los actores involucrados y contribuye al desarrollo de comunidades más resilientes y saludables.

Online del Ecuador 29

TIKTOKER: "Cada 3 meses escolares habrá una semana de descanso. ¿Para qué? Reducir el estrés, impulsar la economía, disfrutar de la vida, igualarnos. Haz deporte, ten vida social y apaga todas las pantallas. Siéntate con tus amigos, dedícate a socializar, ve de vacaciones, contribuye a mover la economía consumiendo fuera. Claro que estas semanas serán descontadas de tus vacaciones largas."

Cada 3 meses escolares habrá una semana de descanso: Beneficios para reducir el estrés, mover la economía, vivir la vida y promover la igualdad.

En este artículo, exploraremos la propuesta de implementar una semana de descanso cada tres meses escolares, con el objetivo de ofrecer múltiples beneficios a los estudiantes y la sociedad en general. Esta medida busca reducir el estrés, fomentar la actividad física, fortalecer las relaciones sociales, estimular la economía local y permitir una mayor igualdad de oportunidades. Sin embargo, es importante tener en cuenta que estas semanas de descanso se descontarían de las vacaciones largas, a fin de mantener el equilibrio en el calendario escolar.

-Reducción del estrés y mejora del bienestar: El sistema educativo actual a menudo somete a los estudiantes a una carga de trabajo intensa y prolongada, lo que puede generar altos niveles de estrés y ansiedad. Al introducir una semana de descanso cada tres meses, se proporcionaría a los estudiantes un respiro necesario para recuperarse física y mentalmente. Este tiempo libre adicional permitiría relajarse, disfrutar de actividades placenteras y, en última instancia, mejorar el bienestar general de los estudiantes.

-Fomento de la actividad física y la vida social: La vida estudiantil suele estar dominada por largas horas de estudio y actividades académicas, dejando poco espacio para el ejercicio físico y la interacción social. Con la semana de descanso regular, los estudiantes tendrían la oportunidad de dedicar tiempo a actividades deportivas y recreativas. Esto no solo promovería un estilo de vida más saludable, sino que también fortalecería las relaciones sociales, permitiendo a los estudiantes conectarse con sus compañeros, amigos y familiares.

-Estimulación de la economía local: La implementación de una semana de descanso regular podría tener un impacto positivo en la economía local. Durante estos períodos, se espera que los estudiantes y sus familias realicen actividades recreativas, salgan de vacaciones y consuman en establecimientos locales como restaurantes, hoteles y lugares de entretenimiento. Este aumento en la demanda podría generar empleo y dinamizar la economía de la región, especialmente en áreas turísticas.

-Promoción de la igualdad de oportunidades: En muchos casos, las oportunidades para disfrutar de vacaciones o actividades recreativas están condicionadas por factores socioeconómicos. Al incluir semanas de descanso regulares en el calendario escolar, se brinda a todos los estudiantes la posibilidad de disfrutar de un tiempo libre adecuado, independientemente de su situación financiera. Esto ayudaría a reducir la brecha entre aquellos que pueden permitirse vacaciones y aquellos que no, promoviendo una mayor igualdad de oportunidades.

La implementación de una semana de descanso cada tres meses escolares podría ofrecer múltiples beneficios para los estudiantes y la sociedad en general. Al reducir el estrés, promover la actividad física, fortalecer las relaciones sociales y estimular la economía local, se busca mejorar el bienestar de los estudiantes y permitirles disfrutar de una vida más equilibrada. Es importante recordar que estas semanas se descontarían de las vacaciones largas.

-Apagando las pantallas y promoviendo la sociabilización: En la era digital en la que vivimos, muchos estudiantes pasan gran parte de su tiempo libre frente a pantallas, ya sea en dispositivos móviles, computadoras o televisores. Estas semanas de descanso proporcionarían la oportunidad perfecta para desconectarse de la tecnología y enfocarse en actividades que fomenten la interacción cara a cara. Sentarse con amigos, familiares o compañeros de clase, compartir experiencias y participar en conversaciones significativas puede fortalecer los vínculos humanos y mejorar las habilidades de comunicación.

-Oportunidad para irse de vacaciones: Para aquellos estudiantes y familias que tienen la posibilidad de hacerlo, estas semanas de descanso ofrecen la oportunidad de planificar y disfrutar de vacaciones más cortas pero igualmente enriquecedoras. Explorar nuevos destinos, conocer diferentes culturas y relajarse en entornos diferentes puede ser una experiencia educativa en sí misma. Además, el turismo interno o local también se beneficiaría, ya que las personas aprovecharían estas semanas para visitar lugares cercanos y contribuir así al desarrollo de la industria turística.

-Ajuste en el calendario escolar: Si bien la implementación de semanas de descanso regulares supondría una redistribución del tiempo escolar, es importante destacar que estas semanas se descontarían de las vacaciones largas. Esto garantizaría que el tiempo total de vacaciones se mantenga en línea con los estándares actuales, evitando afectar la cantidad total de tiempo libre que los estudiantes tienen durante el año escolar. De esta manera, se logra un equilibrio entre el descanso regular y las vacaciones más prolongadas.

La introducción de una semana de descanso cada tres meses escolares presenta una serie de beneficios significativos. No solo proporciona a los estudiantes una pausa necesaria para reducir el estrés y mejorar su bienestar general, sino que también promueve la actividad física, fortalece las relaciones sociales y estimula la economía local. Además, contribuye a la igualdad de oportunidades al brindar a todos los estudiantes la posibilidad de disfrutar de tiempo libre adecuado, independientemente de su situación económica. Es importante considerar esta propuesta como una forma de equilibrar la carga académica con la importancia de vivir una vida plena y saludable.

-Mejora en el rendimiento académico: Aunque pueda parecer contradictorio, la implementación de una semana de descanso cada tres meses escolares puede tener un impacto positivo en el rendimiento académico. El descanso regular permite a los estudiantes recargar energías, reducir el agotamiento y renovar su motivación. Al regresar a las aulas después de una semana de descanso, es más probable que los estudiantes estén más enfocados, creativos y dispuestos a aprender, lo que puede traducirse en un rendimiento académico mejorado.

-Oportunidad de dedicarse a actividades extracurriculares: La semana de descanso adicional proporciona a los estudiantes el tiempo y la libertad para explorar y participar en actividades extracurriculares. Muchas veces, debido a la carga académica, los estudiantes no pueden dedicar el tiempo suficiente a sus pasiones, ya sea en el arte, la música, el deporte u otras áreas. Con estas semanas de descanso programadas, los estudiantes podrían aprovechar este tiempo para desarrollar sus talentos, ampliar sus habilidades y encontrar un equilibrio entre el estudio y las actividades que les apasionan.

-Fortalecimiento del vínculo entre padres e hijos: El ritmo acelerado de la vida moderna puede dificultar la calidad del tiempo que los padres pasan con sus hijos. La introducción de semanas de descanso regulares brinda la oportunidad de fortalecer el vínculo entre padres e hijos. Al tener un tiempo libre adicional, las familias pueden dedicar momentos de calidad juntos, participar en actividades recreativas y crear recuerdos duraderos. Esto no solo beneficia la relación familiar, sino que también contribuye al bienestar emocional y psicológico de los estudiantes.

-Estimulación de la creatividad y la imaginación: El descanso regular y el tiempo libre son elementos fundamentales para estimular la creatividad y la imaginación en los estudiantes. Durante estas semanas de descanso, los estudiantes tendrían la libertad para explorar sus propias ideas, proyectos personales y desarrollar su pensamiento crítico. Sin la presión de las tareas y los exámenes, podrían enfocarse en actividades que despierten su creatividad, como la escritura, la pintura, la música o la exploración científica. Esto ayudaría a cultivar habilidades importantes para su desarrollo personal y futuro profesional.

La implementación de una semana de descanso cada tres meses escolares ofrece una amplia gama de beneficios para los estudiantes, sus familias y la sociedad en general. Al reducir el estrés, mejorar el bienestar, fomentar la actividad física y fortalecer las relaciones sociales, se promueve un equilibrio saludable en la vida estudiantil. Además, estas semanas de descanso también tienen el potencial de estimular la economía local, promover la igualdad de oportunidades y mejorar el rendimiento académico. Considerar esta propuesta es un paso importante hacia la creación de un sistema educativo que valore tanto el aprendizaje como la calidad de vida de los estudiantes.

Ahora vamos a explicar por qué en Reino Unido las escuelas y escuelas secundarias hacen una parada cada 3 meses (half term)

El concepto de "half term" se refiere a un período de descanso escolar que se lleva a cabo en el sistema educativo del Reino Unido, específicamente en Inglaterra, incluyendo Londres. Durante este tiempo, los estudiantes tienen un breve receso en el calendario escolar, generalmente de una semana de duración, aproximadamente cada tres meses.

-Existen varias razones por las cuales se implementa el half term en Londres y en el Reino Unido en general:

-Descanso y equilibrio: Al igual que en el desarrollo anterior, el half term brinda a los estudiantes la oportunidad de descansar y recuperarse del ritmo académico intenso. Estos períodos de descanso más cortos y regulares permiten que los estudiantes recarguen energías, eviten el agotamiento y mantengan un equilibrio saludable entre el estudio y el tiempo libre.

-Reducción del estrés y la fatiga: El half term es una medida para abordar el estrés y la fatiga acumulados durante el trimestre escolar. Proporciona un respiro necesario para que los estudiantes se despejen mentalmente, lo que puede contribuir a un mejor rendimiento académico a largo plazo.

-Oportunidad de planificar y disfrutar de actividades: Durante el half term, los estudiantes y sus familias tienen la oportunidad de planificar y disfrutar de actividades recreativas. Muchas familias aprovechan este tiempo para irse de vacaciones, explorar nuevos lugares, pasar tiempo juntos o participar en actividades culturales y deportivas. Esta flexibilidad promueve el bienestar general y fortalece los vínculos familiares.

-Beneficio para la industria del turismo y la economía local: El half term también tiene un impacto positivo en la economía local y en la industria del turismo. Durante estas semanas de descanso, muchas familias aprovechan para viajar, lo que implica gastos en transporte, alojamiento, restaurantes y actividades turísticas. Esto contribuye al impulso económico de las áreas visitadas y a la creación de empleo en el sector turístico.

-Tradición y estructura del sistema educativo: El half term se ha convertido en una parte integral del sistema educativo británico y se ha vuelto tradicional a lo largo de los años. Está incorporado en el calendario escolar como una pausa programada, permitiendo que tanto estudiantes como maestros planifiquen sus actividades y tengan períodos regulares de descanso.

En el caso de Londres, como una de las principales ciudades del Reino Unido, sigue el mismo patrón de implementación del half term como el resto del país. Sin embargo, es importante tener en cuenta que las políticas y las fechas exactas pueden variar según las autoridades educativas y las escuelas individuales.

En Reino Unido las universidades tambien hacen half term?

En el Reino Unido, el concepto de "half term" generalmente se aplica en el ámbito escolar, especialmente en escuelas primarias y secundarias (conocidas como "schools"). Sin embargo, las universidades en el Reino Unido tienen sus propias estructuras y calendarios académicos, que pueden diferir de las escuelas.

En las universidades británicas, los períodos de descanso y vacaciones se organizan de manera diferente en comparación con las escuelas. En lugar de tener un "half term" regular cada tres meses, las universidades suelen dividir su año académico en trimestres, semestres o términos.

Durante estos términos, hay pausas y períodos de vacaciones, que varían según la institución y el programa de estudios. Estas pausas pueden incluir un descanso de invierno (Winter Break), una pausa de primavera (Spring Break) y un descanso de verano (Summer Break). Además, algunas universidades pueden tener pausas adicionales entre los términos.

Es importante destacar que las fechas y la duración de estas pausas pueden variar entre las universidades del Reino Unido. Cada institución tiene su propio calendario académico, por lo que los estudiantes deben consultar el calendario de su universidad específica para conocer los períodos de descanso y vacaciones programados.

Aunque las universidades en el Reino Unido tienen estructuras y calendarios académicos diferentes a las escuelas, sí incluyen períodos de descanso y vacaciones en su programación, pero estos pueden diferir en duración y frecuencia del concepto de "half term" aplicado en las escuelas primarias y secundarias.

TIKTOKER: "Crearemos nuestro propio Hollywood, Viña del Mar y Televisa para dar empleo en películas y telenovelas."

Crear nuestro propio Hollywood, Viña del Mar y Televisa para generar empleo en películas y telenovelas es una propuesta emocionante que tiene el potencial de impulsar la industria del entretenimiento y promover el crecimiento económico. Estas tres referencias cinematográficas y televisivas son reconocidas a nivel mundial por su contribución a la producción audiovisual y la generación de empleo en sus respectivas regiones.

-Impulso a la industria del entretenimiento: Establecer un centro de producción cinematográfica y televisiva de renombre en una ciudad o región específica podría convertirse en un imán para la industria del entretenimiento. Al atraer inversiones, talento y profesionales de diversas disciplinas, se podría crear un ecosistema creativo y tecnológico propicio para la realización de películas y telenovelas de alta calidad.

-Generación de empleo directo e indirecto: La creación de nuestro propio Hollywood, Viña del Mar y Televisa podría generar empleo directo e indirecto en varias áreas. Además de los actores, actrices, directores y productores, habría oportunidades de trabajo en campos como la escritura de guiones, la dirección de arte, el diseño de vestuario, la producción técnica, la edición, los efectos visuales, la música, la promoción y el marketing, entre otros. Asimismo, se requerirían servicios de catering, transporte, seguridad y hospedaje, lo que contribuiría a impulsar otros sectores económicos.

-Estímulo al turismo y la economía local: La creación de un centro de producción cinematográfica y televisiva atraería a turistas interesados en visitar los lugares de filmación, así como en conocer la cultura y los paisajes de la región. Esto estimularía la economía local, generando ingresos a través de la industria hotelera, restaurantes, transporte y comercio en general. Además, se podrían crear tours temáticos relacionados con las películas y telenovelas producidas, lo que aumentaría el atractivo turístico de la zona.

-Fomento de la creatividad y la diversidad cultural: La creación de nuestro propio Hollywood, Viña del Mar y Televisa permitiría la expresión de diversas voces y perspectivas culturales a través del cine y la televisión. Al promover la producción de películas y telenovelas de diferentes géneros, estilos y temáticas, se fomentaría la creatividad y se daría espacio a la representación de diversas identidades y realidades, enriqueciendo la oferta audiovisual y brindando oportunidades para talentos emergentes.

-Colaboración y apoyo a la formación de profesionales: La creación de este centro de producción cinematográfica y televisiva podría fomentar la colaboración con instituciones educativas y programas de formación en el campo del cine y la televisión. Esto permitiría la capacitación y el desarrollo de profesionales locales, así como la atracción de talento

internacional interesado en participar en proyectos de producción. Además, se podría establecer programas de pasantías y becas para brindar oportunidades a jóvenes interesados en ingresar a la industria del entretenimiento.

La creación de nuestro propio Hollywood, Viña del Mar y Televisa tendría el potencial de impulsar la industria cinematográfica y televisiva en nuestra región, generando empleo y

contribuyendo al crecimiento económico. A continuación, exploraremos más beneficios de esta propuesta:

-Promoción del talento local: Al establecer nuestro propio centro de producción cinematográfica y televisiva, se abrirían oportunidades para los talentos locales, tanto frente a la cámara como detrás de ella. Esto permitiría que actores, actrices, directores, guionistas y profesionales de diversas disciplinas encuentren un espacio para mostrar su habilidad y creatividad. Además, se fomentaría la creación de una red de apoyo y colaboración entre los artistas locales, fortaleciendo la comunidad creativa.

-Impulso a la economía regional: La creación de un hub cinematográfico y televisivo tendría un impacto positivo en la economía regional. Se requerirían inversiones en infraestructuras de producción, estudios de grabación, equipos técnicos y servicios relacionados. Esto estimularía la demanda de productos y servicios locales, generando empleo no solo en la industria del entretenimiento, sino también en sectores como la construcción, el suministro de equipos audiovisuales, la alimentación, el transporte y otros.

-Atracción de inversiones y coproducciones internacionales: Establecer un centro de producción de renombre podría atraer inversiones y coproducciones internacionales. Esto no solo significaría un aumento en el flujo de capital, sino también la posibilidad de colaborar con equipos y talentos de diferentes países, enriqueciendo la industria local y fomentando la colaboración a nivel global. Las coproducciones internacionales también promoverían la diversidad cultural y la difusión de nuestras producciones en mercados internacionales.

-Proyección y promoción de la identidad cultural: La producción de películas y telenovelas en nuestra región brindaría una plataforma para proyectar y promover nuestra identidad cultural. Se podrían explorar temáticas y narrativas que reflejen nuestra historia, tradiciones, paisajes y problemáticas locales. Esto no solo nos permitiría contar nuestras historias de una manera auténtica, sino también mostrar al mundo la riqueza cultural y la diversidad de nuestra región.

-Generación de ingresos a largo plazo: Si logramos establecer un centro de producción exitoso, las películas y telenovelas producidas podrían generar ingresos a largo plazo a través de diferentes vías:

-a) Distribución y ventas internacionales: Si logramos crear contenidos de alta calidad que atraigan la atención tanto del mercado nacional como internacional, podríamos asegurar la distribución y venta de nuestras producciones en diferentes plataformas y mercados internacionales. Esto permitiría la generación de ingresos a través de acuerdos de licencia y la exportación de nuestras películas y telenovelas.

-b) Turismo cinematográfico: La producción de películas y telenovelas en nuestra región no solo atraería turistas interesados en visitar los lugares de rodaje, sino también aquellos que buscan vivir la experiencia del cine y la televisión. Se podrían ofrecer tours guiados por los sets de filmación, proporcionando a los visitantes una visión detrás de escena y oportunidades de interactuar con el proceso de producción. Estas actividades turísticas relacionadas con el cine generarían ingresos adicionales.

-c) Mercado de streaming y plataformas digitales: El auge de las plataformas de streaming ha revolucionado la forma en que se consumen las producciones audiovisuales. Si logramos producir contenidos atractivos y de calidad, podríamos asegurar acuerdos de distribución con plataformas digitales populares. Esto nos permitiría llegar a audiencias masivas y obtener ingresos a través de contratos de licencia o mediante la creación de nuestras propias plataformas de streaming.

-d) Venta de derechos y franquicias: Si nuestras películas y telenovelas logran destacarse y ganar popularidad, podríamos generar ingresos adicionales mediante la venta de derechos de adaptación y la creación de franquicias. Esto podría incluir la producción de secuelas, spin-offs, merchandising y otras formas de expansión de la propiedad intelectual asociada a nuestras producciones.

-Es importante tener en cuenta que el establecimiento de nuestro propio Hollywood, Viña del Mar y Televisa requeriría una inversión inicial significativa en infraestructuras, equipos, talento y promoción. Además, sería necesario contar con el apoyo de los gobiernos locales y nacionales, así como establecer alianzas estratégicas con la industria del entretenimiento y otros sectores afines.

La creación de nuestro propio centro de producción cinematográfica y televisiva tendría el potencial de generar empleo, estimular la economía local, promover nuestra identidad cultural y proyectar nuestra región a nivel nacional e internacional. Si se lleva a cabo de manera estratégica y sostenible, esta iniciativa podría convertirse en un motor de crecimiento y desarrollo para nuestra comunidad, creando un legado duradero en la industria del entretenimiento.

Online del Ecuador 30

TIKTOKER: "Si existen más de 5 gremios tomándose las calles, la asamblea posesionará nuevos generales de las fuerzas armadas y policía. Y se llamará a elecciones"

La situación de protesta en Quito ha sido desencadenada por un acumulado de descontento y reclamos ciudadanos ante diversas políticas y decisiones gubernamentales. La ciudadanía considera que su voz no ha sido suficientemente escuchada y que existe una falta de respuesta por parte del gobierno ante las problemáticas sociales y económicas que afectan al país. Como resultado, diferentes gremios han optado por tomar las calles como una forma de ejercer presión y hacer visibles sus demandas.

Ante esta situación, la asamblea ha decidido tomar medidas enérgicas para evitar cualquier intento de perpetuación en el poder por parte del presidente y garantizar el respeto a los principios democráticos. El nombramiento de nuevos generales de las fuerzas armadas y la policía nacional es una acción destinada a reforzar la institucionalidad y asegurar que las fuerzas de seguridad actúen en función del bienestar y la seguridad de la ciudadanía, sin estar involucradas en acciones que puedan amenazar la democracia.

Además, la convocatoria a elecciones representa una oportunidad para que el pueblo ecuatoriano se exprese y decida democráticamente el rumbo del país. Estas elecciones permitirán la elección de representantes políticos que puedan abordar las demandas y preocupaciones de la sociedad, y trabajar en la construcción de consensos y soluciones efectivas. Es un momento crucial para restablecer la confianza en las instituciones democráticas y abrir un diálogo constructivo entre el gobierno y los ciudadanos.

En resumen, la presencia de más de cinco gremios tomando las calles de Quito en protesta contra el gobierno ha llevado a la asamblea a tomar medidas drásticas. El nombramiento de nuevos generales en las fuerzas armadas y la policía nacional, junto con la convocatoria a elecciones, busca preservar la estabilidad democrática y asegurar que el poder político se ejerza en concordancia con los principios democráticos.

Nombramiento de nuevos generales de las fuerzas armadas y la policía

nacional

En un sistema democrático, el poder político debe ser ejercido de acuerdo con la voluntad de los ciudadanos, expresada a través de elecciones libres y justas. Sin embargo, en ocasiones, los líderes pueden intentar aferrarse al poder más allá de su mandato o buscar manipular las instituciones estatales, como las fuerzas armadas y la policía, para mantenerse en el cargo. Esto socava los principios democráticos y atenta contra la voluntad popular.

El nombramiento de nuevos generales tiene como objetivo asegurar que las fuerzas armadas y la policía nacional se mantengan neutrales e imparciales en el contexto político. Los nuevos líderes serán seleccionados con base en su integridad, profesionalismo y compromiso con el respeto a la Constitución y las leyes del país. Su designación busca evitar cualquier interferencia indebida en el proceso electoral y garantizar que las decisiones sean tomadas por la ciudadanía, sin manipulación o influencia indebida.

Además, este nombramiento también es un mensaje claro a la sociedad de que se están tomando medidas para preservar la independencia y la imparcialidad de las instituciones encargadas de velar por la seguridad y el orden público. Esta acción busca generar confianza en la población, mostrando que las fuerzas armadas y la policía están al servicio de la ciudadanía en su conjunto y no se inclinan hacia intereses políticos particulares.

Es importante destacar que el nombramiento de nuevos generales no implica una intervención directa en el proceso electoral ni una limitación de la libertad de expresión y manifestación. Por el contrario, busca proteger estos derechos fundamentales al asegurar que las protestas y manifestaciones sean tratadas con respeto a los derechos humanos y la dignidad de los ciudadanos.

En resumen, el nombramiento de nuevos generales de las fuerzas armadas y la policía nacional tiene como objetivo proteger el proceso democrático y evitar que el presidente en funciones se valga de estas instituciones para mantenerse en el poder. Al garantizar la neutralidad e imparcialidad de las fuerzas de seguridad, se busca preservar la integridad del proceso electoral y asegurar que las decisiones sean tomadas por la voluntad del pueblo. En las próximas hojas, exploraremos los desafíos y oportunidades que surgen de esta medida y su impacto en la estabilidad política del país.

Convocatoria a elecciones

Es importante Responsabilidad del presidente en situaciones de crisis: La Constitución establece que el presidente es responsable de garantizar el orden y la seguridad interna del país. En este sentido, el presidente tiene la obligación de tomar medidas adecuadas para mantener la paz y la estabilidad en el caso de paros o manifestaciones masivas. Sin embargo, es importante destacar que estas medidas deben ser proporcionales y respetar los derechos fundamentales de los ciudadanos. Y compromiso, trabajando en conjunto para abordar las demandas de la ciudadanía y construir soluciones sostenibles a largo plazo.

En resumen, la convocatoria a elecciones es un mecanismo esencial para restablecer la confianza en la democracia y permitir que la ciudadanía participe activamente en la toma de decisiones. Estas elecciones proporcionarán una oportunidad para elegir a los representantes políticos que aborden los desafíos del país de manera inclusiva y responsable. En las próximas hojas, profundizaremos en los detalles del proceso electoral, los plazos establecidos y los desafíos que podrían surgir durante esta etapa crucial de transición política.

Online del Ecuador 31

TIKTOKER: "¿Qué opciones deberíamos quitarle al Presidente del Ecuador en el momento de tener varios gremios en paro?:

- *Se deben nombrar nuevos Generales del Ejército Ecuatoriano y de la Policía Nacional.*
- *El Presidente de la República no podrá abandonar el Palacio de Gobierno hasta solucionar el problema del paro; de lo contrario, debería ser considerado abandono del poder y se procederá a llamar a nuevas elecciones."*

En el contexto específico de Ecuador, su Constitución actual, aprobada en 2008, establece principios fundamentales como el Estado de Derechos, la participación ciudadana, la democracia, la justicia y la solidaridad, entre otros. También garantiza los derechos fundamentales de los ciudadanos, incluido el derecho a la libertad de expresión, el derecho a la protesta pacífica y el derecho a elegir y ser elegido.

Responsabilidad del presidente en situaciones de crisis: La Constitución establece que el presidente es responsable de garantizar el orden y la seguridad interna del país. En este sentido, el presidente tiene la obligación de tomar medidas adecuadas para mantener la paz y la estabilidad en el caso de paros o manifestaciones masivas. Sin embargo, es importante destacar que estas medidas deben ser proporcionales y respetar los derechos fundamentales de los ciudadanos.

Se debería reformar la constitución, tal vez en caso de que el presidente de la República enfrente protestas y paros por parte de varios gremios, se tomarían las siguientes medidas:

-Designación de nuevos generales del Ejército y la Policía Nacional: Ante la situación de paro y con el fin de garantizar la seguridad y el orden público, se procederá a la designación de nuevos generales del Ejército y la Policía Nacional. Estos nombramientos se realizarán bajo criterios de mérito, capacidad y experiencia, garantizando la integridad de las instituciones y el respeto a los derechos humanos.

-Restricción de salida del presidente de la República: El presidente no podrá abandonar el palacio de gobierno hasta que se resuelva el problema del paro y se restaure la normalidad en el país. Esta medida tiene como objetivo asegurar la continuidad del diálogo y la búsqueda de soluciones efectivas.

En caso de que el presidente abandone el palacio de gobierno sin haber solucionado el problema del paro, se considerará un abandono del poder y se procederá a convocar a nuevas elecciones presidenciales en un plazo determinado, de acuerdo con los procedimientos establecidos por la ley electoral.

Estas disposiciones se aplicarán en situaciones excepcionales y con el objetivo de proteger el orden democrático, garantizar el respeto a los derechos de los ciudadanos y promover la estabilidad y gobernabilidad del país.

Las protestas y paros de larga duración pueden tener efectos significativos en diferentes aspectos de un país, incluyendo su economía, sociedad, democracia y el estado emocional de los ciudadanos. A continuación, se presenta un análisis de estos impactos:

-Impacto económico: Las protestas y paros prolongados pueden generar interrupciones en la actividad económica, especialmente en sectores clave como el comercio, la industria, el transporte y el turismo. Las empresas pueden experimentar disminución de sus ventas, dificultades para operar y pérdida de empleos. Además, las inversiones extranjeras pueden desacelerarse debido a la incertidumbre y la percepción de riesgo. La economía en general puede contraerse, lo que resulta en menor crecimiento y desarrollo.

-Impacto social: Las protestas prolongadas pueden generar tensiones y divisiones en la sociedad. Pueden surgir conflictos entre los manifestantes y quienes no participan en las protestas, lo que puede afectar las relaciones comunitarias y la cohesión social. Además, las protestas pueden tener impactos negativos en los servicios públicos, como la educación y la salud, lo que afecta a la población en general, especialmente a los grupos más vulnerables.

-Impacto democrático: Las protestas son una expresión legítima de la libertad de expresión y el derecho a la protesta pacífica, fundamentales en una democracia. Sin embargo, las protestas prolongadas pueden poner a prueba la capacidad del sistema político y las instituciones para abordar las demandas y canalizar las preocupaciones de los ciudadanos. En algunos casos, la respuesta del gobierno puede generar tensiones adicionales y cuestionar la calidad de la democracia.

-Impacto psicológico: Las protestas prolongadas pueden tener un impacto psicológico en los ciudadanos. La incertidumbre, el estrés y la tensión constante pueden generar ansiedad, frustración y agotamiento emocional en quienes participan en las protestas y en aquellos que se ven afectados por ellas. La sensación de inseguridad y la pérdida de confianza en las instituciones también pueden afectar el bienestar emocional de las personas.

Es importante destacar que los impactos pueden variar dependiendo del contexto específico de cada país y de las características de las protestas. Además, es fundamental que tanto los manifestantes como el gobierno busquen canales de diálogo y negociación para abordar las demandas de manera pacífica y constructiva, promoviendo soluciones consensuadas que permitan restablecer la estabilidad social y económica.

Los asesinatos durante las protestas son un aspecto extremadamente grave y preocupante. Tienen impactos significativos en varios niveles, tanto a nivel individual como colectivo, y pueden tener consecuencias a largo plazo en la sociedad y en el desarrollo del país. A continuación, se analizan algunos de estos efectos:

-Pérdida de vidas humanas: Los asesinatos durante las protestas representan la pérdida trágica e irreparable de vidas humanas. Cada pérdida implica un doloroso sufrimiento para las familias y comunidades afectadas. Estos actos de violencia pueden generar un clima de temor y desconfianza en la sociedad.

-Violación de los derechos humanos: Los asesinatos durante las protestas constituyen una violación grave de los derechos humanos, en particular el derecho a la vida y el derecho a la protesta pacífica. Estos actos de violencia atentan contra los principios fundamentales de la dignidad humana, la igualdad y la seguridad de las personas.

-Polarización y conflicto social: Los asesinatos durante las protestas pueden intensificar la polarización y el conflicto social en el país. Estos actos de violencia generan una profunda división entre diferentes grupos de la sociedad y pueden alimentar la desconfianza y el resentimiento, dificultando el diálogo y la construcción de consensos.

-Efectos en la estabilidad y la gobernabilidad: Los asesinatos durante las protestas pueden desestabilizar la gobernabilidad y la estabilidad del país. Estos actos de violencia erosionan la confianza en las instituciones y pueden provocar una pérdida de legitimidad del gobierno, lo que dificulta la capacidad de abordar las demandas y preocupaciones de la sociedad.

-Repercusiones en la imagen internacional: Los asesinatos durante las protestas pueden tener repercusiones negativas en la imagen internacional del país. La violencia y la falta de respeto por los derechos humanos durante las manifestaciones pueden generar condenas y críticas por parte de la comunidad internacional, lo que afecta la reputación y las relaciones exteriores del país.

-Destitución del presidente por daño a la imagen del país y pérdida de vidas: En casos extremos en los que se produzcan muertes durante las protestas y el presidente sea considerado responsable de acciones o decisiones que hayan dañado gravemente la imagen del país, se podría considerar la destitución del presidente. Estos casos requerirían un proceso de evaluación y análisis exhaustivo para determinar la responsabilidad y las consecuencias legales correspondientes.

Es importante destacar que cualquier acto de violencia durante las protestas debe ser condenado y que es fundamental garantizar el respeto de los derechos humanos y la seguridad de todas las personas involucradas. La prevención y el esclarecimiento de los asesinatos, así como la rendición de cuentas de los responsables, son elementos esenciales para fomentar la justicia y la reconciliación en la sociedad.

Online del Ecuador 32

TIKTOKER: "Sexo y familia, las cartas sobre la mesa. Implementaremos en las escuelas, colegios y universidades un seminario de educación sexual.

- *En las escuelas, para que sepan la responsabilidad de ser padres y el trabajo que conlleva, aparte del abandono de tus sueños. La familia es la base de la sociedad.*
- *En el colegio, será evaluado con nota para que esté claro los métodos de prevenir un embarazo, la influencia del porno y los riesgos médicos si se los practica. Y si alguien se ha casado, se dictarán cursos personalizados para saber qué les gusta o no y de esa manera mantener unida a la pareja a través de una relación sexual satisfactoria. Sexo seguro. Talleres sobre prácticas sexuales.*
- *En la universidad, será evaluado: psicólogos enseñando la tolerancia y el buen vivir en familia. Cómo educar a un hijo influenciado por drogas, videojuegos, el uso del móvil, etc."*

El tema de la educación sexual y su integración en las escuelas, colegios y universidades es de suma importancia en la sociedad actual. El objetivo principal es brindar a los jóvenes y adultos jóvenes información precisa y adecuada sobre la sexualidad, promoviendo una comprensión saludable de las relaciones íntimas y fomentando la responsabilidad personal. Al implementar seminarios de educación sexual en diferentes etapas educativas, se busca abordar aspectos cruciales relacionados con la sexualidad y la familia, enriqueciendo así la formación integral de los estudiantes.

En las escuelas:

La educación sexual en las escuelas tiene como finalidad brindar a los estudiantes una comprensión clara de la responsabilidad de ser padres y el trabajo que conlleva criar a un hijo. Es fundamental que los jóvenes comprendan las implicaciones emocionales, económicas y sociales de la paternidad y cómo esto puede afectar sus aspiraciones y metas personales. Al conocer las realidades de la maternidad y la paternidad, los jóvenes podrán tomar decisiones informadas sobre su vida sexual y reproductiva.

Además, es esencial abordar el abandono de los sueños y metas personales que puede surgir como resultado de embarazos no deseados o falta de planificación familiar. Los seminarios de educación sexual pueden proporcionar información sobre métodos anticonceptivos efectivos, así como sobre la importancia de establecer metas y aspiraciones personales antes de tomar decisiones que puedan afectar su futuro.

La familia como base de la sociedad:

Uno de los aspectos fundamentales a tratar en estos seminarios es la importancia de la familia como base de la sociedad. Se deben abordar temas como la comunicación efectiva, la construcción de relaciones saludables, el respeto mutuo y la responsabilidad compartida. La educación sexual en este contexto no solo se centra en la prevención de embarazos no deseados o enfermedades de transmisión sexual, sino también en fomentar el desarrollo de relaciones sólidas y respetuosas dentro de la pareja y la familia.

En el colegio:

En el colegio, se puede evaluar el conocimiento adquirido en educación sexual mediante la asignación de calificaciones. Esto tiene como objetivo garantizar que los estudiantes comprendan adecuadamente los métodos de prevención de embarazos, la influencia de la pornografía y los riesgos médicos asociados con prácticas sexuales inseguras. La evaluación proporciona un incentivo para que los estudiantes se involucren activamente en el aprendizaje y demuestren un entendimiento sólido de estos temas.

Además, si alguien se ha casado, se pueden ofrecer cursos personalizados para ayudar a las parejas a comprender sus preferencias y deseos sexuales. Estos cursos pueden ser un espacio para que las parejas aprendan a comunicarse abierta y honestamente sobre sus necesidades y expectativas, lo que contribuirá a mantener una relación sexual satisfactoria y fortalecer los vínculos emocionales.

Sexo seguro y talleres sobre prácticas sexuales:

En los seminarios de educación sexual, se debe hacer hincapié en la importancia del sexo seguro. Esto incluye la promoción del uso de métodos anticonceptivos y la prevención de enfermedades de transmisión sexual. Los estudiantes deben recibir información detallada sobre los diferentes métodos anticonceptivos disponibles, su eficacia y cómo utilizarlos correctamente.

Además, los talleres sobre prácticas sexuales pueden ser incluidos en el programa educativo. Estos talleres brindarán a los estudiantes un espacio seguro y confidencial para explorar y discutir diferentes aspectos de la sexualidad, incluyendo la diversidad de prácticas sexuales y la importancia del consentimiento mutuo. Los profesionales capacitados en el tema pueden abordar preguntas y preocupaciones de manera objetiva y sin prejuicios, fomentando así una comprensión saludable y respetuosa de la sexualidad.

En la universidad:

En el ámbito universitario, la educación sexual puede abordar temas más complejos relacionados con la psicología y la vida familiar. Los psicólogos pueden enseñar la importancia de la tolerancia y el buen vivir en familia, promoviendo el entendimiento y el respeto mutuo entre los miembros de una familia. También se pueden ofrecer cursos específicos sobre cómo educar a un hijo influenciado por drogas, videojuegos, el uso del móvil y otros factores que pueden impactar en su desarrollo.

Estos cursos proporcionarán a los estudiantes herramientas y estrategias para abordar situaciones difíciles y desafiantes que pueden surgir en la crianza de los hijos. Se enfatizará la importancia de establecer límites adecuados, fomentar una comunicación abierta y fortalecer los lazos familiares para enfrentar con éxito los desafíos modernos.

La implementación de seminarios de educación sexual en las escuelas, colegios y universidades es esencial para proporcionar a los estudiantes una comprensión integral de la sexualidad y la importancia de la familia. Estos seminarios no solo se enfocan en la prevención de embarazos no deseados o enfermedades de transmisión sexual, sino también en el desarrollo de relaciones saludables, el respeto mutuo y la responsabilidad personal. Al brindar una educación sexual adecuada y basada en evidencia, se busca empoderar a los jóvenes y adultos jóvenes para que tomen decisiones informadas y responsables en su vida sexual y familiar.

Además de los aspectos mencionados anteriormente, es importante destacar que la educación sexual debe ir más allá de la mera transmisión de conocimientos biológicos y técnicos. También debe abordar aspectos emocionales, afectivos y éticos relacionados con la sexualidad y la vida en pareja.

La educación sexual en las instituciones educativas no debe limitarse únicamente a la transmisión de información teórica, sino que debe incluir actividades prácticas y dinámicas de grupo que permitan a los estudiantes reflexionar sobre sus propias actitudes, valores y creencias en torno a la sexualidad y la familia. Estas actividades pueden incluir debates, ejercicios de resolución de conflictos, simulaciones de situaciones reales y análisis de casos, entre otros.

Es fundamental que los docentes y profesionales encargados de impartir los seminarios de educación sexual estén debidamente capacitados y actualizados en relación con los temas que se abordan. Deben contar con los conocimientos necesarios para proporcionar información precisa y científicamente respaldada, así como para abordar los aspectos éticos y emocionales de manera sensible y respetuosa.

La educación sexual no solo beneficia a los estudiantes, sino que también tiene un impacto positivo en la sociedad en general. Al promover una comprensión saludable de la sexualidad y la importancia de la familia, se contribuye a la reducción de embarazos no deseados, enfermedades de transmisión sexual y conflictos relacionales. Además, se fomenta el desarrollo de relaciones más equitativas, respetuosas y satisfactorias, tanto en el ámbito de la pareja como en el de la familia.

Es importante destacar que la implementación de seminarios de educación sexual no implica promover la actividad sexual temprana o irresponsable, sino más bien proporcionar a los estudiantes las herramientas y el conocimiento necesarios para tomar decisiones informadas y responsables en su vida sexual.

La integración de seminarios de educación sexual en las escuelas, colegios y universidades es una medida necesaria para abordar de manera integral la sexualidad y la familia. Estos seminarios brindan información precisa, fomentan el desarrollo de relaciones saludables y responsables, y promueven la toma de decisiones informadas en materia de sexualidad. Al invertir en una educación sexual de calidad, estamos sentando las bases para una sociedad más equitativa, saludable y respetuosa en términos de relaciones íntimas y familiares.

Online del Ecuador 33

TIKTOKER: "Te ayudaremos a que elijas el futuro que quieres. Profesionales de larga trayectoria te lo contarán. Lo bueno, lo malo, en videos o con charlas. Así estarás seguro de lo que quieres ser."

Elegir una carrera o un camino profesional es una de las decisiones más importantes en la vida de una persona. Sin embargo, esta elección puede resultar abrumadora y confusa, especialmente cuando se consideran las numerosas opciones y oportunidades disponibles en el mundo actual. Es por eso que es fundamental contar con orientación y asesoramiento adecuados para tomar una decisión informada y segura sobre el futuro profesional. En este contexto, la intervención de profesionales con una larga trayectoria y experiencia puede ser de gran ayuda. Mediante videos y charlas, estos profesionales pueden compartir sus conocimientos y experiencias para brindar información valiosa sobre lo bueno y lo malo de diferentes profesiones, ayudándote a definir el camino que deseas seguir.

Profesionales de larga trayectoria compartiendo su experiencia:

Contar con la perspectiva de profesionales que han recorrido un largo camino en sus carreras puede ser invaluable para los estudiantes y jóvenes que se encuentran en proceso de tomar decisiones sobre su futuro profesional. Estos profesionales pueden proporcionar información de primera mano sobre las realidades y desafíos que se enfrentan en diferentes campos y sectores laborales. Sus experiencias pueden ayudar a los estudiantes a comprender las demandas del trabajo, los aspectos positivos y negativos de una profesión, así como las oportunidades de crecimiento y desarrollo que pueden surgir en el camino.

Videos y charlas como herramientas de orientación:

Los videos y las charlas son herramientas efectivas para transmitir información y experiencias de manera clara y concisa. Los profesionales de larga trayectoria pueden compartir sus conocimientos y perspectivas a través de estos medios, ofreciendo una visión completa y realista de las profesiones en las que han trabajado. Los videos pueden incluir entrevistas, testimonios y presentaciones que aborden aspectos específicos de diferentes carreras, mientras que las charlas permiten una interacción más directa con los estudiantes, brindando la oportunidad de hacer preguntas y obtener respuestas personalizadas.

Lo bueno y lo malo de diferentes profesiones:

Una parte crucial de la orientación profesional es conocer tanto los aspectos positivos como los negativos de una profesión. Los profesionales con experiencia pueden compartir sus reflexiones sobre los desafíos, las satisfacciones y las dificultades que han experimentado en sus respectivas carreras. Esto ayuda a los estudiantes a tener una visión más realista y equilibrada de lo que implica trabajar en determinados campos. Además, pueden ofrecer consejos sobre cómo superar obstáculos y aprovechar al máximo las oportunidades disponibles en cada profesión.

En conclusión, contar con la ayuda de profesionales con una larga trayectoria puede ser de gran utilidad al elegir el futuro profesional. Mediante videos y charlas, estos expertos pueden compartir su experiencia y conocimientos, proporcionando información valiosa sobre lo bueno y lo malo de diferentes profesiones. Esto permite a los estudiantes y jóvenes tomar decisiones más informadas y seguras sobre su camino profesional, asegurándose de que elijan una carrera que sea acorde a sus intereses, habilidades y aspiraciones.

Selección personalizada de información:

Además de los videos y charlas generales que brindan una visión amplia de diferentes profesiones, también se puede ofrecer una selección personalizada de información. Esto implica tener en cuenta los intereses y las habilidades individuales de cada estudiante y proporcionarles recursos específicos que les ayuden a explorar las profesiones que más les llamen la atención. Estos recursos pueden incluir entrevistas con profesionales en campos específicos, materiales de lectura recomendados y oportunidades de prácticas o pasantías en áreas de interés.

Mentoría y asesoramiento individual:

Además de la información general y los recursos, es importante brindar oportunidades de mentoría y asesoramiento individual a los estudiantes. Los profesionales con una larga trayectoria pueden desempeñar un papel clave en este aspecto, al ofrecer orientación personalizada basada en su propia experiencia y conocimientos. Estas interacciones uno a uno permiten un mayor nivel de apoyo y la posibilidad de abordar preguntas específicas, inquietudes y necesidades de los estudiantes en relación con su futuro profesional.

Exploración de opciones a través de pasantías y prácticas:

Una forma efectiva de ayudar a los estudiantes a tomar decisiones informadas sobre su futuro profesional es a través de pasantías y prácticas en el campo que les interesa. Estas experiencias les brindan la oportunidad de sumergirse en el entorno laboral real, observar y participar en actividades relacionadas con la profesión, y obtener una idea más precisa de lo que implica trabajar en ese campo en particular. Los profesionales con experiencia pueden facilitar estas oportunidades de pasantías y prácticas, proporcionando orientación y apoyo durante el proceso.

Evaluación continua y ajustes en la elección profesional:

Es importante tener en cuenta que la elección profesional no es necesariamente una decisión final y definitiva. A lo largo de la vida, las personas pueden descubrir nuevos intereses, habilidades y oportunidades, lo que puede llevar a ajustes en su trayectoria profesional. Por lo tanto, es esencial fomentar una mentalidad abierta y flexible, alentando a los estudiantes a explorar diferentes opciones y a estar dispuestos a adaptarse y crecer en su elección profesional a medida que evolucionan.

Apoyo en el desarrollo de habilidades y competencias:

Además de proporcionar información sobre diferentes profesiones, los profesionales con experiencia pueden ofrecer orientación sobre las habilidades y competencias necesarias para tener éxito en determinados campos. Pueden destacar las habilidades técnicas, como conocimientos específicos en ciertas áreas, así como habilidades transferibles, como el liderazgo, la comunicación efectiva y el trabajo en equipo. Este apoyo en el desarrollo de habilidades puede ayudar a los estudiantes a prepararse mejor para su futuro profesional y a destacar en el campo elegido.

Exploración de opciones alternativas:

Si bien es importante ofrecer información sobre profesiones convencionales, también es beneficioso que los estudiantes consideren opciones alternativas y emergentes. Los profesionales con una larga trayectoria pueden compartir conocimientos sobre industrias en crecimiento, trabajos autónomos o emprendimiento. Esto amplía el horizonte de los estudiantes y les brinda la oportunidad de explorar opciones que podrían ser adecuadas para ellos y alineadas con sus pasiones y metas.

Seguimiento y apoyo a largo plazo:

La elección profesional es un proceso continuo que requiere tiempo y reflexión. Es importante ofrecer un seguimiento y apoyo a largo plazo a los estudiantes en su camino hacia el futuro. Los profesionales con experiencia pueden estar disponibles para brindar asesoramiento adicional, responder preguntas y ofrecer orientación en etapas posteriores de la carrera profesional de los estudiantes. Esto ayuda a garantizar que estén bien encaminados y que sigan creciendo y adaptándose a medida que avanzan en su trayectoria profesional.

Colaboración con instituciones educativas y empleadores:

Para fortalecer aún más el apoyo a los estudiantes en la elección de su futuro, es beneficioso establecer colaboraciones entre los profesionales con experiencia, las instituciones educativas y los empleadores. Estas colaboraciones pueden incluir programas de mentoría, oportunidades de pasantías, charlas en el aula y eventos de reclutamiento. Al trabajar juntos, se crea un ecosistema en el que los estudiantes pueden acceder a una variedad de recursos y conexiones que les ayudarán a tomar decisiones informadas y a dar los primeros pasos en su carrera profesional.

En conclusión, contar con la orientación y el apoyo de profesionales con una larga trayectoria es esencial para que los estudiantes elijan el futuro que desean. A través de su experiencia, pueden proporcionar información valiosa, ayudar en el desarrollo de habilidades, explorar opciones alternativas y brindar seguimiento a largo plazo. Al trabajar en colaboración con instituciones educativas y empleadores, se crea un entorno en el que los estudiantes pueden obtener una orientación integral y realista para tomar decisiones informadas sobre su futuro profesional. Con esta guía, los estudiantes estarán mejor preparados para construir una carrera satisfactoria y alcanzar sus metas profesionales

Promoción del autodescubrimiento y la pasión:

Además de brindar orientación y apoyo práctico, es fundamental fomentar el autodescubrimiento y la conexión con la pasión personal en el proceso de elección profesional. Los profesionales con experiencia pueden alentar a los estudiantes a reflexionar sobre sus intereses, valores y habilidades únicas. Mediante ejercicios de autorreflexión y exploración personal, los estudiantes pueden descubrir qué los motiva realmente y qué tipo de trabajo les brindaría satisfacción y realización a largo plazo.

Promoción de la adaptabilidad y la flexibilidad:

En un mundo en constante cambio, es importante preparar a los estudiantes para la realidad de un entorno laboral dinámico. Los profesionales con experiencia pueden transmitir la

importancia de la adaptabilidad y la flexibilidad en el mundo laboral actual. Pueden compartir historias y ejemplos de cómo han tenido que adaptarse a nuevos desafíos y aprender nuevas habilidades a lo largo de sus carreras. Esta perspectiva ayuda a los estudiantes a comprender que la elección profesional puede no ser lineal y que estarán mejor equipados para enfrentar los cambios si están abiertos al aprendizaje continuo y la adaptación.

Consideración de factores personales y externos:

Al tomar decisiones sobre el futuro profesional, es importante considerar tanto los factores personales como los externos. Los profesionales con experiencia pueden guiar a los estudiantes para que consideren aspectos como el equilibrio entre el trabajo y la vida personal, las perspectivas salariales, las oportunidades de crecimiento y los valores éticos de una profesión. Al tener en cuenta estos factores, los estudiantes pueden tomar decisiones más informadas y alineadas con sus necesidades y aspiraciones individuales.

Apoyo en la planificación de la trayectoria profesional:

Una vez que los estudiantes han elegido una dirección profesional, los profesionales con experiencia pueden brindar orientación en la planificación de su trayectoria profesional a largo plazo. Pueden ayudar a establecer metas claras, identificar hitos clave y desarrollar estrategias para alcanzar esas metas. Al brindar apoyo en el desarrollo de planes de carrera, los profesionales con experiencia ayudan a los estudiantes a tener una visión clara y un camino claro hacia el éxito profesional.

En resumen, la ayuda de profesionales con experiencia en la elección del futuro profesional es esencial para que los estudiantes tomen decisiones informadas y satisfactorias. Estos profesionales pueden fomentar el autodescubrimiento, promover la adaptabilidad, considerar factores personales y externos, y apoyar en la planificación de la trayectoria profesional. Al trabajar en colaboración con los estudiantes, se crea un entorno en el que pueden tomar decisiones informadas y significativas sobre su futuro, guiados por la experiencia y el conocimiento de aquellos que han recorrido el camino antes que ellos.

Online del Ecuador 34

TIKTOKER: "¡Ponte a innovar! El gobierno del Presidente Online del Ecuador te apoyará, pagando los primeros 3 años de propiedad intelectual. ¡Crea trabajo!"

La innovación es un motor clave para el crecimiento económico y el desarrollo de cualquier país. Fomentar la creatividad y la generación de nuevas ideas es fundamental para impulsar la economía y crear empleo. En este sentido, el gobierno del Presidente Online del Ecuador ha implementado una iniciativa para apoyar a los innovadores y emprendedores del país. A través de esta iniciativa, el gobierno se compromete a cubrir los costos de propiedad intelectual durante los primeros 3 años, brindando un impulso financiero a aquellos que deseen proteger sus ideas y convertirlas en proyectos comerciales exitosos.

Apoyo a la propiedad intelectual:

La propiedad intelectual es un aspecto crucial para salvaguardar la innovación y garantizar que los creadores puedan beneficiarse de sus ideas y creaciones. Sin embargo, los costos asociados con el registro y mantenimiento de derechos de propiedad intelectual pueden ser un obstáculo para muchos innovadores, especialmente para aquellos que están en las etapas iniciales de desarrollo de sus proyectos. Con la iniciativa del gobierno, se elimina este obstáculo al cubrir los gastos de propiedad intelectual durante los primeros 3 años, permitiendo a los innovadores concentrarse en desarrollar y comercializar sus ideas sin preocuparse por los costos asociados.

Estímulo a la creatividad y la generación de empleo:

Al facilitar el registro y la protección de la propiedad intelectual, el gobierno del Presidente Online del Ecuador busca estimular la creatividad y la generación de empleo en el país. Al apoyar financieramente a los innovadores y emprendedores, se fomenta la creación de nuevos proyectos y empresas que pueden generar oportunidades laborales para la población. Esto no solo beneficia a los innovadores individuales, sino también a la economía en su conjunto, al promover el crecimiento y la competitividad en sectores clave.

Promoción de la inversión y la colaboración:

La protección de la propiedad intelectual es esencial para atraer inversiones y promover la colaboración entre innovadores, empresas y entidades académicas. Al ofrecer un incentivo financiero para el registro de derechos de propiedad intelectual, el gobierno del Presidente Online del Ecuador hace que el país sea más atractivo para inversores y socios potenciales. Esto puede conducir a alianzas estratégicas, transferencia de tecnología y mayor inversión en proyectos de innovación, lo que a su vez impulsa el crecimiento económico y la creación de empleo a largo plazo.

Fortalecimiento del ecosistema de innovación:

La iniciativa del gobierno no solo apoya individualmente a los innovadores, sino que también fortalece el ecosistema de innovación en el país. Al eliminar las barreras económicas para proteger la propiedad intelectual, se fomenta una cultura de innovación y emprendimiento. Esto puede tener un efecto multiplicador al inspirar a más personas a desarrollar sus ideas y contribuir al crecimiento del ecosistema de startups y empresas innovadoras en el Ecuador.

En resumen, el gobierno del Presidente Online del Ecuador está comprometido en fomentar la innovación y la creación de empleo a través

de la iniciativa "Ponte a innovar". Al cubrir los costos de propiedad intelectual durante los primeros 3 años, el gobierno brinda un importante apoyo financiero a los innovadores y emprendedores del país, permitiéndoles proteger sus ideas y convertirlas en proyectos comerciales exitosos.

Impulso a la investigación y el desarrollo:

La iniciativa del gobierno no solo se enfoca en la protección de la propiedad intelectual, sino que también fomenta la investigación y el desarrollo de nuevas tecnologías y soluciones. Al cubrir los costos asociados con la propiedad intelectual, se alienta a los innovadores a invertir más tiempo y recursos en la investigación y el desarrollo de sus ideas. Esto puede dar lugar a avances significativos en diversos campos, como la tecnología, la ciencia, la medicina y la sostenibilidad, entre otros.

Generación de empleo y emprendimiento:

Al facilitar el camino para la protección de la propiedad intelectual, el gobierno del Presidente Online del Ecuador busca crear un ambiente propicio para el emprendimiento y la generación de empleo. Los innovadores y emprendedores que obtengan la protección de sus ideas pueden tener una mayor confianza para buscar financiamiento, establecer empresas y contratar personal. Esto impulsa la creación de empleo y contribuye al crecimiento económico del país.

Estímulo a la competitividad:

La protección de la propiedad intelectual no solo brinda seguridad a los innovadores, sino que también fomenta la competitividad a nivel nacional e internacional. Al contar con derechos de propiedad intelectual, los innovadores pueden comercializar sus productos o servicios de manera más efectiva, evitando la copia o la imitación no autorizada. Esto fortalece la posición de las empresas y los innovadores ecuatorianos en el mercado global, generando mayores oportunidades de negocio y crecimiento.

Promoción del talento local:

La iniciativa del gobierno también tiene como objetivo promover y apoyar el talento local. Al cubrir los costos de propiedad intelectual, se incentiva a los innovadores y creadores ecuatorianos a seguir desarrollando sus ideas y proyectos en su propio país. Esto contribuye a la retención de talento, evitando que las mentes creativas emigren en busca de mejores oportunidades en el extranjero. Al impulsar el talento local, se crea un ecosistema de innovación más sólido y se fortalece la economía del Ecuador.

Desarrollo de la industria de la propiedad intelectual:

La iniciativa del gobierno también tiene un impacto positivo en el desarrollo de la industria de la propiedad intelectual en el país. Al brindar apoyo financiero durante los primeros 3 años, se estimula la demanda de servicios relacionados con la propiedad intelectual, como abogados especializados, agentes de propiedad intelectual y consultores. Esto crea oportunidades de empleo en este sector y fomenta el crecimiento de empresas y profesionales especializados en la protección y gestión de la propiedad intelectual.

En conclusión, la iniciativa "Ponte a innovar" del gobierno del Presidente Online del Ecuador es un paso importante para fomentar la innovación, el emprendimiento y la creación de empleo en el país. Al cubrir los costos de propiedad intelectual durante los primeros 3 años, se elimina una barrera significativa y se proporciona un impulso financiero crucial a los innovadores y emprendedores ecuatorianos. A través de esta iniciativa, se fomenta la protección de la propiedad intelectual, se promueve la investigación y el desarrollo, se genera empleo y se impulsa la competitividad en el mercado global.

Apoyo a la comercialización de la propiedad intelectual:

Además de cubrir los costos de propiedad intelectual, el gobierno del Presidente Online del Ecuador también brinda apoyo adicional para la comercialización de las ideas y creaciones protegidas. Se implementan programas y recursos que ayudan a los innovadores a llevar sus productos o servicios al mercado de manera exitosa. Esto incluye la asistencia en la obtención de financiamiento, la conexión con inversores y la facilitación de alianzas estratégicas con empresas y entidades relevantes. Esta ayuda adicional garantiza que las ideas innovadoras se conviertan en proyectos comerciales viables y contribuyan al crecimiento económico.

Estímulo a la investigación colaborativa:

La iniciativa "Ponte a innovar" también fomenta la colaboración entre innovadores, instituciones académicas y empresas. Se promueve la investigación colaborativa para abordar desafíos complejos y fomentar la transferencia de conocimiento y tecnología. Mediante la creación de redes de colaboración, se potencia la innovación y se amplían las oportunidades de éxito para los innovadores ecuatorianos. Esto ayuda a fortalecer el ecosistema de innovación y a posicionar al Ecuador como un centro de excelencia en investigación y desarrollo.

Promoción del espíritu emprendedor:

La iniciativa del gobierno también busca fomentar el espíritu emprendedor en el país. Se implementan programas de capacitación y mentoría que ayudan a los innovadores a desarrollar habilidades empresariales y a adquirir conocimientos sobre gestión, marketing y estrategias de crecimiento. Además, se ofrecen incentivos y financiamiento adicional para aquellos que decidan establecer empresas basadas en la propiedad intelectual protegida. Esto crea un ambiente propicio para el emprendimiento y estimula la creación de empleo a través de nuevas empresas y startups.

Promoción de la imagen internacional del Ecuador:

La iniciativa "Ponte a innovar" también contribuye a mejorar la imagen internacional del Ecuador como un país innovador y emprendedor. Al apoyar a los innovadores y brindarles las herramientas necesarias para proteger y comercializar sus ideas, se demuestra un compromiso claro con la innovación y el desarrollo económico. Esto puede atraer la atención de inversionistas internacionales y promover la colaboración con empresas extranjeras. Como resultado, se posiciona al Ecuador como un destino atractivo para la inversión y se generan oportunidades de crecimiento económico sostenible.

En resumen, la iniciativa "Ponte a innovar" del gobierno del Presidente Online del Ecuador proporciona un sólido respaldo a los innovadores y emprendedores del país al cubrir los costos de propiedad intelectual durante los primeros 3 años. Esto fomenta la protección de la propiedad intelectual, estimula la investigación y el desarrollo, genera empleo, impulsa la competitividad y promueve el espíritu emprendedor.

Además, el gobierno también está considerando ceder las instalaciones estatales para que los innovadores tengan un lugar físico para trabajar. Después de que los trabajadores habituales utilicen estas instalaciones durante la semana, los innovadores podrían utilizarlas durante los fines de semana u otros momentos en que estén disponibles. Esto proporcionaría a los innovadores un espacio adecuado para llevar a cabo sus actividades de investigación, desarrollo y creación, sin incurrir en los altos costos de alquiler de un espacio comercial.

Esta iniciativa tiene como objetivo eliminar una barrera importante para los innovadores y emprendedores: el acceso a un lugar físico para desarrollar sus ideas. Al proporcionar instalaciones estatales, el gobierno del Presidente Online del Ecuador busca fomentar la creatividad y el desarrollo de proyectos innovadores al proporcionar un entorno de trabajo propicio y accesible.

Esta iniciativa tiene varios beneficios. En primer lugar, proporciona a los innovadores un entorno de trabajo adecuado y equipado, lo que les permite llevar a cabo sus proyectos de manera más eficiente. Al eliminar la barrera del costo del alquiler de un espacio comercial, se facilita el acceso a instalaciones físicas para aquellos que están empezando o que no tienen los recursos para invertir en un lugar propio.

Es importante destacar que el uso de instalaciones estatales para fines de innovación no impide que los trabajadores habituales utilicen estos espacios durante la semana. La idea es aprovechar al máximo los recursos disponibles y permitir que tanto los empleados regulares como los innovadores puedan beneficiarse de ellos. Esto garantiza que las instalaciones estatales se utilicen de manera eficiente y contribuye a maximizar su valor para la sociedad en general.

Los jubilados suelen contar con una amplia experiencia y conocimientos en sus áreas de especialización después de años de trabajo. Al aprovechar esa experiencia, pueden ayudar a los innovadores a desarrollar sus ideas y proyectos, brindando orientación valiosa y evitando que incurran en gastos innecesarios antes de comprobar la viabilidad de sus inventos. Esto reduce el riesgo financiero para los innovadores, ya que pueden recibir orientación experta antes de invertir grandes sumas de dinero en el desarrollo de un producto o servicio.

El voluntariado de los jubilados en el apoyo a los innovadores también ofrece beneficios para los propios jubilados. Les brinda la oportunidad de seguir siendo activos y de compartir su conocimiento y experiencia acumulados a lo largo de los años. Esto les proporciona un sentido de propósito y la satisfacción de contribuir al progreso y desarrollo de nuevas ideas en la sociedad. Además, trabajar con innovadores y estar expuestos a nuevas tecnologías y enfoques puede ser estimulante y enriquecedor para ellos, manteniéndolos mentalmente activos y actualizados.

Para implementar esta propuesta, se podría establecer un programa o plataforma que conecte a los innovadores con los jubilados expertos. Esta plataforma podría funcionar como un espacio en línea donde los innovadores pueden presentar sus ideas y solicitar el apoyo de jubilados en áreas específicas. Los jubilados interesados pueden elegir proyectos en los que deseen participar y brindar asesoramiento a los innovadores de manera virtual o presencial.

Es importante destacar que este tipo de colaboración no solo beneficia a los innovadores individuales, sino que también contribuye al desarrollo económico y tecnológico del país en su conjunto. Al fomentar la innovación y el emprendimiento, se generan oportunidades de empleo y se promueve el crecimiento económico sostenible.

Online del Ecuador 35

TIKTOKER: "Hola. ¿No estás contento con el presidente que tienes? Entonces tenemos que invertir más dinero en buscar un buen presidente: "Dobles elecciones presidenciales". Intensifiquemos la búsqueda de un buen presidente. Un partido político presentará a todos los aspirantes a presidente por ese partido y los presentará al CNE. El pueblo elegirá al candidato de ese partido como candidato a presidente por ese partido. Y así para el resto de partidos políticos. ¿Qué ganamos?:

- *Que no sean los mismos de siempre.*
- *Que los candidatos se renueven cada periodo.*
- *Que el pueblo elija desde más abajo a sus representantes.*
- *Que el voto valga más, sea más apreciado.*

Si elegimos entre las bases de un partido, tendremos al correcto. Votaremos con ventaja. ¡Piénsalo bien! Si elegimos desde las bases de un partido, evitarás que sus propios dirigentes sean elegidos una vez y otra vez. ¡No perdamos más el tiempo con patriarcas de partidos! Si quieres mejorar, no podemos estar haciendo lo mismo de siempre. ¡Tenemos el presidente que nos merecemos por no buscar más! Votemos todos por una mejor patria."

En un sistema democrático, la elección de un presidente es fundamental para el buen funcionamiento del país. Sin embargo, a menudo nos encontramos insatisfechos con los resultados y nos preguntamos si existen mejores opciones disponibles. Para abordar esta preocupación, proponemos la implementación de "Dobles elecciones Presidenciales", un enfoque innovador que intensificará la búsqueda de un buen presidente. Este sistema permitirá a los partidos políticos presentar a todos sus aspirantes presidenciales, quienes serán evaluados y elegidos por el pueblo como candidatos a la presidencia de sus respectivos partidos.

Renovación y diversidad de candidatos:

Uno de los principales beneficios de las "Dobles elecciones Presidenciales" es que evita la repetición de los mismos candidatos de siempre. Al permitir que los partidos políticos presenten a todos sus aspirantes, se garantiza una mayor diversidad y una renovación constante de los candidatos a la presidencia. Esto rompe con la tendencia de perpetuar a los líderes actuales y abre espacio para nuevas voces y perspectivas en la política.

Participación del pueblo desde las bases:

Otro aspecto importante de este sistema es que permite que el pueblo partícipe de manera más directa en la elección de sus representantes. Al elegir al candidato presidencial desde las bases de cada partido político, se fomenta una mayor conexión entre los ciudadanos y los líderes políticos. Esto fortalece la democracia al dar voz a los ciudadanos y asegurar que los candidatos sean verdaderamente representativos de los intereses y valores del pueblo.

Valorización del voto:

Al ampliar las opciones de candidatos presidenciales y permitir que el pueblo elija desde las bases de cada partido político, se otorga un mayor valor al voto de cada ciudadano. En lugar de verse limitados a elegir entre opciones predeterminadas, los votantes tendrán la oportunidad de seleccionar al candidato que mejor represente sus ideales y propuestas. Esto fomenta una mayor participación electoral y un sentido de responsabilidad cívica en la toma de decisiones políticas.

Elección de líderes más competentes:

La implementación de "Dobles elecciones Presidenciales" promueve la búsqueda de líderes más competentes y preparados. Al someter a todos los aspirantes presidenciales de un partido a una evaluación y elección por parte del pueblo, se fomenta la competencia y se garantiza que los candidatos seleccionados sean aquellos con las mejores cualidades y capacidades para ocupar el cargo presidencial. Esto eleva el nivel de la política y contribuye a un gobierno más eficiente y efectivo.

Las "Dobles elecciones Presidenciales" representan un enfoque innovador y audaz para intensificar la búsqueda de un buen presidente. Al permitir que los partidos políticos presenten a todos sus aspirantes y que el pueblo elija desde las bases, se fomenta la diversidad, la participación ciudadana y la valorización del voto. Además, se promueve la elección de líderes más competentes y se evita la perpetuación de los mismos dirigentes. Sí, deseamos mejorar nuestra nación,

debemos estar dispuestos a romper con las prácticas tradicionales y buscar nuevas formas de elegir a nuestros líderes. Las "Dobles elecciones Presidenciales" brindan una oportunidad única para revitalizar nuestro sistema político y asegurar que el pueblo tenga un papel activo en la selección de sus representantes.

Rompiendo con la perpetuación de dirigentes:

Uno de los problemas más recurrentes en la política es la perpetuación de los mismos dirigentes en el poder. A menudo, los líderes de los partidos políticos se mantienen en posiciones de poder durante períodos prolongados, lo que puede llevar a la falta de renovación y a un estancamiento en el desarrollo de ideas y soluciones frescas. Con las "Dobles elecciones Presidenciales", podemos romper con esta dinámica, permitiendo que los aspirantes presidenciales compitan entre sí y que el pueblo decida quién será el candidato de su partido. Esto fomentará una mayor competencia interna y evitará la concentración excesiva de poder en manos de unos pocos líderes.

Mayor representatividad y legitimidad:

Al elegir a los candidatos presidenciales desde las bases de los partidos políticos, se garantiza una mayor representatividad de los intereses y valores de los ciudadanos. Los candidatos surgirán de una selección más amplia y diversa, reflejando las diferentes visiones y necesidades de la sociedad. Esto aumentará la legitimidad de los candidatos y fortalecerá la confianza del pueblo en el proceso electoral.

Impulso a la participación ciudadana:

La implementación de las "Dobles elecciones Presidenciales" también estimula la participación ciudadana en el ámbito político. Al permitir que el pueblo elija directamente a los candidatos de cada partido, se fomenta un mayor interés y compromiso por parte de los ciudadanos. Los votantes se sentirán más involucrados en el proceso electoral, sabiendo que su voz y su voto tienen un impacto directo en la elección de los líderes del país. Esto fortalece la democracia al darle poder al pueblo y promover una ciudadanía activa y consciente.

Promoción de la meritocracia:

En muchas ocasiones, la elección de líderes políticos se basa en la popularidad o la influencia dentro de los partidos, más que en las habilidades y el mérito real de los candidatos. Con las "Dobles elecciones Presidenciales", se busca cambiar esta dinámica y promover la meritocracia en la política. Los candidatos deberán demostrar su valía ante el pueblo y competir en igualdad de condiciones, lo que garantiza que aquellos con las mejores cualidades y capacidades sean los elegidos para representar a sus partidos y, en última instancia, a la nación.

Las "Dobles elecciones Presidenciales" representan una propuesta innovadora para mejorar nuestro sistema político y buscar un buen presidente. Al romper con la perpetuación de dirigentes, promover una mayor representatividad, impulsar la participación ciudadana y promover la meritocracia, este enfoque puede contribuir a un gobierno más dinámico, inclusivo y eficiente. Si queremos una mejor patria, debemos estar dispuestos a explorar nuevas formas de elegir a nuestros líderes y asegurar que los intereses del pueblo sean debidamente representados.

Renovación constante:

Una de las principales ventajas de las "Dobles elecciones Presidenciales" es que permiten una renovación constante en la política. Al ofrecer a los partidos políticos la oportunidad de presentar a todos sus aspirantes presidenciales, se evita la repetición de los mismos líderes en cada elección. Esto brinda la posibilidad de descubrir y elegir nuevos talentos y perspectivas frescas que puedan abordar los desafíos actuales y ofrecer soluciones innovadoras. La renovación constante de los candidatos a la presidencia aporta dinamismo al sistema político y evita la estancación.

Elección basada en las bases del partido:

La propuesta de elegir al candidato presidencial desde las bases del partido político permite que sea el propio partido, y no solo una élite dirigente, quien seleccione a su candidato. Esto garantiza un proceso más democrático y participativo, ya que son los miembros y simpatizantes del partido quienes deciden quién los representará en la contienda electoral. Al involucrar a la base, se fomenta una mayor conexión entre el candidato y las necesidades de los votantes, lo que aumenta la legitimidad y la calidad de la representación política.

Fortalecimiento del voto y la participación:

La implementación de "Dobles elecciones Presidenciales" también fortalece el valor del voto y promueve una mayor participación ciudadana en el proceso electoral. Al tener la oportunidad de elegir entre una variedad de candidatos dentro de cada partido, los votantes sienten que su voto es más significativo y que tienen una influencia real en la selección del liderazgo político. Esto motiva a los ciudadanos a informarse y participar activamente en la toma de decisiones políticas, lo que fortalece la democracia y asegura una mayor representatividad en el gobierno.

Control y rendición de cuentas:

Al haber una mayor competencia interna en los partidos políticos mediante las "Dobles elecciones Presidenciales", se establece un mecanismo de control interno más efectivo. Los candidatos deben responder a las bases de su partido y presentar sus propuestas y planes de acción de manera transparente. Esto aumenta la rendición de cuentas y la responsabilidad de los candidatos ante los votantes y su partido. Los ciudadanos pueden evaluar y comparar las cualidades y las plataformas de los aspirantes, asegurando que los candidatos seleccionados sean los más idóneos para representar y liderar al partido.

La implementación de "Dobles elecciones Presidenciales" representa una oportunidad para buscar y elegir un buen presidente mediante la renovación constante, la elección basada en las bases del partido, el fortalecimiento del voto y la participación ciudadana, y el control y la rendición de cuentas. Este enfoque innovador permitiría un sistema político más dinámico, inclusivo y democrático, brindando la oportunidad de descubrir nuevos líderes y garantizando una mayor representatividad en el gobierno. Para mejorar y fortalecer nuestra patria, es necesario explorar alternativas que nos permitan elegir a los líderes que realmente reflejen los intereses y aspiraciones de la sociedad.

Comentario adicional:

Además de las ventajas de las "Dobles elecciones Presidenciales" en la renovación de liderazgo y la participación ciudadana, es importante considerar el contexto actual de cambio en el sistema de votación en Ecuador. Con la creciente adopción del voto telemático, las elecciones pueden volverse más rápidas, eficientes y accesibles para los votantes.

La implementación del voto telemático, especialmente si se utiliza la tecnología blockchain, puede proporcionar una capa adicional de seguridad y transparencia en el proceso electoral. Al aprovechar la descentralización y la criptografía inherentes al blockchain, se pueden reducir los riesgos de fraude y manipulación de los resultados electorales. La cadena de bloques garantiza que los datos sean inmutables y rastreables, brindando confianza a los votantes en la integridad del sistema.

Además, el voto telemático permite que más personas participen en el proceso electoral al eliminar las barreras físicas y geográficas. Los ciudadanos pueden ejercer su derecho al voto desde cualquier lugar con acceso a Internet, lo que facilita la participación de aquellos que se encuentran en zonas rurales, personas con discapacidades o aquellos que se encuentran fuera del país durante las elecciones.

Sin embargo, es importante abordar los desafíos y garantizar la seguridad y confiabilidad del voto telemático. Se deben implementar medidas adecuadas para proteger la privacidad de los votantes, prevenir ataques cibernéticos y garantizar la igualdad de condiciones en el acceso a la tecnología necesaria.

En resumen, la combinación de las "Dobles elecciones Presidenciales" con el voto telemático, respaldado por la tecnología blockchain, podría ofrecer un sistema electoral más rápido, seguro y participativo en Ecuador. Estas innovaciones podrían fortalecer aún más la democracia, promoviendo una mayor inclusión y confianza en el proceso electoral, y permitiendo una representación más precisa de la voluntad del pueblo.

Online del Ecuador 36

TIKTOKER: *"Seguridad, tranquilidad, paz. Policía privada barrial: crearemos policías privados por barrio, recuperaremos nuestra tranquilidad y generaremos trabajo."*

En la búsqueda constante de seguridad, tranquilidad y paz en nuestras comunidades, se plantea la idea de implementar un nuevo enfoque en materia de seguridad: la creación de policías privadas a nivel barrial. Este concepto propone la formación de fuerzas de seguridad privadas que operen a nivel local, con el objetivo de recuperar la tranquilidad en nuestros barrios y generar oportunidades laborales para los residentes.

En la actualidad, muchas comunidades se enfrentan a desafíos en materia de seguridad, como robos, vandalismo y otros delitos menores. Esto ha llevado a que los ciudadanos se sientan inseguros en sus propias viviendas y entornos, lo que afecta negativamente su calidad de vida. Al mismo tiempo, el sistema policial tradicional puede estar sobrecargado y no siempre puede brindar una respuesta inmediata y efectiva a los problemas locales.

Es en este contexto que la idea de la policía privada barrial cobra relevancia. Al contar con un cuerpo de seguridad privado a nivel local, se puede lograr una mayor presencia policial en las calles y una respuesta más rápida ante situaciones de emergencia. Además, al estar conformada por miembros de la comunidad, estos policías privados pueden tener un mayor conocimiento de los problemas específicos que afectan a su barrio y pueden establecer relaciones más estrechas con los residentes.

La implementación de una policía privada barrial también puede contribuir a la generación de empleo. Al contratar a residentes de cada barrio como policías privados, se crearían oportunidades laborales directas para aquellos que deseen formar parte de las fuerzas de seguridad. Esto no solo brinda una fuente de ingresos adicional a nivel individual, sino que también fortalece la economía local al impulsar la contratación y el consumo en la comunidad.

En las siguientes hojas, exploraremos más a fondo los beneficios potenciales y los posibles desafíos asociados con la implementación de una policía privada barrial. Analizaremos ejemplos de otros países donde se ha adoptado este enfoque y examinaremos las consideraciones legales y éticas que deben tenerse en cuenta. Además, discutiremos la importancia de establecer una coordinación efectiva entre la policía privada y las fuerzas de seguridad públicas para garantizar un sistema integral y eficiente de protección ciudadana.

La creación de una policía privada barrial tiene el potencial de brindar mayor seguridad a nuestras comunidades, fomentar la tranquilidad en nuestros hogares y generar empleo local. Sin embargo, también es esencial abordar las preocupaciones legales, éticas y de coordinación para asegurar que este enfoque sea implementado de manera efectiva y equitativa. Continuaremos explorando estos aspectos en las próximas hojas y esperamos generar un diálogo constructivo sobre esta propuesta.

Beneficios de la policía privada barrial

La implementación de una policía privada a nivel barrial puede ofrecer una serie de beneficios significativos para la seguridad y el bienestar de la comunidad. A continuación, se destacan algunos de ellos:

-Mayor presencia y respuesta rápida: Al contar con policías privados dedicados específicamente a cada barrio, se logra una presencia constante en las calles y una respuesta más rápida ante situaciones de emergencia. Esto genera un sentimiento de seguridad entre los residentes, quienes saben que tienen un recurso local al que acudir en caso de necesidad.

-Conocimiento local: Los policías privados barriales pueden tener un conocimiento más profundo de las características y problemáticas específicas de su comunidad. Esto les permite identificar áreas de riesgo, conocer a los residentes y establecer una relación de confianza con ellos. El conocimiento local contribuye a una mejor comprensión de las necesidades de seguridad del barrio y a la implementación de estrategias más efectivas.

-Prevención del delito: La presencia de policías privados en las calles tiene un efecto disuasorio sobre los delincuentes. La posibilidad de ser detectados y detenidos por la policía privada puede reducir la ocurrencia de delitos en el barrio. Además, al establecer una relación cercana con los residentes, los policías privados pueden brindar consejos de seguridad y educación para prevenir situaciones delictivas.

-Complemento a la policía pública: La policía privada barrial no busca reemplazar a las fuerzas de seguridad públicas, sino complementar sus esfuerzos. Trabajar en estrecha colaboración con la policía pública permite una coordinación eficiente y el intercambio de información relevante. Esta colaboración puede mejorar la capacidad de respuesta y la efectividad general en la lucha contra el delito.

-Generación de empleo local: La creación de una policía privada barrial implica la contratación de residentes del barrio como agentes de seguridad. Esto no solo brinda oportunidades laborales directas para los miembros de la comunidad, sino que también fomenta un sentido de pertenencia y responsabilidad hacia la seguridad del propio barrio. Asimismo, al generar empleo local, se puede contribuir al desarrollo económico y fortalecimiento de la comunidad.

La policía privada barrial puede ser una alternativa viable para mejorar la seguridad en los barrios y promover la tranquilidad de los residentes. Sin embargo, también es necesario abordar algunos desafíos y consideraciones adicionales, como los aspectos legales y éticos de la vigilancia privada, la formación y supervisión adecuada de los policías privados, así como la necesidad de equidad y acceso universal a la seguridad en todas las comunidades. Estos temas serán discutidos en las próximas hojas.

Financiamiento comunitario para la policía privada barrial

El financiamiento de una policía privada barrial puede ser abordado a través de una variedad de métodos, y uno de ellos es la contribución voluntaria de la comunidad. Al establecer un sistema de donaciones por parte de los residentes y comercios locales, se puede obtener el respaldo financiero necesario para mantener y operar esta fuerza de seguridad privada. Veamos cómo podría funcionar este enfoque:

-Donaciones comunitarias: Se podría establecer un sistema en el cual los residentes y comerciantes del barrio tengan la opción de realizar donaciones voluntarias para financiar la policía privada barrial.

Establecimiento de horarios de servicio: Con base en los fondos recaudados, se podría establecer un calendario semanal o mensual para determinar los horarios en los cuales se brindará el servicio de policía privada en el barrio. Esto permitiría una distribución equitativa del servicio y aseguraría que los recursos estén disponibles en los momentos de mayor necesidad. Por ejemplo, podrían asignarse guardias en las tardes y noches de los viernes, cuando suele haber una mayor actividad y afluencia de personas en las calles.

Selección de ubicaciones seguras: se podría designar un punto seguro dentro del barrio donde los policías privados puedan permanecer mientras realizan su labor de vigilancia. Esta ubicación estratégica permitiría una rápida respuesta ante cualquier incidente y brindaría un punto de referencia para los residentes en caso de requerir asistencia.

Voluntariado en la policía privada barrial: Participación y seguridad

El voluntariado en la policía privada barrial puede ser una excelente manera de fortalecer la seguridad comunitaria y fomentar la participación activa de los residentes en la protección de su barrio. A continuación, exploraremos cómo se puede implementar el voluntariado de manera segura y efectiva:

-Roles y responsabilidades del voluntariado: Al establecer el voluntariado en la policía privada barrial, es importante definir claramente los roles y responsabilidades de los voluntarios. Esto incluye determinar las tareas específicas que pueden realizar, como patrullar las calles, monitorear cámaras de seguridad o brindar apoyo logístico. Es fundamental que los voluntarios comprendan sus limitaciones y actúen en cooperación con los agentes remunerados y las autoridades competentes.

-Espacio seguro para los voluntarios: Para garantizar la seguridad de los voluntarios, es esencial contar con un espacio seguro desde donde puedan realizar sus labores de vigilancia. El campanario de una iglesia, podría ser una opción adecuada. Sin embargo, es importante garantizar que el acceso al campanario sea seguro y controlado, y que se tomen medidas adicionales para proteger a los voluntarios, como cerrar la iglesia desde el interior y contar con medidas de emergencia en caso de necesidad.

-Coordinación y comunicación: Es fundamental establecer una estructura de coordinación y comunicación eficiente entre los voluntarios, los agentes remunerados y el resto de la comunidad. Esto puede incluir la designación de un coordinador de voluntarios y la implementación de sistemas de comunicación, como una alarma remota o un sistema de mensajería, para alertar a los voluntarios y al resto de la comunidad en caso de emergencia. La colaboración estrecha con la policía pública también es esencial para garantizar una respuesta adecuada y coordinada ante situaciones de riesgo.

-Mínimo de voluntarios requeridos: Para garantizar la seguridad de los voluntarios y la eficacia de las tareas asignadas, se sugiere que al menos dos personas participen en cada turno de vigilancia o actividad. Esto no solo brinda apoyo y seguridad mutua, sino que también permite la colaboración en la toma de decisiones y la comunicación efectiva en caso de incidentes.

-Capacitación y supervisión: Antes de participar como voluntarios en la policía privada barrial, es necesario brindarles una capacitación adecuada sobre aspectos de seguridad, procedimientos de emergencia y ética en el ejercicio de su rol. Asimismo, se debe establecer un sistema de supervisión para garantizar que los voluntarios actúen dentro de los límites establecidos y se sigan los protocolos de seguridad. Es esencial tener en cuenta que el voluntariado en la policía privada barrial debe ser complementario al trabajo de los agentes remunerados y no sustituir a su labor profesional. Los voluntarios pueden desempeñar un papel importante en la prevención y la concienciación comunitaria, pero las situaciones de riesgo y las intervenciones directas deben ser responsabilidad de los profesionales de seguridad capacitados.

Online del Ecuador 37

TIKTOKER: "La educación: la educación y los puestos de trabajo. Tendrás que estudiar 2 carreras: la que te gusta y una formación profesional según la necesidad del mercado. La que te gusta puede o no ser la que demanda el mercado laboral, y esa te la tienes que pagar tú, y la que demanda el mercado te la paga el Estado. ¿Por qué hacemos esto? Hay carreras que no tienen salida laboral y la que te paga el Estado depende de lo que demanden las nuevas tecnologías. Puedes ser lo que quieres, pero también puedes tener trabajo."

La Educación y los puestos de trabajo: Una perspectiva dual

En el ámbito de la educación y el empleo, surge un desafío importante: cómo equilibrar los intereses personales y las demandas del mercado laboral. Para abordar esta cuestión, se propone una perspectiva dual en la que los individuos estudien dos carreras: una que elijan por gusto personal y otra en función de las necesidades del mercado. A continuación, exploraremos los fundamentos de este enfoque y sus beneficios.

-Elección de carreras: El primer aspecto de esta perspectiva dual consiste en permitir a los individuos elegir una carrera que les apasione, independientemente de las demandas del mercado laboral. Esta elección se basa en la premisa de que todos merecen tener la oportunidad de perseguir sus pasiones y desarrollarse en áreas que les interesen genuinamente. Esta carrera personal puede ser cualquier disciplina o campo académico en el que el individuo encuentre satisfacción y realización personal.

-Formación profesional según las necesidades del mercado: Además de la carrera personal elegida, se propone que los individuos también reciban una formación profesional que responda a las demandas del mercado laboral. Este enfoque busca brindarles a los estudiantes las habilidades y conocimientos necesarios para acceder a oportunidades laborales con mayor demanda y estabilidad. Esta formación profesional puede estar relacionada con áreas emergentes, como la tecnología, la ingeniería, la salud o la gestión empresarial, que se espera que tengan una alta demanda en el mercado laboral.

-Financiamiento educativo: Para fomentar esta perspectiva dual, se propone un modelo en el que el individuo asuma la responsabilidad de financiar su carrera personal, mientras que el Estado se encargue de financiar la formación profesional relacionada con las necesidades del mercado. Esto busca incentivar la elección de carreras que se alineen con las demandas laborales y, a su vez, garantizar que los individuos puedan acceder a empleos remunerados y satisfactorios en el futuro.

-Salida laboral y adaptación a las nuevas tecnologías: Es fundamental reconocer que algunas carreras pueden tener una limitada salida laboral debido a diversos factores, como cambios en la demanda o avances tecnológicos. Al enfocarse en la formación profesional según las necesidades del mercado, se busca preparar a los individuos para que se adapten a las transformaciones y aprovechen las oportunidades que ofrecen las nuevas tecnologías. Esto promueve una mayor empleabilidad y facilita la transición hacia sectores en crecimiento y en consonancia con las demandas actuales y futuras.

-Flexibilidad y desarrollo personal: Este enfoque dual permite a los individuos seguir sus pasiones y al mismo tiempo adquirir habilidades y conocimientos prácticos. Proporciona una base sólida para el desarrollo personal y profesional, brindando opciones y oportunidades en diferentes áreas laborales. Además, promueve la adquisición de habilidades transferibles, como el pensamiento crítico, la resolución de problemas y la comunicación efectiva, que son valiosas en cualquier campo de trabajo.

A medida que profundizamos en las siguientes hojas, exploraremos con más detalle la implementación práctica de este enfoque dual en la implementación práctica del enfoque dual en la educación y el empleo.

Para llevar a cabo el enfoque dual en la educación y el empleo, es importante considerar los siguientes aspectos prácticos:

-Asesoramiento y orientación vocacional: Es fundamental contar con servicios de asesoramiento y orientación vocacional que ayuden a los estudiantes a tomar decisiones informadas sobre sus opciones educativas y profesionales. Estos servicios pueden brindar información sobre las demandas del mercado laboral, las habilidades requeridas y las perspectivas de empleo en diferentes áreas. De esta manera, los estudiantes pueden tomar decisiones más acertadas al elegir sus carreras personales y su formación profesional.

-Programas educativos flexibles: Se requiere flexibilidad en el diseño de programas educativos para permitir a los estudiantes combinar sus estudios en ambas áreas. Esto implica la creación de horarios que permitan la asistencia a clases en la carrera personal y la formación profesional. Además, los planes de estudio deben ser actualizados y adaptados para reflejar las necesidades cambiantes del mercado laboral y ofrecer habilidades relevantes y demandadas.

-Colaboración entre instituciones educativas y empleadores: Para garantizar la alineación entre la formación profesional y las necesidades del mercado, es esencial fomentar la colaboración entre instituciones educativas y empleadores. Estas alianzas pueden incluir la creación de programas de pasantías, prácticas profesionales o proyectos conjuntos que permitan a los estudiantes adquirir experiencia laboral relevante mientras continúan sus estudios.

-Apoyo financiero: El acceso a la educación y la formación profesional puede representar una barrera financiera para algunos individuos. Por lo tanto, es importante que el Estado y otras instituciones brinden apoyo financiero, becas o préstamos asequibles para garantizar que todos tengan la oportunidad de acceder a ambas áreas de estudio.

-Actualización y adaptación continua: Dado que el mercado laboral y las necesidades tecnológicas evolucionan rápidamente, es necesario mantener actualizados los programas de formación profesional y revisar regularmente las carreras demandadas. Esto implica un enfoque continuo en la investigación y el monitoreo de las tendencias laborales, así como la adaptación de los planes de estudio en función de los avances y las necesidades emergentes.

-Promoción de la diversidad y la inclusión: Al implementar el enfoque dual, es esencial garantizar la igualdad de oportunidades y la inclusión de diferentes grupos de la sociedad. Esto implica brindar apoyo adicional a aquellos estudiantes que puedan enfrentar desafíos económicos, culturales o sociales, para asegurar que puedan acceder a una educación de calidad y oportunidades laborales equitativas.

Al combinar la elección personal con la formación profesional según las necesidades del mercado, se crea un equilibrio que permite a los individuos perseguir sus pasiones mientras desarrollan habilidades demandadas en el mundo laboral. Este enfoque promueve una mayor empleabilidad, satisfacción laboral y contribución a la sociedad en general.

Exploraremos los beneficios a largo plazo de este enfoque dual, así como los desafíos y consideraciones adicionales que pueden surgir durante su implementación.

Beneficios a largo plazo del enfoque dual en la educación y el empleo

La implementación del enfoque dual en la educación y el empleo puede brindar una serie de beneficios a largo plazo tanto para los individuos como para la sociedad en general:

-Empleabilidad mejorada: Al combinar una carrera personal con una formación profesional en demanda, los individuos aumentan su empleabilidad al adquirir habilidades y conocimientos valorados por el mercado laboral. Esto les permite tener mayores oportunidades de empleo y una mayor capacidad para adaptarse a los cambios en el mercado.

-Flexibilidad y adaptabilidad: Al tener conocimientos en dos áreas distintas, los individuos desarrollan habilidades de adaptabilidad y flexibilidad que les permiten enfrentar diferentes desafíos laborales. Pueden aprovechar las oportunidades emergentes en su carrera personal mientras mantienen la capacidad de cambiar a campos más demandados según las necesidades del mercado.

-Satisfacción personal y profesional: Al tener la oportunidad de seguir sus pasiones y al mismo tiempo contar con una formación profesional sólida, los individuos pueden encontrar una mayor satisfacción tanto en su vida personal como en su carrera. Esto puede conducir a un mayor compromiso, productividad y bienestar en el trabajo.

-Contribución a la economía: Al contar con una fuerza laboral diversa y capacitada en áreas de alta demanda, se promueve el desarrollo económico. Los individuos con una formación profesional adecuada pueden desempeñar roles clave en sectores emergentes y contribuir al crecimiento económico y a la innovación.

-Reducción del desempleo estructural: Al alinear la formación profesional con las necesidades del mercado laboral, se reduce el desempleo estructural, que se produce cuando hay una brecha entre las habilidades de los trabajadores y las demandas del mercado. Esto beneficia tanto a los individuos al aumentar sus oportunidades de empleo como a la sociedad en su conjunto al tener una fuerza laboral más calificada.

-Mejora de la planificación y la toma de decisiones: Al elegir una carrera personal y una formación profesional, los individuos aprenden a realizar una planificación estratégica de sus estudios y a tomar decisiones informadas basadas en sus intereses y en las demandas del mercado. Esto fomenta habilidades de toma de decisiones a largo plazo y mejora la capacidad de adaptarse a situaciones cambiantes.

El enfoque dual en la educación y el empleo ofrece una solución equilibrada para permitir a los individuos seguir sus pasiones mientras adquieren habilidades y conocimientos relevantes para el mercado laboral. Al brindar opciones y oportunidades, se promueve la empleabilidad, la satisfacción personal y profesional, y se contribuye al crecimiento económico y social.

Abordaremos los desafíos y consideraciones adicionales que pueden surgir durante la implementación de este enfoque dual, así como posibles soluciones y recomendaciones.

Desafíos y consideraciones en la implementación del enfoque dual en la educación y el empleo

Si bien el enfoque dual en la educación y el empleo presenta numerosos beneficios, también implica desafíos y consideraciones que deben abordarse durante su implementación:

-Selección adecuada de formaciones profesionales: Identificar las formaciones profesionales que se alineen con las demandas del mercado laboral puede ser un desafío en sí mismo. Es importante realizar un análisis exhaustivo de las tendencias y necesidades laborales, así como fomentar la colaboración entre instituciones educativas, empleadores y expertos en el campo para asegurar que las formaciones profesionales seleccionadas sean relevantes y actualizadas.

-Acceso equitativo a la formación profesional: Es fundamental garantizar que todos los individuos tengan acceso equitativo a la formación profesional según las necesidades del mercado. Esto implica superar barreras financieras, sociales y geográficas que podrían limitar la participación de ciertos grupos de la sociedad. Se deben implementar políticas y programas de apoyo para asegurar que todos tengan igualdad de oportunidades en la búsqueda de una educación y empleo de calidad.

-Coherencia entre la carrera personal y la formación profesional: Es importante asegurar que la carrera personal y la formación profesional se complementen de manera coherente. Aunque pueden ser disciplinas diferentes, deben existir sinergias o habilidades transferibles que permitan a los individuos aprovechar al máximo ambas áreas de estudio. Esto requiere una planificación y asesoramiento cuidadoso para garantizar que los estudiantes encuentren un equilibrio adecuado.

-Actualización constante de la formación profesional: Dado que las demandas del mercado laboral evolucionan rápidamente, es esencial actualizar y adaptar continuamente la formación profesional ofrecida. Esto implica una estrecha colaboración entre las instituciones educativas y los empleadores, así como una atención constante a las tendencias y avances tecnológicos. Además, se deben proporcionar oportunidades de aprendizaje continuo y desarrollo profesional para mantener la relevancia de las habilidades adquiridas.

-Cambios en el mercado laboral y la tecnología: Aunque la formación profesional se elija en función de las necesidades actuales del mercado, es importante reconocer que estas necesidades pueden cambiar rápidamente debido a avances tecnológicos, cambios económicos u otros factores. Los individuos deben estar preparados para adaptarse a estos cambios y desarrollar habilidades de aprendizaje permanente que les permitan mantenerse actualizados y competitivos en el mercado laboral a lo largo de su vida.

-Equilibrio entre pasión y empleabilidad: Si bien se alienta a los individuos a seguir sus pasiones en su carrera personal, también es importante reconocer que la empleabilidad es un factor crucial en la vida laboral. En algunos casos, puede ser necesario encontrar un equilibrio entre la pasión personal y las oportunidades laborales disponibles, considerando opciones de especialización o combinaciones de áreas de estudio que puedan aumentar las perspectivas de empleo.

Abordar estos desafíos y consideraciones requiere un enfoque integral y colaborativo que involucre a los estudiantes, educadores, empleadores, instituciones gubernamentales y la sociedad en su conjunto.

Soluciones y recomendaciones para la implementación del enfoque dual en la educación y el empleo.

Para superar los desafíos y garantizar una implementación exitosa del enfoque dual en la educación y el empleo, se pueden considerar las siguientes soluciones y recomendaciones:

-Colaboración entre actores clave: Fomentar una estrecha colaboración entre instituciones educativas, empleadores, organismos gubernamentales y la comunidad en general es esencial. Establecer alianzas y mesas de diálogo que involucren a todos los actores relevantes puede ayudar a identificar las necesidades del mercado laboral, diseñar programas de formación profesional adecuados y facilitar la transición de los estudiantes al empleo.

-Evaluación periódica de las necesidades del mercado laboral: Es necesario realizar evaluaciones periódicas de las necesidades cambiantes del mercado laboral para mantener actualizadas las ofertas de formación profesional. Esto implica el seguimiento de las tendencias, la realización de estudios de demanda y la consulta regular con los empleadores para asegurarse de que las formaciones profesionales ofrecidas sean relevantes y respondan a las necesidades actuales.

-Programas de capacitación para educadores: Los educadores desempeñan un papel fundamental en la implementación del enfoque dual. Es importante proporcionarles oportunidades de capacitación y desarrollo profesional para que puedan adquirir los conocimientos y las habilidades necesarias para brindar una educación de calidad en ambas áreas. Esto incluye estar al tanto de las últimas tendencias del mercado laboral y las tecnologías emergentes.

-Apoyo financiero accesible: Para garantizar la igualdad de oportunidades, es esencial que el acceso a la educación y la formación profesional esté respaldado por un apoyo financiero adecuado. Esto puede incluir becas, préstamos asequibles, programas de pasantías remuneradas o incentivos para empleadores que contraten a estudiantes en formación. También se pueden explorar alianzas público-privadas para financiar programas educativos y becas.

-Mentores y profesionales de la industria: Incorporar mentores y profesionales de la industria en el proceso educativo puede ser invaluable. Estos mentores pueden proporcionar orientación y asesoramiento a los estudiantes, compartir sus experiencias laborales y ayudar a establecer conexiones en el campo laboral. Esto brinda a los estudiantes una visión más realista y práctica de las carreras que están persiguiendo.

-Promoción de la educación continua: El enfoque dual en la educación y el empleo debe verse como un paso inicial en un proceso de aprendizaje continuo. Se debe fomentar la importancia de la educación continua y el desarrollo de habilidades a lo largo de la vida para garantizar la adaptabilidad y la empleabilidad a largo plazo. Esto puede incluir programas de formación continua, certificaciones y programas de actualización profesional.

1

Medición del éxito y monitoreo del enfoque dual en la educación y el empleo

Para asegurar el éxito y la efectividad del enfoque dual en la educación y el empleo, es importante establecer mecanismos de medición y monitoreo. Estas son algunas consideraciones clave:

-Indicadores de éxito: Definir indicadores claros y medibles que permitan evaluar el impacto del enfoque dual. Estos indicadores pueden incluir tasas de empleo de los graduados, satisfacción laboral, nivel de ingresos, adaptabilidad a cambios en el mercado laboral y participación en programas de educación continua.

-Evaluación de programas y currículo: Realizar evaluaciones regulares de los programas de formación profesional y el currículo para garantizar su relevancia y calidad. Esto implica recopilar retroalimentación de estudiantes, empleadores y educadores, y realizar ajustes cuando sea necesario. También se pueden llevar a cabo estudios comparativos para identificar las mejores prácticas y áreas de mejora.

-Seguimiento de trayectorias profesionales: Realizar un seguimiento de las trayectorias profesionales de los graduados del enfoque dual a lo largo del tiempo. Esto puede ayudar a identificar patrones y tendencias en términos de empleabilidad, movilidad laboral y adaptabilidad a cambios en el mercado. También puede proporcionar información valiosa para ajustar y mejorar los programas de formación profesional.

-Colaboración con empleadores: Mantener una estrecha colaboración con los empleadores es esencial para monitorear el éxito del enfoque dual. Establecer mecanismos de retroalimentación y diálogo continuo con los empleadores puede ayudar a evaluar la calidad de la formación profesional, la pertinencia de los conocimientos adquiridos y la satisfacción de los empleadores con los graduados.

-Encuestas de satisfacción: Realizar encuestas periódicas de satisfacción tanto a los estudiantes como a los empleadores. Esto puede ayudar a identificar áreas de mejora y a recopilar opiniones sobre la efectividad del enfoque dual en la preparación de los estudiantes para el mundo laboral.

-Análisis de impacto económico y social: Realizar análisis de impacto económico y social para evaluar los beneficios y las implicaciones del enfoque dual en la educación y el empleo. Esto puede incluir el análisis de la contribución económica de los graduados, la reducción del desempleo estructural, el aumento de la productividad y el impacto en la calidad de vida de los individuos y la sociedad en general.

El monitoreo constante y la evaluación del enfoque dual permiten identificar áreas de mejora y tomar medidas correctivas en caso necesario. Además, proporcionan datos concretos para respaldar la toma de decisiones informadas y la mejora continua de los programas de educación y formación profesional.

En las siguientes hojas, abordaremos estrategias específicas para fomentar la implementación exitosa del enfoque dual, incluyendo políticas educativas, programas de apoyo y colaboración entre diversos actores sociales.

TIKTOKER: "LAS CONSULTAS POPULARES: Oportunidad para evaluar al presidente. Si su popularidad es mayor del 50%, la Consulta Popular debería proseguir; si es menos del 25%, se debería destituir. Si no hay seriedad y solo sirve para quitar derechos al pueblo."

Las Consultas Populares y la Evaluación del Presidente

Las Consultas Populares representan una herramienta importante de participación ciudadana y democracia directa. Permiten que los ciudadanos expresen su opinión y tomen decisiones sobre asuntos de interés público. Uno de los aspectos que podría considerarse en el contexto de las Consultas Populares es la evaluación del presidente y su popularidad. A continuación, se exploran diferentes puntos de vista relacionados con este tema.

-Evaluación de la popularidad del presidente: La popularidad del presidente es un indicador clave para evaluar su desempeño y respaldo por parte de la ciudadanía. Al establecer un umbral de popularidad, como el 50%, se puede considerar que si el presidente cuenta con un apoyo significativo de la población, la Consulta

Popular podría proseguir. Esto permite que la voluntad del pueblo sea tenida en cuenta y se puedan tomar decisiones informadas.

-Destitución basada en la popularidad: La propuesta de destituir al presidente si su popularidad es menor del 25% plantea un escenario en el que se busca garantizar que los líderes electos tengan un respaldo adecuado para desempeñar su cargo. Sin embargo, es importante tener en cuenta que la destitución del presidente debe seguir los procedimientos y mecanismos establecidos en la legislación y la Constitución para salvaguardar la estabilidad institucional y el Estado de derecho.

-Equilibrio entre la participación ciudadana y la estabilidad política: La implementación de Consultas Populares debe encontrar un equilibrio entre la participación ciudadana y la estabilidad política. Es fundamental garantizar que los procesos de consulta sean transparentes, justos y basados en criterios objetivos. Además, es necesario tener en cuenta que las decisiones sobre la destitución de un presidente deben ser tomadas de manera responsable, tomando en consideración no solo la popularidad, sino también otros factores como el desempeño, la legalidad y la gobernabilidad.

-Uso adecuado de las Consultas Populares: Para asegurar un uso adecuado de las Consultas Populares, es fundamental contar con un marco legal y normativo claro que establezca los procedimientos, requisitos y límites para su convocatoria y realización. Además, se debe promover una cultura de responsabilidad y transparencia por parte de los presidentes en el ejercicio de su mandato, fomentando la rendición de cuentas y la evaluación continua de su desempeño.

-Importancia del diálogo y la participación ciudadana: Las Consultas Populares deben ser espacios de diálogo y participación ciudadana que fomenten la deliberación informada y la diversidad de opiniones. Es fundamental promover una sociedad civil activa y empoderada, donde los ciudadanos estén informados y sean capaces de participar de manera significativa en la toma de decisiones políticas.

Online del Ecuador 39

TIKTOKER: "Se prohibirá dirigirse a cualquier persona en un lugar público con su título académico, a no ser que sea por trabajo. Vamos a erradicar del Ecuador esa manera de división entre seres humanos. Busquemos la paz social."

En busca de la paz social y la igualdad entre los seres humanos, se propone la eliminación de la práctica de dirigirse a las personas en lugares públicos utilizando sus títulos académicos, a menos que sea necesario por motivos de trabajo. Esta medida tiene como objetivo erradicar divisiones y promover un ambiente más inclusivo y respetuoso. A continuación, se exploran los fundamentos y beneficios de esta propuesta:

-Igualdad y respeto: Al prohibir la utilización de títulos académicos en los encuentros cotidianos en espacios públicos, se busca fomentar la igualdad y el respeto entre todas las personas, sin importar su nivel educativo. Esta medida promueve una cultura de valoración de los individuos por su ser y no por sus logros académicos, evitando así la creación de barreras y divisiones innecesarias en la sociedad.

-Promoción de la inclusión: La prohibición de utilizar títulos académicos en lugares públicos contribuye a crear un entorno más inclusivo y acogedor para todos. Al no destacar los logros educativos como un factor determinante en las interacciones sociales, se promueve la participación equitativa y se evita la exclusión de aquellos que no han tenido acceso a la educación formal o han optado por otras formas de aprendizaje y desarrollo personal.

-Reducción de la jerarquización social: La eliminación de las distinciones basadas en los títulos académicos busca reducir la jerarquización social y fomentar la igualdad de oportunidades. Al no dar preferencia o trato especial a las personas en función de sus logros educativos, se contribuye a la construcción de una sociedad más justa y equitativa, donde el valor de cada individuo se basa en su dignidad intrínseca y sus cualidades humanas, más que en sus credenciales académicas.

-Fomento de la comunicación auténtica: Al evitar el uso de títulos académicos como forma de dirigirse a las personas en espacios públicos, se alienta una comunicación más auténtica y sincera. Las interacciones se centran en la identidad individual y en las experiencias compartidas, promoviendo una conexión humana genuina y la construcción de relaciones basadas en la empatía y la comprensión mutua.

-Enfoque en el valor intrínseco de cada individuo: Al eliminar las distinciones basadas en los títulos académicos, se reconoce y valora el potencial y las capacidades de cada individuo más allá de su educación formal. Esto fomenta un sentido de valía personal basado en las cualidades humanas, la experiencia de vida y las habilidades adquiridas, en lugar de la simple posesión de un título.

Desafíos y consideraciones adicionales relacionadas con la implementación de esta propuesta, así como estrategias para promover una cultura de paz y respeto en la sociedad.

Desafíos y consideraciones para la implementación

Si bien la prohibición de utilizar títulos académicos en lugares públicos puede ser una medida positiva en términos de promover la igualdad y la paz social, su implementación puede enfrentar desafíos y requerir consideraciones adicionales. A continuación, se exploran algunos aspectos relevantes:

-Sensibilización y cambio cultural: La implementación de esta medida requiere de un proceso de sensibilización y cambio cultural en la sociedad. Es importante educar a la población sobre los beneficios de tratar a todas las personas con igual respeto y valor, independientemente de sus títulos académicos. Se deben promover campañas de concientización y programas educativos que fomenten una cultura de paz, inclusión y valoración de la diversidad.

-Contextos laborales específicos: Aunque la propuesta se centra en evitar el uso de títulos académicos en espacios públicos, es importante considerar que en algunos contextos laborales puede ser necesario y pertinente utilizar los títulos para identificar roles y responsabilidades. Se debe establecer un equilibrio entre la eliminación de las distinciones en lugares públicos y el reconocimiento legítimo de la formación académica en situaciones laborales específicas.

-Respeto a la autonomía individual: Aunque la medida busca promover la igualdad y la paz social, es importante respetar la autonomía individual de las personas para decidir si desean ser identificadas por su título académico en contextos informales. Algunos individuos pueden considerar su logro educativo como una parte integral de su identidad y preferir ser reconocidos por ello. Se debe encontrar un equilibrio entre promover la igualdad y respetar las elecciones personales.

-Implementación gradual y adaptativa: La prohibición de utilizar títulos académicos en lugares públicos puede requerir una implementación gradual y adaptativa. Es recomendable iniciar con políticas piloto en determinadas áreas geográficas o instituciones para evaluar su efectividad y abordar posibles desafíos. Además, es importante estar dispuestos a ajustar y adaptar la medida en función de las necesidades y el contexto social.

-Evaluación continua: Se debe realizar una evaluación continua de los impactos de esta medida. Es importante monitorear y analizar sus efectos en la sociedad, incluyendo posibles cambios en la forma en que las personas se relacionan y perciben su valía personal. La retroalimentación de la comunidad y la investigación académica pueden proporcionar información valiosa para ajustar y mejorar la implementación de la medida.

Se pueden abordar estrategias adicionales para fomentar una cultura de paz y respeto en la sociedad, así como consideraciones éticas y sociales relacionadas con esta propuesta.

Promoviendo una cultura de paz y respeto.

Además de la prohibición de utilizar títulos académicos en lugares públicos, existen otras estrategias que pueden fomentar una cultura de paz y respeto en la sociedad. Estas acciones complementarias pueden contribuir a generar un ambiente armonioso y promover relaciones positivas entre las personas. A continuación, se presentan algunas propuestas:

-Educación en valores: Promover la educación en valores desde temprana edad es fundamental para cultivar una cultura de paz y respeto. Las instituciones educativas pueden incluir programas que enseñen la importancia del respeto mutuo, la tolerancia, la empatía y la resolución pacífica de conflictos. También se puede fomentar la valoración de la diversidad y la igualdad de derechos y oportunidades.

-Diálogo y comunicación efectiva: Estimular el diálogo y la comunicación efectiva es esencial para construir puentes de entendimiento y promover la paz social. Se deben fomentar espacios de diálogo donde las personas puedan expresar sus opiniones de manera respetuosa y escuchar activamente a los demás. La empatía y el entendimiento mutuo son clave para superar las diferencias y construir relaciones basadas en el respeto y la colaboración.

-Resolución no violenta de conflictos: Promover la resolución no violenta de conflictos ayuda a evitar la escalada de tensiones y a encontrar soluciones pacíficas. Se pueden impulsar programas de mediación y negociación que enseñen habilidades para manejar los desacuerdos de manera constructiva. El objetivo es buscar soluciones Ganar-Ganar que satisfagan las necesidades de todas las partes involucradas.

-Sensibilización sobre discriminación y prejuicios: Es importante promover la sensibilización y el combate contra la discriminación y los prejuicios en todas sus formas. Se deben abordar temas como el racismo, el sexismo, la homofobia, la xenofobia y otros tipos de discriminación. Esto puede incluir campañas de concientización, talleres educativos y políticas inclusivas que garanticen la igualdad de oportunidades para todos.

-Participación ciudadana activa: Fomentar la participación ciudadana activa en la toma de decisiones y en la vida pública, fortalece la democracia y la construcción de una sociedad más pacífica. Es importante que los ciudadanos se sientan parte del proceso de toma de decisiones y tengan espacios para expresar sus inquietudes y contribuir a la mejora de su comunidad.

-Promoción de la empatía y la compasión: La promoción de la empatía y la compasión es fundamental para generar un ambiente de respeto mutuo. Se pueden llevar a cabo actividades que fomenten la comprensión de las experiencias y emociones de los demás, así como la solidaridad hacia aquellos que más lo necesitan. Esto incluye programas de voluntariado, acciones de apoyo comunitario y la promoción de la justicia social.

Online del Ecuador 40

TIKTOKER: "¡Optimizaremos el Estado! No es necesario reducir el Estado. Crearemos nuevos ministerios. Todos los cargos públicos solo tendrán a su titular, a excepción de la Presidencia de la República, que seguirá teniendo su vicepresidente. Eliminaremos todos los suplentes o alternos en todos los niveles, incluidas las empresas donde el Estado sea el mayor accionista. Así podemos crear nuevos ministerios con costos controlados. Todos esos servidores públicos no podrán adquirir bienes inmuebles durante sus funciones, solo al finalizar su periodo, para evitar el tráfico de influencias y después de una auditoría al finalizar su gestión. Cualquier servidor público tendrá sus cuentas abiertas en cualquier instante que se lo solicite. ¡Has elegido servir al país, no servirte de él! Ser político ya no va a ser una manera de hacerte rico. Se acabó este chanchullo."

Optimización del Estado y nuevas medidas de transparencia

En busca de mejorar la eficiencia y la transparencia del Estado, se propone una serie de acciones para optimizar su funcionamiento y prevenir posibles casos de corrupción. Estas medidas incluyen la creación de nuevos ministerios, la eliminación de suplentes en cargos públicos, restricciones para adquirir bienes inmuebles durante el ejercicio del cargo y la implementación de una mayor transparencia en las finanzas personales de los servidores públicos. A continuación, se detallan estas propuestas:

-Creación de nuevos ministerios: Para abordar de manera más efectiva los desafíos y necesidades actuales, se propone la creación de nuevos ministerios especializados en áreas clave. Estos ministerios estarían enfocados en sectores estratégicos, como tecnología e innovación, medio ambiente, desarrollo sostenible, cultura y deporte, entre otros. Con la creación de estos ministerios, se busca fortalecer la capacidad del Estado para abordar problemáticas específicas y promover el desarrollo integral del país.

-Eliminación de suplentes: Con el objetivo de reducir costos y evitar posibles abusos de poder, se propone eliminar los suplentes o alternos en todos los niveles de gobierno, incluyendo las empresas en las que el Estado tenga participación accionarial mayoritaria. Esto implica que cada cargo público tendrá únicamente a su titular, a excepción de la presidencia de la República, que mantendrá su vicepresidente. Esta medida busca simplificar la estructura gubernamental y garantizar una mayor responsabilidad individual de los funcionarios públicos.

-Restricciones en adquisición de bienes inmuebles: Para prevenir el tráfico de influencias y posibles actos de corrupción, se establece que los servidores públicos no podrán adquirir bienes inmuebles durante el ejercicio de su cargo. Esta medida busca evitar conflictos de interés y asegurar que las decisiones de los funcionarios estén basadas en el interés público y no en beneficios personales. Además, se establece que al finalizar su período, se realizará una auditoría para verificar la integridad de su gestión antes de permitirles adquirir bienes inmuebles.

-Transparencia en las finanzas personales: Se implementa una mayor transparencia en las finanzas personales de los servidores públicos, quienes deberán mantener sus cuentas abiertas para su inspección en cualquier momento que se les solicite. Esta medida tiene como objetivo garantizar la rendición de cuentas y prevenir posibles casos de enriquecimiento ilícito. Al elegir servir al país, los servidores públicos se comprometen a utilizar su posición en beneficio de la sociedad y no para obtener ganancias personales indebidas.

-Fin de la corrupción y enriquecimiento ilícito: Estas medidas buscan poner fin a prácticas de corrupción y enriquecimiento ilícito en la función pública. Ser político no debe ser una oportunidad para enriquecerse, sino un compromiso de servicio a la ciudadanía. La optimización del Estado y la implementación de medidas de transparencia son fundamentales para fortalecer la confianza de la sociedad en las instituciones y garantizar un gobierno honesto y eficiente.

Online del Ecuador 41

TIKTOKER: "Los puestos por el gobierno de turno nos roban la democracia a los ecuatorianos. Se saltan la democracia para elegir embajadores, cónsules, directores de empresas donde el Estado es el mayor accionista. Debemos llamar a elecciones telemáticas. ¿Por qué aniquilamos la democracia?."

Fortalecimiento de la democracia a través de elecciones telemáticas

En la búsqueda de fortalecer la democracia y garantizar la participación activa de los ciudadanos en la elección de diversos cargos gubernamentales, se propone implementar elecciones telemáticas. Actualmente, se observa que en ciertos casos los puestos clave son designados por el gobierno de turno, lo que genera preocupación en cuanto a la falta de transparencia y participación democrática en estos procesos. Para evitar esta situación y promover una verdadera democracia, se sugiere la adopción de elecciones telemáticas. A continuación, se detallan los aspectos clave de esta propuesta:

-Elecciones telemáticas: Mediante el uso de tecnologías de la información y la comunicación, se podrían llevar a cabo elecciones telemáticas en las cuales los ciudadanos puedan ejercer su derecho al voto de forma remota, utilizando plataformas seguras y confiables. Esta modalidad permitiría ampliar la participación ciudadana, facilitando la votación y evitando barreras geográficas o de tiempo que pueden limitar la asistencia física a los centros de votación.

-Elecciones para cargos clave: Específicamente, se propone aplicar el sistema de elecciones telemáticas para la selección de cargos importantes que actualmente son designados directamente por el gobierno de turno, como embajadores, cónsules y directores de empresas donde el Estado es el mayor accionista. Estas posiciones tienen un impacto significativo en la representación y las decisiones gubernamentales, por lo que es crucial asegurar que su designación sea democrática y basada en la voluntad de los ciudadanos.

-Transparencia y seguridad: Para garantizar la integridad de las elecciones telemáticas, se implementarían estrictos protocolos de seguridad y auditoría. Se utilizarían sistemas criptográficos para proteger la confidencialidad del voto y se establecerían medidas de control para prevenir fraudes y manipulaciones. Además, se llevarían a cabo auditorías regulares para verificar la legitimidad de los resultados y garantizar la confianza de los ciudadanos en el proceso electoral.

-Acceso a la tecnología: Conscientes de que el acceso a la tecnología puede ser un desafío para algunos sectores de la población, se realizarían esfuerzos adicionales para garantizar la inclusión y equidad en el proceso. Esto podría incluir la facilitación de dispositivos electrónicos y el establecimiento de centros de votación electrónica en áreas de difícil acceso tecnológico. El objetivo es asegurar que todos los ciudadanos tengan igualdad de oportunidades para ejercer su derecho al voto.

-Educación y concientización: Se llevarían a cabo campañas educativas y de concientización para informar a los ciudadanos sobre el proceso de elecciones telemáticas, sus beneficios y el papel que desempeñan en la consolidación de la democracia. Estas campañas promoverían la participación ciudadana y fomentarían la confianza en el sistema electoral.

Con la implementación de elecciones telemáticas, se busca empoderar a los ciudadanos y garantizar un proceso de selección más transparente y democrático

Elección de dignidades locales y representativas.

En el marco de fortalecer la democracia y promover una mayor representatividad en las instituciones, se propone implementar un sistema de elección de dignidades locales y representativas. Esto implica que las personas involucradas en ciertas instituciones, como consulados o empresas estatales, sean elegidas preferentemente de la zona o región en la que operan. A continuación, se exploran los beneficios y consideraciones de esta propuesta:

-Representatividad local: Al elegir a las dignidades de la zona donde se encuentra la institución, se garantiza una mayor representatividad y conexión con las necesidades y realidades locales. Las personas que viven en esa área conocen de cerca los desafíos y oportunidades específicas, lo que les permite abordarlos de manera más efectiva y tomar decisiones informadas en beneficio de la comunidad.

-Identificación con la comunidad: Los candidatos que provienen de la zona en la que se ubica la institución, como un consulado o una empresa estatal, tienen una mayor identificación y sentido de pertenencia con la comunidad local. Esto puede generar un compromiso más sólido y un mayor interés en trabajar en beneficio de la región, ya que sus decisiones impactarán directamente a sus vecinos y conciudadanos.

-Conocimiento del entorno: Los candidatos locales tienen un conocimiento profundo del entorno en el que operan. Están familiarizados con la cultura, las tradiciones, las necesidades y las preocupaciones de la comunidad, lo que les permite abordar los desafíos de manera más efectiva y encontrar soluciones adaptadas a la realidad local.

-Impulso al desarrollo regional: Al elegir a los representantes de la zona, se fomenta el desarrollo regional y se promueve la participación activa de los ciudadanos en la toma de decisiones que afectan directamente su entorno. Esto fortalece el sentido de comunidad y empodera a los residentes locales para ser parte activa en la construcción de su futuro.

-Proceso de elección transparente: Para garantizar la transparencia y la equidad en el proceso de elección, se deben establecer mecanismos adecuados. Esto implica una convocatoria abierta, requisitos claros y criterios de selección objetivos que permitan una competencia justa entre los candidatos locales. Además, se deben establecer instancias de supervisión y control para asegurar la legitimidad del proceso.

Es importante tener en cuenta que la elección preferente de dignidades locales no excluye la participación de personas de otras regiones o la valoración de su experiencia y capacidades. Se busca promover una mayor participación local y garantizar que las decisiones tomadas por estas instituciones reflejen los intereses y necesidades de la comunidad en la que se encuentran.

En las siguientes hojas, se pueden abordar aspectos adicionales como la implementación de este sistema de elección, la integración de candidatos de otras zonas y los mecanismos para asegurar una gestión transparente y efectiva de estas dignidades locales y representativas.

TIKTOKER: "Si los políticos cobran por hacer su trabajo, ¿por qué el pueblo ecuatoriano tiene que hacerlo gratis cuando colabora en el Consejo de Participación Ciudadana?"

-Voluntariado y compromiso cívico: La participación ciudadana en el Consejo de Participación Ciudadana se basa en el voluntariado y el compromiso cívico de los ciudadanos. Al colaborar en este consejo, los ciudadanos aportan su tiempo y conocimientos en beneficio de la sociedad, sin recibir una remuneración económica directa por ello.

-Incentivos y reconocimiento: Aunque la participación ciudadana en el Consejo de Participación Ciudadana no conlleva una remuneración económica, es importante reconocer y valorar el aporte de los ciudadanos que colaboran en este ámbito. Esto puede realizarse a través de incentivos no monetarios, como reconocimientos, certificados de participación, capacitaciones y oportunidades de desarrollo personal y profesional.

Es fundamental encontrar un equilibrio entre la remuneración de los políticos y la participación ciudadana, de modo que se promueva la integridad, la transparencia y la rendición de cuentas en la gestión pública. En las siguientes hojas, se pueden explorar más a fondo los mecanismos de participación ciudadana y su relación con la remuneración de los políticos, así como las posibles formas de fortalecer la participación activa de los ciudadanos en la política.

Una forma adicional de retribuir a los colaboradores del Consejo de Participación Ciudadana y valorar su participación activa es otorgándoles puntos en los concursos internos o en el proceso de selección de vacantes en puestos del Estado. Estos puntos adicionales podrían ser considerados como un reconocimiento a su compromiso cívico y a su experiencia en el ámbito de la participación ciudadana. A continuación, se exploran algunas ideas relacionadas con esta propuesta:

-Puntos en los concursos internos: Para los colaboradores del Consejo de Participación Ciudadana, que también sean empleados del sector público, se podría establecer un sistema de puntos adicionales en los concursos internos. Estos puntos podrían ser otorgados en función de la participación activa en el consejo, la asistencia a reuniones, la presentación de propuestas relevantes, entre otros criterios definidos previamente.

-Puntos en el proceso de selección de vacantes: En el caso de las convocatorias públicas para ocupar vacantes en puestos del Estado, se podría considerar la asignación de puntos adicionales a los colaboradores del Consejo de Participación Ciudadana. Estos puntos podrían ser considerados como una ventaja competitiva en el proceso de selección, valorando su experiencia y conocimientos en participación ciudadana y asuntos públicos.

Es importante destacar que la asignación de puntos adicionales debe ser implementada de manera transparente y justa, siguiendo criterios claros y establecidos previamente. Se deben establecer mecanismos de verificación y evaluación para asegurar que los colaboradores cumplan con los requisitos y criterios para obtener los puntos adicionales. Además, es fundamental garantizar que el sistema de asignación de puntos sea compatible con los principios de igualdad de oportunidades y mérito en la selección de personal, evitando cualquier forma de favoritismo o discriminación.

Online del Ecuador 43

TIKTOKER: *"Podemos conservar los árboles. Ya no utilizaremos árboles en la construcción, para encofrados, andamios. Todo será como en países desarrollados, de metal. ¡Es tiempo de cuidar de la naturaleza!."*

Construcción sostenible: Uso de materiales alternativos en lugar de árboles

En la búsqueda de promover la conservación de los árboles y cuidar de la naturaleza, es importante considerar alternativas sostenibles en la construcción. Una de las medidas que podemos tomar es reemplazar el uso de árboles en diferentes aspectos de la construcción, como encofrados y andamios, por materiales más respetuosos con el medio ambiente, como el metal. A continuación, se exploran las ventajas y oportunidades asociadas con esta práctica:

-Conservación de los recursos forestales: Al optar por materiales metálicos en lugar de árboles para encofrados y andamios, reducimos la demanda de madera en la industria de la construcción. Esto contribuye a la conservación de los recursos forestales y ayuda a mantener la biodiversidad de los ecosistemas forestales.

-Reducción de la deforestación: La deforestación es una preocupación global, ya que afecta negativamente al clima, la biodiversidad y las comunidades locales. Al evitar el uso de árboles en la construcción, contribuimos a reducir la deforestación y sus impactos negativos.

Mayor durabilidad y seguridad: Los materiales metálicos, como el acero, suelen ser más duraderos y resistentes que la madera. Al utilizar estos materiales en encofrados y andamios, se mejora la seguridad de los trabajadores de la construcción, ya que se reducen los riesgos asociados con la debilidad estructural y el deterioro de los materiales.

-Eficiencia en el uso de recursos: Los materiales metálicos son fácilmente reutilizables y reciclables. Esto significa que, a diferencia de la madera, pueden ser utilizados en múltiples proyectos a lo largo del tiempo, lo que conlleva una mayor eficiencia en el uso de recursos y una reducción en la generación de residuos.

-Estándares internacionales de construcción: Muchos países desarrollados ya han adoptado el uso de materiales metálicos en la construcción como estándar, promoviendo la sostenibilidad y reduciendo la dependencia de los recursos forestales. Siguiendo su ejemplo, podemos avanzar hacia prácticas más responsables y alinearnos con las tendencias internacionales en materia de construcción sostenible.

La implementación de materiales alternativos en la construcción, como el metal en lugar de la madera, requiere un enfoque estratégico y una planificación cuidadosa. A continuación, se presentan algunas consideraciones adicionales sobre cómo llevar a cabo esta transición de manera efectiva:

-Investigación y desarrollo: Es importante invertir en investigación y desarrollo para mejorar y perfeccionar los materiales alternativos en la construcción. Esto incluye explorar nuevas aleaciones metálicas, técnicas de fabricación más eficientes y prácticas de construcción innovadoras que maximicen el uso de estos materiales.

-Capacitación y certificación: La transición hacia el uso de materiales alternativos requerirá capacitación y certificación para los profesionales de la construcción. Es necesario brindar a los arquitectos, ingenieros y trabajadores de la construcción las habilidades necesarias para trabajar con materiales metálicos y garantizar la seguridad y calidad de las estructuras construidas.

-Normativas y regulaciones: Las normativas y regulaciones deben actualizarse para facilitar la adopción de materiales alternativos en la construcción. Esto implica establecer estándares de calidad y seguridad específicos para el uso de materiales metálicos, así como revisar los códigos de construcción existentes para incorporar estas opciones sostenibles.

-Promoción y concienciación: Es fundamental promover los beneficios ambientales y económicos de utilizar materiales alternativos en la construcción. La concienciación sobre la importancia de conservar los recursos naturales y reducir la deforestación puede impulsar la demanda y el interés por estos materiales, tanto por parte de los profesionales de la construcción como de los consumidores.

-Colaboración público-privada: La transición hacia el uso de materiales alternativos en la construcción requerirá la colaboración entre el sector público y privado. Las políticas gubernamentales pueden facilitar incentivos fiscales y financiamiento para la adopción de estos materiales, mientras que las empresas privadas pueden invertir en investigación y desarrollo, así como en la producción y suministro de materiales alternativos.

Además, se pueden analizar otras medidas complementarias para promover una construcción más sostenible y respetuosa con el medio ambiente, como por ejemplo:

-Encofrados metálicos: Los encofrados metálicos, generalmente hechos de acero o aluminio, son duraderos y reutilizables. Son adecuados para proyectos de construcción a gran escala y proporcionan una mayor resistencia y estabilidad en comparación con los encofrados de madera.

-Encofrados de plástico: Los encofrados de plástico, hechos de materiales como el polipropileno o el polietileno, son ligeros, fáciles de manejar y montar. Son adecuados para aplicaciones de construcción de menor escala y ofrecen una buena resistencia y durabilidad.

-Encofrados de madera contrachapada: Aunque no es un material completamente diferente, la madera contrachapada se utiliza ampliamente como alternativa a la madera sólida para encofrados. La madera contrachapada es más resistente y duradera, y se puede reutilizar varias veces antes de necesitar ser reemplazada.

-Encofrados de plástico reforzado con fibra de vidrio (PRFV): Estos encofrados están fabricados con plástico reforzado con fibra de vidrio, lo que los hace resistentes, livianos y resistentes a la corrosión. Son particularmente útiles en aplicaciones donde se requiere una alta resistencia a productos químicos o en entornos marinos.

-Encofrados de tela: Los encofrados de tela son una alternativa interesante y sostenible. Están hechos de materiales como la tela geotextil impregnada de polímero, que se puede llenar con hormigón para formar la estructura deseada. Estos encofrados son flexibles, fáciles de instalar y pueden adaptarse a diferentes formas arquitectónicas.

Online del Ecuador 44

TIKTOKER: "¿Hasta cuándo haremos tesis para graduarnos? Desarrollaremos "Una idea, un negocio". Innovaremos para graduarnos."

"Una idea, un negocio": Innovación en la graduación

La tradición de realizar tesis como requisito para obtener un título universitario ha sido parte del sistema educativo durante mucho tiempo. Sin embargo, es importante cuestionar si esta modalidad sigue siendo relevante y efectiva en el mundo actual. En lugar de enfocarnos únicamente en la investigación teórica, podemos explorar nuevas formas de graduarnos que fomenten la innovación y el espíritu emprendedor.

En este sentido, proponemos el enfoque de "Una idea, un negocio" como una alternativa para la graduación. En lugar de desarrollar una tesis académica convencional, los estudiantes tendrían la oportunidad de generar y materializar una idea de negocio tangible durante su período de estudio. A continuación, se presentan algunas razones y beneficios de adoptar este enfoque:

-Desarrollo de habilidades emprendedoras: La creación de un

negocio requiere habilidades como la creatividad, el pensamiento crítico, la resolución de problemas y la capacidad de liderazgo. Al brindar a los estudiantes la oportunidad de desarrollar una idea de negocio, se promueve el desarrollo de estas habilidades emprendedoras que son altamente valoradas en el mundo laboral actual.

-Aplicación práctica del conocimiento: A menudo, las tesis académicas se centran en investigaciones teóricas que pueden tener un alcance limitado en términos de aplicación práctica. Al trabajar en un proyecto de negocio real, los estudiantes tienen la oportunidad de aplicar y poner a prueba los conocimientos adquiridos durante su formación académica en un entorno real y dinámico.

-Fomento de la innovación y la creatividad: La generación de ideas de negocio implica pensar de manera innovadora y creativa. Al impulsar a los estudiantes a desarrollar sus propias ideas de negocio, se fomenta la innovación y se les anima a buscar soluciones creativas a los desafíos empresariales.

-Conexión con el mundo empresarial: Al desarrollar un proyecto empresarial, los estudiantes tienen la oportunidad de interactuar con el mundo empresarial y establecer contactos con profesionales del sector. Esto les brinda una perspectiva práctica de la industria y les permite establecer conexiones que pueden ser beneficiosas para su futuro profesional.

-Impacto social y económico: Al promover la creación de negocios, se fomenta el emprendimiento y la generación de empleo. Esto puede tener un impacto significativo en la sociedad y la economía, al contribuir al crecimiento económico y al desarrollo sostenible.

En las siguientes hojas, se pueden explorar más detalles sobre cómo implementar este enfoque de "Una idea, un negocio" en el proceso de graduación. También se pueden abordar los posibles desafíos y consideraciones para su implementación, así como ejemplos concretos de programas educativos que ya están adoptando este enfoque innovador.

La implementación del enfoque "Una idea, un negocio" en el proceso de graduación requiere de una estructura y apoyo adecuados para asegurar el éxito de los estudiantes. A continuación, se presentan algunas consideraciones y pasos clave para su implementación:

-Programa de emprendimiento: Es fundamental establecer un programa de emprendimiento dentro de la institución educativa que promueva la generación de ideas de negocio y brinde los recursos necesarios para su desarrollo. Este programa puede incluir talleres, mentorías, acceso a espacios de trabajo colaborativos y conexión con expertos y empresarios del sector.

-Evaluación y seguimiento: Los proyectos de negocio propuestos por los estudiantes deben ser evaluados y seleccionados con base en criterios de viabilidad y originalidad. Una vez seleccionados, se asignará un comité de seguimiento que brinde orientación y supervisión a los estudiantes durante el proceso de desarrollo de sus negocios.

-Recursos financieros: Es importante contar con fondos o programas de financiamiento específicos para apoyar el desarrollo de los negocios de los estudiantes. Estos recursos pueden provenir de fondos institucionales, alianzas con entidades financieras o incluso programas de inversión de capital de riesgo.

-Asesoramiento y capacitación: Los estudiantes deben recibir asesoramiento y capacitación en áreas clave para el desarrollo de sus negocios, como marketing, finanzas, gestión empresarial y estrategia. Esto les proporcionará las herramientas necesarias para tomar decisiones informadas y enfrentar los desafíos que puedan surgir.

-Evaluación y presentación final: Al finalizar el período de desarrollo de sus negocios, los estudiantes deberán presentar un informe final que describa el proceso de desarrollo, los resultados obtenidos y las lecciones aprendidas. Esta presentación puede realizarse ante un panel de expertos y empresarios, quienes evaluarán la viabilidad y el impacto del negocio propuesto.

Al adoptar el enfoque de "Una idea, un negocio" en el proceso de graduación, se fomenta la formación de profesionales emprendedores, capaces de generar valor y contribuir al desarrollo económico y social. Además, se alienta a los estudiantes a explorar su creatividad, desarrollar habilidades de liderazgo y asumir un rol activo en la generación de oportunidades laborales.

Existen universidades en el mundo que fomentan la aplicación práctica de ideas de negocio como parte de sus programas académicos. Estas instituciones educativas suelen ofrecer cursos, programas o incluso carreras completas centradas en emprendimiento y creación de empresas. Algunas universidades conocidas por promover la puesta en práctica de ideas de negocio son:

-Stanford University - Stanford, Estados Unidos: La Universidad de Stanford es reconocida por su enfoque en emprendimiento. Cuenta con programas como el "Stanford Technology Ventures Program" y la "Stanford Graduate School of Business" que ofrecen oportunidades para desarrollar y lanzar ideas de negocio.

-Babson College - Massachusetts, Estados Unidos: Babson College se destaca por su enfoque en el emprendimiento. Ofrece una licenciatura en Emprendimiento, donde los estudiantes pueden llevar sus ideas de negocio, desde la concepción hasta la implementación práctica.

-University of Oxford - Oxford, Reino Unido: La Universidad de Oxford cuenta con el programa "Entrepreneurship Centre", que brinda apoyo y recursos a estudiantes y exalumnos que desean desarrollar sus propias empresas. También organiza competencias de ideas de negocio y proporciona asesoramiento empresarial.

-ESADE Business School - Barcelona, España: ESADE es una reconocida escuela de negocios que ofrece programas centrados en el emprendimiento y la innovación. Los estudiantes tienen la oportunidad de desarrollar y poner en práctica sus ideas de negocio a través de proyectos reales y programas de incubación.

-University of Waterloo - Ontario, Canadá: La Universidad de Waterloo es conocida por su programa "Velocity", que proporciona recursos, mentoría y espacio de trabajo para que los estudiantes desarrollen sus ideas de negocio y las conviertan en empresas exitosas.

Aunque las políticas y requisitos específicos pueden variar según la institución y el programa, aquí hay algunos ejemplos de enfoques académicos que permiten a los estudiantes realizar un negocio o emprendimiento en lugar de una tesis tradicional:

-Proyectos de emprendimiento: Algunas universidades tienen programas de emprendimiento que incluyen un componente práctico como proyecto final. Los estudiantes pueden desarrollar y ejecutar un plan de negocios, lanzar una empresa real o trabajar en proyectos empresariales en colaboración con empresas locales.

-Incubadoras y aceleradoras: Algunas instituciones educativas cuentan con incubadoras o aceleradoras de empresas donde los estudiantes pueden desarrollar sus ideas de negocio como parte de su programa de estudios. Estos programas brindan apoyo, recursos y mentores para ayudar a los estudiantes a convertir sus ideas en empresas exitosas.

-Programas de emprendimiento integrados: Existen programas académicos específicos que se centran en el emprendimiento y permiten a los estudiantes crear y desarrollar su propio negocio como proyecto final. Estos programas pueden tener requisitos específicos relacionados con la viabilidad y el crecimiento del negocio para obtener la graduación.

Online del Ecuador 44.1

TIKTOKER: "Reconoceremos tus titulaciones y tu experiencia laboral. Serán valorados no solo por las universidades, sino por un sistema de blockchain. ¿Cómo comprobaremos tu experiencia?

- *Todos los comentarios en tus anteriores trabajos estarán en el blockchain.*
- *Videos donde demuestres tus habilidades, ya seas profesional o autodidacta. Toda tu experiencia profesional o autodidacta será imposible de falsificar usando blockchain.*

Tus méritos y experiencia serán reconocidos en un escalafón válido tanto para la empresa privada como la empresa pública. Esto dependerá de los años de experiencia y comentarios en tu perfil, sin necesidad de negociar tu sueldo. Así se evitarán abusos y favoritismos.

También tendrás la opción de convertirte en profesional, obteniendo un título por tu experiencia. Si deseas seguir avanzando, podrás estudiar para obtener títulos universitarios.

Podrás presentar ideas innovadoras y, si son buenas, serán financiadas por el gobierno a fondo perdido, especialmente si crean nuevas fuentes de trabajo."

Reconocimiento de titulaciones y experiencia laboral a través de un sistema de blockchain.

En la búsqueda de un sistema más justo y transparente para el reconocimiento de las titulaciones y experiencia laboral, se propone implementar un sistema basado en la tecnología blockchain. Esta tecnología descentralizada y segura permitirá verificar y validar de manera confiable los logros académicos y profesionales de los individuos. A continuación, se detallan las principales características y beneficios de este sistema:

-Validación de titulaciones: Mediante el uso de blockchain, se podrán verificar las titulaciones de manera rápida y eficiente. Cada institución educativa registrará en la cadena de bloques los datos relevantes sobre el título obtenido por el estudiante, incluyendo la institución, la carrera y la fecha de graduación. Esto permitirá que cualquier entidad o empleador pueda verificar la autenticidad del título de forma transparente y sin intermediarios.

-Registro de experiencia laboral: El sistema de blockchain también permitirá el registro de la experiencia laboral de los individuos. Cada vez que un empleado cambie de trabajo o realice una tarea relevante en su carrera, se registrará en la cadena de bloques la información pertinente, como el nombre de la empresa, el cargo, las responsabilidades y las fechas de empleo. Esto proporcionará un historial laboral confiable y verificable que respaldará la experiencia y las habilidades adquiridas.

-Pruebas visuales: Además de los registros escritos, se pueden incluir pruebas visuales en forma de videos o imágenes que demuestren las habilidades y logros de los individuos. Estas pruebas visuales pueden ser presentadas por los propios profesionales y autodidactas, y se almacenarán de manera segura en la cadena de bloques para su verificación.

-Escalafón y reconocimiento: Con base en la experiencia y los comentarios recibidos, se establecerá un escalafón que valorará los méritos y la trayectoria de los individuos. Este escalafón será válido tanto para el sector privado como para el sector público, evitando así el favoritismo y permitiendo una evaluación justa y objetiva. Además, se brindará la opción de obtener un título universitario por la experiencia acumulada, lo que permitirá a los individuos seguir avanzando en su desarrollo profesional.

-Apoyo a ideas innovadoras: El sistema de blockchain también puede servir como una plataforma para presentar ideas innovadoras y emprendimientos. Aquellas ideas que sean consideradas viables y tengan potencial para generar nuevas fuentes de trabajo podrán recibir financiamiento por parte del gobierno, a fondo perdido. Esto fomentará la creatividad y el espíritu emprendedor de los individuos, impulsando el desarrollo económico y social.

En las siguientes hojas, se pueden explorar con mayor detalle los aspectos técnicos y legales relacionados con la implementación de un sistema de blockchain para el reconocimiento de titulaciones y experiencia laboral. También se pueden analizar casos de éxito de países o instituciones que ya están utilizando esta tecnología para validar logros académicos y profesionales.

Implementación técnica y seguridad del sistema blockchain

La implementación de un sistema de blockchain para el reconocimiento de titulaciones y experiencia laboral requiere considerar aspectos técnicos y de seguridad para garantizar su eficacia y confiabilidad. A continuación, se describen algunas consideraciones clave:

-Estructura de la cadena de bloques: El sistema de blockchain puede ser implementado como una cadena de bloques pública o privada, dependiendo de los requerimientos y necesidades del contexto. En el caso de reconocimiento de titulaciones y experiencia laboral, podría ser apropiado utilizar una cadena de bloques privada donde las instituciones educativas, empleadores y organismos reguladores participen como nodos de validación.

-Verificación de identidad: Para asegurar la integridad del sistema, es necesario contar con un proceso sólido de verificación de identidad de los usuarios que ingresan información a la cadena de bloques. Esto puede involucrar la verificación de documentos oficiales, autenticación biométrica o incluso la implementación de sistemas de identidad digital basados en blockchain.

-Mecanismos de consenso: La cadena de bloques requiere de mecanismos de consenso para garantizar que la información registrada sea precisa y confiable. Algunos algoritmos de consenso comunes incluyen la Prueba de Trabajo (Proof of Work) o la Prueba de Participación (Proof of Stake). La elección del algoritmo dependerá de los requisitos específicos del sistema.

-Privacidad y confidencialidad: Es fundamental garantizar la privacidad y confidencialidad de los datos registrados en la cadena de bloques. Esto implica el uso de técnicas criptográficas avanzadas para proteger la información sensible y asegurar que solo las partes autorizadas tengan acceso a los datos pertinentes.

-Interoperabilidad y estándares: Para facilitar la integración y el intercambio de información entre diferentes instituciones y sistemas, es necesario establecer estándares y protocolos de interoperabilidad. Esto permitirá que los registros de titulaciones y experiencia laboral sean fácilmente verificables y reconocidos en distintos entornos.

Beneficios y desafíos del sistema de reconocimiento basado en blockchain

La adopción de un sistema de reconocimiento de titulaciones y experiencia laboral basado en blockchain presenta numerosos beneficios y desafíos que deben ser considerados. A continuación, se exploran algunos de ellos:

Beneficios:

-Transparencia y confiabilidad: Al utilizar blockchain, se logra un sistema transparente y confiable, donde los registros son inmutables y verificables por cualquier parte interesada. Esto elimina la posibilidad de falsificación de titulaciones o experiencia laboral, y proporciona un nivel de confianza adicional en los procesos de selección y contratación.

-Validación eficiente y rápida: El uso de blockchain agiliza el proceso de validación de titulaciones y experiencia laboral. Los empleadores y las instituciones educativas pueden acceder a los registros de forma rápida y verificar la autenticidad de los mismos sin tener que recopilar información manualmente.

-Reducción de costos y tiempo: Al eliminar la necesidad de documentos físicos y procesos de verificación manual, se reducen los costos asociados con la gestión de titulaciones y experiencia laboral. Además, se ahorra tiempo al simplificar y acelerar los procesos de validación.

-Portabilidad y accesibilidad: Los registros almacenados en blockchain son portátiles y accesibles en cualquier momento y lugar. Esto facilita la movilidad laboral y el reconocimiento internacional de las credenciales, permitiendo a los individuos acceder a oportunidades laborales en diferentes países y sectores.

Desafíos:

-Implementación y adopción generalizada: La implementación de un sistema de reconocimiento basado en blockchain requiere la colaboración y adopción de múltiples partes interesadas, incluyendo instituciones educativas, empleadores y organismos reguladores. Superar las barreras burocráticas y lograr una adopción generalizada puede ser un desafío en sí mismo.

-Seguridad y privacidad: Aunque blockchain ofrece una mayor seguridad en comparación con los sistemas tradicionales, es importante tener en cuenta posibles vulnerabilidades y asegurar una protección adecuada de los datos personales y sensibles. Además, se deben cumplir con las regulaciones y normativas de protección de datos existentes.

-Educación y conciencia: Implementar un sistema de reconocimiento basado en blockchain requiere educar a las partes interesadas sobre los beneficios y el funcionamiento de esta tecnología. Además, se deben abordar posibles resistencias o preocupaciones relacionadas con la confianza en los sistemas digitales y la validez de los registros.

En las siguientes hojas, se pueden explorar casos de éxito y experiencias de implementación de sistemas de reconocimiento basados en blockchain en otros países o sectores. También se pueden analizar estrategias para superar los desafíos mencionados y promover la adopción de este enfoque en el reconocimiento de titulaciones y experiencia laboral.

Online del Ecuador 45

TIKTOKER: *"Dejemos atrás el racismo y el clasismo. Queda terminantemente prohibido referirse a una persona con palabras referidas a la raza, clase social y títulos académicos (este último solo se utilizará en el trabajo, pero no para socializar). ¿Por qué? Esto separa, minimiza y dificulta que todos nos veamos iguales."*

Promoviendo la igualdad y la eliminación del racismo y el clasismo.

En nuestra sociedad, es fundamental trabajar hacia la eliminación del racismo y el clasismo, promoviendo la igualdad de derechos y oportunidades para todos los individuos. Para lograrlo, es necesario adoptar medidas concretas que fomenten la inclusión y eviten la discriminación. A continuación, se presentan algunas propuestas para dejar atrás el racismo y el clasismo:

-Prohibición de lenguaje discriminatorio: Queda terminantemente prohibido referirse a una persona utilizando palabras o términos que hagan alusión a su raza, clase social o títulos académicos en contextos no laborales. Esta medida busca evitar la separación, minimización y dificultad para ver a todos como iguales, promoviendo un trato equitativo y respetuoso.

-Educación y conciencia: Es fundamental educar a la sociedad sobre los efectos del racismo y el clasismo, promoviendo la empatía, el respeto y la valoración de la diversidad. Esto implica generar espacios de diálogo, talleres y programas educativos que fomenten la igualdad y la inclusión desde temprana edad.

-Políticas de igualdad: Las instituciones públicas y privadas deben implementar políticas que garanticen la igualdad de oportunidades y la no discriminación en el ámbito laboral y en la sociedad en general. Esto implica promover la diversidad en la contratación, establecer medidas de inclusión y equidad salarial, y crear espacios seguros y libres de discriminación.

-Sensibilización en los medios de comunicación: Los medios de comunicación juegan un papel importante en la formación de opiniones y actitudes. Es necesario promover la inclusión y evitar estereotipos raciales y sociales en la representación de personas. Se pueden desarrollar campañas de sensibilización y guías de estilo que promuevan una representación equitativa y respetuosa de la diversidad.

-Denuncia y acción legal: Es fundamental contar con mecanismos de denuncia efectivos para aquellos casos de racismo y clasismo. Las víctimas de discriminación deben tener la posibilidad de reportar y buscar justicia ante actos discriminatorios. Las leyes deben ser claras y contundentes en la penalización de estos comportamientos.

Online del Ecuador 46

IKTOKER: *"El que quiera ser presidente, asambleísta, gobernador, alcalde, etc., se puede postular, pero no será pagado.* **Además, ningún servidor público debe pertenecer a ningún partido político y tampoco se permitirá que familiares y amigos de los políticos puedan ocupar ningún puesto público. Se acabó el hacer dinero con la política."**

Eliminando los incentivos económicos en la política y promoviendo la imparcialidad.

En nuestra búsqueda por promover una política transparente, imparcial y libre de intereses personales, se plantean las siguientes propuestas:

-Servicio público sin remuneración: A partir de ahora, aquellos que deseen ocupar cargos públicos, como presidente, asambleísta, gobernador, alcalde, entre otros, no recibirán una remuneración económica por desempeñar dichas funciones. Esto busca eliminar los incentivos económicos asociados a la política y garantizar que aquellos que aspiren a estos cargos lo hagan por un verdadero compromiso con el servicio público y el bienestar de la sociedad.

-Independencia partidista: Para garantizar la imparcialidad y evitar conflictos de interés, ningún servidor público podrá pertenecer a ningún partido político. Esto busca evitar la influencia partidista en las decisiones y acciones de los funcionarios públicos, promoviendo la transparencia y la toma de decisiones basadas en el interés público.

-Nepotismo y favoritismo: Se establecerán medidas estrictas para evitar que familiares y amigos de los políticos ocupen cargos públicos. Esto busca prevenir el nepotismo y el favoritismo en la asignación de puestos, asegurando que los nombramientos se basen en el mérito y la idoneidad de los candidatos, en lugar de relaciones personales.

-Control y fiscalización: Se fortalecerán los mecanismos de control y fiscalización para prevenir el enriquecimiento ilícito y la corrupción en la política. Esto implica una mayor transparencia en las finanzas y patrimonio de los funcionarios públicos, así como una vigilancia rigurosa sobre posibles actos de corrupción.

-Promoción del servicio público: Se fomentará la cultura del servicio público y se reconocerá el valor de aquellos que decidan dedicar su tiempo y esfuerzo al servicio de la sociedad. Esto puede incluir incentivos no monetarios, como reconocimientos y oportunidades de desarrollo profesional, para promover el compromiso y la excelencia en el desempeño de las funciones públicas.

Existen ejemplos en varios países del mundo donde los cargos políticos no son remunerados. A continuación, mencionaré algunos ejemplos:

-Suiza: En Suiza, los miembros del Parlamento Federal (Consejo Nacional y Consejo de los Estados) no reciben un salario. Sin embargo, se les otorga una compensación para cubrir los gastos relacionados con su labor política, como viajes y alojamiento.

-Nueva Zelanda: En Nueva Zelanda, los miembros del Parlamento no reciben un sueldo propiamente dicho, pero sí tienen derecho a recibir una asignación para gastos relacionados con su trabajo, como viajes y oficinas.

-Islandia: En Islandia, los miembros del Parlamento no tienen un salario, pero reciben una compensación por sus gastos y un estipendio fijo mensual para cubrir sus necesidades personales.

-Singapur: En Singapur, el Presidente y los miembros del Parlamento no reciben un salario. Sin embargo, se les otorga una compensación para gastos relacionados con su función, como viajes y oficinas.

Es importante destacar que en estos países, aunque los cargos políticos no sean remunerados, se brindan beneficios y compensaciones para cubrir los gastos y garantizar que los representantes políticos puedan llevar a cabo sus funciones de manera efectiva. Además, es posible que existan diferencias en cuanto a las condiciones y el alcance de los beneficios en cada país.

Online del Ecuador 47

TIKTOKER: "¿Y la rendición de cuentas? Hablan de muchas propuestas, pero pocos terminan bien. ¿Cuántas de esas se cumplen? Se los juzgará por los logros alcanzados."

Rendición de cuentas y evaluación de logros en la política.

La rendición de cuentas es un aspecto fundamental en la política, ya que permite evaluar el desempeño de los funcionarios y verificar si han cumplido con las promesas y objetivos planteados. A menudo, los políticos hacen numerosas propuestas durante sus campañas, pero la realidad es que no todas ellas se materializan.

Es importante establecer mecanismos eficientes para evaluar el cumplimiento de las promesas y logros de los políticos. Una forma de hacerlo es a través de la evaluación de los resultados obtenidos durante su mandato. En este sentido, se podrían establecer indicadores claros y medibles que permitan evaluar el impacto de las políticas implementadas.

Además, es fundamental garantizar la transparencia en la gestión pública y la disponibilidad de información detallada sobre los avances y logros alcanzados. Esto permitirá que los ciudadanos puedan evaluar de manera objetiva y fundamentada el desempeño de los políticos y tomar decisiones informadas en futuros procesos electorales.

En cuanto al proceso de evaluación, se podría establecer un sistema independiente encargado de llevar a cabo la evaluación de los logros alcanzados por los políticos. Este sistema podría estar conformado por expertos en diferentes áreas, con el fin de evaluar de manera integral los resultados obtenidos en cada campo de acción.

Es importante destacar que la rendición de cuentas no debe limitarse solo a los políticos en cargos ejecutivos, sino que debe extenderse a todos los niveles de gobierno, incluyendo a los legisladores y demás funcionarios públicos.

Mecanismos de rendición de cuentas y evaluación de logros en la política.

Existen diversos mecanismos que pueden implementarse para asegurar una adecuada rendición de cuentas y evaluación de logros en la política. Algunas propuestas incluyen:

-Informes periódicos: Los políticos podrían estar obligados a presentar informes periódicos que detallen sus acciones, decisiones y logros durante su mandato. Estos informes deberían ser accesibles al público y proporcionar información clara y precisa sobre el progreso realizado en relación con las promesas realizadas.

-Auditorías independientes: Se podrían llevar a cabo auditorías independientes para evaluar la gestión financiera y administrativa de los funcionarios públicos. Estas auditorías pueden ayudar a detectar posibles irregularidades y asegurar la transparencia en el uso de los recursos públicos.

-Evaluaciones externas: Se podrían establecer comités o entidades externas encargadas de evaluar el desempeño de los políticos y la efectividad de las políticas implementadas. Estas evaluaciones podrían basarse en indicadores específicos y proporcionar una visión imparcial de los logros alcanzados.

-Participación ciudadana: La participación ciudadana activa y el involucramiento en la toma de decisiones pueden contribuir a una mayor rendición de cuentas. Se podrían establecer mecanismos de participación ciudadana, como consultas públicas, audiencias y mesas de diálogo, donde los ciudadanos puedan expresar sus opiniones y evaluar el desempeño de los políticos.

-Medios de comunicación y sociedad civil: Los medios de comunicación y las organizaciones de la sociedad civil desempeñan un papel crucial en la rendición de cuentas. El periodismo de investigación y la labor de las organizaciones de la sociedad civil pueden ayudar a exponer casos de corrupción o malversación de fondos, promoviendo así una mayor transparencia y responsabilidad.

Es importante destacar que la implementación de estos mecanismos requerirá un marco legal sólido, así como instituciones y organismos independientes y capacitados para llevar a cabo las evaluaciones y fiscalizaciones necesarias. Además, será necesario promover una cultura de transparencia y rendición de cuentas tanto en el ámbito político como en la sociedad en general.

Compromiso con los proyectos y reclamaciones propuestos.

En el ámbito político, es fundamental que los funcionarios cumplan con el compromiso de llevar adelante los proyectos y reclamaciones que han sido propuestos. No basta con hacer promesas vacías, sino que se requiere una verdadera dedicación y esfuerzo para lograr los objetivos planteados. A continuación, se presentan algunas consideraciones clave:

-Responsabilidad política: Los políticos deben asumir la responsabilidad política de cumplir con sus promesas y proyectos. Esto implica mantener un compromiso firme y actuar de manera proactiva para garantizar que las iniciativas propuestas sean implementadas de manera efectiva.

-Planificación y seguimiento: Es esencial contar con un plan detallado que establezca los pasos necesarios para lograr los objetivos propuestos. Asimismo, se debe establecer un sistema de seguimiento y evaluación que permita monitorear el progreso y realizar ajustes si es necesario. De esta manera, se podrán identificar y superar los obstáculos que puedan surgir en el camino.

-Transparencia y comunicación: Los políticos deben mantener una comunicación abierta y transparente con la ciudadanía. Es importante informar regularmente sobre el avance de los proyectos y reclamaciones, brindando detalles sobre los desafíos encontrados y los resultados obtenidos. Esto generará confianza y permitirá a la población estar al tanto de las acciones realizadas en su beneficio.

-Trabajo colaborativo: Es necesario fomentar la colaboración entre los diferentes actores políticos y sociales para lograr los objetivos propuestos. Esto implica trabajar de la mano con otros políticos, expertos, organizaciones de la sociedad civil y la ciudadanía en general. El diálogo y la cooperación serán fundamentales para superar obstáculos y encontrar soluciones efectivas.

-Evaluación de resultados: Una vez que se han alcanzado los objetivos propuestos, es importante evaluar los resultados obtenidos y analizar su impacto en la comunidad. Esto permitirá evaluar la efectividad de las acciones realizadas y aprender de las experiencias pasadas para mejorar en el futuro.

TIKTOKER: "Aplicación de Seguimiento Ciudadano para Políticos y Empresarios Estatales. Funcionalidades de la aplicación:

-*Registro de seguimiento: Los usuarios podrán darse de alta en la aplicación y seleccionar a los políticos o empresarios estatales que deseen seguir. Esto permitirá recibir actualizaciones periódicas sobre sus acciones y proyectos.*

-*Comunicación con los políticos: Cuando un usuario inicie un seguimiento sobre un político en particular, la aplicación le notificará al político en cuestión. Esto le brindará la oportunidad de responder a las acusaciones o proporcionar información adicional relacionada con su gestión.*

-*Estado de los proyectos: Los usuarios podrán ver un listado de proyectos propuestos por los políticos y empresarios estatales. Cada proyecto se mostrará con un color indicativo de su estado de ejecución. Por ejemplo, el color verde indicará que el proyecto ha sido ejecutado, mientras que el color rojo podría señalar que no se ha realizado.*

-*Seguimiento de préstamos y gastos: La aplicación permitirá un seguimiento detallado de los préstamos adquiridos en el exterior. Los usuarios podrán conocer el destino de los fondos, los beneficios comunitarios esperados y los lugares donde se ha gastado el dinero.*

-Detección de relaciones y conflictos de interés: Mediante el uso de inteligencia artificial, la aplicación analizará los datos disponibles sobre los políticos y empresarios estatales. Se realizarán consultas sobre sus familiares y otros puestos públicos ocupados por ellos. Además, se utilizarán algoritmos para detectar posibles relaciones y conflictos de interés entre los actores involucrados.

-Control del patrimonio y plan de gobierno: La aplicación proporcionará una sección dedicada a controlar el patrimonio y los bienes materiales de los políticos y empresarios estatales. Los usuarios podrán ver información actualizada sobre sus propiedades, inversiones y otros activos. También se proporcionará acceso al plan de gobierno y a cualquier otro seguimiento solicitado por los ciudadanos.

-Participación ciudadana y denuncias: La aplicación proporcionará un espacio para que los ciudadanos puedan presentar denuncias sobre posibles irregularidades o acciones sospechosas por parte de los políticos y empresarios estatales. Esto fomentará la participación ciudadana y permitirá la investigación de casos que requieran atención especial.

-Información detallada de los proyectos: Cada proyecto propuesto por un político o empresario estatal contendrá información detallada, como los objetivos, el presupuesto asignado, el cronograma previsto y los beneficios esperados. Esto permitirá a los usuarios evaluar la viabilidad y el progreso de cada proyecto."

La aplicación de Seguimiento Ciudadano para Políticos y Empresarios Estatales ofrece diversas funcionalidades diseñadas para promover la transparencia y la participación ciudadana en la gestión pública. A continuación, se detallan las características principales:

-Registro de seguimiento: Los usuarios podrán registrarse en la aplicación y seleccionar a los políticos o empresarios estatales que deseen seguir. Esto les permitirá recibir actualizaciones periódicas sobre las acciones y proyectos de los funcionarios públicos seleccionados.

-Comunicación con los políticos: Cuando un usuario inicie el seguimiento de un político específico, la aplicación le enviará una notificación al político en cuestión. Esto brindará al político la oportunidad de responder a las acusaciones o proporcionar información adicional relacionada con su gestión. Se fomentará el diálogo y la interacción entre los ciudadanos y los políticos.

-Estado de los proyectos: La aplicación mostrará un listado de los proyectos propuestos por los políticos y empresarios estatales. Cada proyecto se presentará con un color que indicará su estado de ejecución. Por ejemplo, el color verde indicará que el proyecto ha sido ejecutado, mientras que el color rojo señalará que no se ha realizado. Esto permitirá a los usuarios evaluar el progreso de los proyectos y monitorear su cumplimiento.

-Seguimiento de préstamos y gastos: La aplicación permitirá un seguimiento detallado de los préstamos adquiridos en el exterior por parte de los políticos y empresarios estatales. Los usuarios podrán conocer el destino de los fondos, los beneficios comunitarios esperados y los lugares donde se ha gastado el dinero. Esto garantizará la transparencia en el uso de los recursos públicos y facilitará la rendición de cuentas.

-Detección de relaciones y conflictos de interés: La aplicación empleará inteligencia artificial para analizar los datos disponibles sobre los políticos y empresarios estatales. Se realizarán consultas sobre sus familiares y otros puestos públicos ocupados por ellos. Además, se utilizarán algoritmos para detectar posibles relaciones y conflictos de interés entre los actores involucrados. Esto ayudará a identificar situaciones que puedan afectar la imparcialidad en la toma de decisiones.

-Control del patrimonio y plan de gobierno: La aplicación contará con una sección dedicada al control del patrimonio y los bienes materiales de los políticos y empresarios estatales. Los usuarios podrán acceder a información actualizada sobre sus propiedades, inversiones y otros activos. También podrán consultar el plan de gobierno de los funcionarios públicos y hacer seguimiento de su cumplimiento.

-Participación ciudadana y denuncias: La aplicación ofrecerá un espacio donde los ciudadanos podrán presentar denuncias sobre posibles irregularidades o acciones sospechosas por parte de los políticos y empresarios estatales. Esto fomentará la participación ciudadana y permitirá la investigación de casos que requieran atención especial. Además, se promoverá la colaboración entre los usuarios para fortalecer la voz colectiva.

-Información detallada de los proyectos: Cada proyecto propuesto por un político o empresario estatal contendrá información detallada, como los objetivos, el presupuesto asignado, el cronograma previsto y los beneficios esperados. Esto permitirá a los usuarios evaluar la viabilidad y el progreso de cada proyecto. Además, se proporcionará un espacio para que los ciudadanos puedan dejar comentarios, hacer preguntas o expresar sugerencias relacionadas con los proyectos en curso.

-Evaluaciones y calificaciones de desempeño: La aplicación permitirá a los usuarios evaluar y calificar el desempeño de los políticos y empresarios estatales con base en su gestión y el cumplimiento de sus promesas. Estas evaluaciones proporcionarán una retroalimentación pública sobre el trabajo de los funcionarios y servirán como referencia para futuros procesos electorales.

-Transparencia financiera: La aplicación incluirá secciones específicas para mostrar información detallada sobre los ingresos y gastos de los políticos y empresarios estatales. Los usuarios podrán acceder a informes financieros, declaraciones de impuestos y registros de donaciones recibidas, lo que permitirá un mayor control y transparencia en el manejo de los recursos económicos.

-Alertas y notificaciones: La aplicación enviará alertas y notificaciones a los usuarios cuando se produzcan actualizaciones importantes relacionadas con los políticos y empresarios seguidos. Estas notificaciones pueden incluir información sobre nuevas acusaciones, avances en proyectos, cambios en el patrimonio, entre otros aspectos relevantes.

-Colaboración y trabajo en red: La aplicación fomentará la colaboración entre los usuarios, permitiendo la formación de redes y grupos de trabajo enfocados en temas específicos de interés público. Los ciudadanos podrán unirse a grupos temáticos, intercambiar información, compartir investigaciones y promover acciones conjuntas para abordar problemas comunes.

-Acceso a datos abiertos: La aplicación aprovechará los datos abiertos disponibles, como información gubernamental, registros públicos y otros conjuntos de datos relevantes. Esto permitirá a los usuarios acceder a información confiable y actualizada para respaldar su seguimiento y análisis de la gestión de los políticos y empresarios estatales.

La aplicación de Seguimiento Ciudadano para Políticos y Empresarios Estatales ofrece una

ciudadana y la rendición de cuentas en la gestión pública. Al proporcionar información detallada sobre proyectos, facilitar la comunicación entre los ciudadanos y los políticos, y permitir el seguimiento financiero, la aplicación se convierte en una herramienta poderosa para promover una cultura de transparencia y mejorar la calidad de la gestión de los funcionarios públicos

ACERCA DEL AUTOR

Edgar Marcelo Quiroz Robles, nació en Tulcán-Ecuador en la primavera de 1968., casado y padre de un hijo (Joel). Estudio en la ESPE en el área de electromecánica Y se ha dedicado la mayor parte de su vida a la reparación de maquinaria industrial. Ha vivido en España por alrededor de 10 años, de cuyo país tiene la nacionalidad. Después se ha trasladado a vivir a Inglaterra y lleva viviendo en Londres desde hace 13 años.

Al conocer diferentes formas de vida, sistemas de pensamiento y creencias, amplié mi horizonte y liberé mi mente de prejuicios y estrechas perspectivas. Así, comencé a reconocer que la experiencia migratoria y el encuentro con la diversidad cultural son catalizadores para el desarrollo de una conciencia global.

Cada experiencia me ha enriquecido y ha dejado una huella imborrable en mi alma, convirtiéndome en la persona que soy hoy y guiándome hacia un futuro donde busco contribuir al bienestar común y al entendimiento global.

Printed in Great Britain
by Amazon

26495519R00215